네트워크
마케팅으로
기업하라

네트워크
마케팅으로
기업하라

초판 1쇄 발행 _ 2020년 1월 25일
개정판 1쇄 발행 _ 2022년 11월 10일

지은이 _ 김성주
펴낸곳 _ 바이북스
펴낸이 _ 윤옥초
책임 편집 _ 김태윤
책임 디자인 _ 이민영

ISBN _ 979-11-5877-314-4 03320

등록 _ 2005. 7. 12 | 제 313-2005-000148호

서울시 영등포구 선유로49길 23 아이에스비즈타워2차 1005호
편집 02)333-0812 | 마케팅 02)333-9918 | 팩스 02)333-9960
이메일 bybooks85@gmail.com
블로그 https://blog.naver.com/bybooks85

책값은 뒤표지에 있습니다.
책으로 아름다운 세상을 만듭니다. — 바이북스

미래를 함께 꿈꿀 작가님의 참신한 아이디어나 원고를 기다립니다.
이메일로 접수한 원고는 검토 후 연락드리겠습니다.

김성주 지음

네트워크 마케팅으로 기업하라

| 개정판 |

바이북스
ByBooks

개정판을 내면서

처음 책을 쓰기로 작정하면서 걱정이 있었다. 마케팅에 대한 이야기를 어떻게 책으로 만들면 좋을까? 가뜩이나 발달된 스마트 기기들이 사람들의 관심과 시간을 빼앗아 가서 독서 인구가 급격히 줄어들고 있고, 네트워크 마케팅에 대한 불신과 편견이 태산같이 앞을 가로막고 있는데 과연 누가 책을 사서 볼 것인지 걱정도 되고 궁금하기도 했다.

필자의 생각으로는 부정적인 여론과 편견이 이 땅에 짙게 드리워져 있다고 하더라도 문명의 이기와 같은 네트워크 마케팅이 절대로 사라질 것 같지는 않다. 단점은 보완하고 장점을 살려주면 된다. 그리고 잘 운영하면 국가, 기업, 개인 모두에게 매우 유익할 것이라고 생각한다.

네트워크 마케팅 사업에 관심이 있거나 이미 하고 있는 분들과 회사를 만들려는 사람 모두에게 유익한 책이 되리라 확신한다.

그리고 네트워크 마케팅을 일반 판매회사들도 잘 활용하여 매출 증대와 회사 발전을 도모하고 소비자도 수익 창출을 하는 프로슈머들이 많이 탄생되기를 희망한다.

다행히도 20개월 만에 개정판을 준비하게 되었다. 2쇄를 선택하지 않고 개정판을 준비하게 되었는데 이유가 있다. 초판을 준비하는 막바지에 충분하게 내용을 점검하고 수정을 해야 하는데 사정상 그러지 못한 부분이 몇 군데 있다.

항상 마음에 걸림이 있었고 독자들에게 미안한 마음을 가졌었는데 마침 보완할 기회가 주어져서 얼마나 감사한지 모른다.

당시 4살 늦둥이는 코로나 사태로 인하여 어린이집에 갈 수 없었다. 심심하니까 놀아 달라며 하루 종일 따라다니며 졸랐다. 하루도 빠짐없이 7~8가지 게임을 반복하며 놀아 주어야만 했다. 자식 이기는 부모 없다는 말이 맞다!

개정판을 낼 수 있도록 도와준 독자들과 출판사 관계자분들에게 지면을 빌어서 진심으로 감사를 드린다.

Good Luck

시월 어느 날에

들어가는 말

4월은 잔인한 달!
"산은 오를 수 있는 만큼 높이 오르고,
바다는 닿을 수 있는 만큼 들어가라"
애증의 들판 끝은 고요함~
올해도 나는 부활의 봄비를 기다린다.
불안과 고통
바이러스의 공격이 있어도~
어둠 속에서도 생명이 숨 쉬듯
치열했던 삶에도 평화가 오기를······
············ 중략 ············.

T.S. 엘리엇의 〈황무지(부재)〉를 패러디함

　황무지에도 봄비가 내리면 새로운 생명이 돋아난다. 일반 들판에서
자라는 식물들 보다는 몇 배는 더 힘들게 자라겠지만 그렇다고 생명이
자람을 포기하지는 않는다. 바이러스의 공격에도 아랑곳하지 않고 생명
은 움트기 시작한다.

수마가 처참하게 할퀴고 간 들판도, 화마가 시커멓게 삼켜버린 산야도 자연은 원래대로 회복시키고 만다. 자연의 힘은 이토록 위대하다.

빼앗긴 들에도 봄이 오듯 설 자리가 없어 보이던 네트워크 마케팅도 황무지와 같은 이 땅에서 봄을 준비하고 있다. 꿈을 빼앗긴 사람들의 마음속에도 봄이 다시 오기를 희망한다.

네트워크 마케팅에 관여된 사람이 어느새 약 900만에 이르고 있고, 곧 1천만을 넘어서게 될 것 같다. 1천만 명이라면 어느 정도 중복 가입자를 감안하더라도 3가구 중에 1가구는 네트워크 마케팅에 관여되어 있다고 볼 수 있다.

어떤 누구는 부정적으로 생각하고 있고, 또 어떤 누구는 모르고 있는 사이에 네트워크 마케팅은 우리의 삶 속으로 깊숙이 들어왔다. 네트워크 마케팅이 다단계라는 부정적인 의미에 함몰되어 위축될 수밖에 없는 현실을 감안한다면, 대단히 괄목할 만한 성장을 하고 있는 셈이다. 빛이 강하면 강할수록 그림자는 짙어지듯이, 네트워크 마케팅에 대한 편견은 그늘을 너무나 짙게 드리우고 있다. 진짜보다는 가짜가 더 판을 치고 있는 현실이기도 하다. 정말 안타까운 일이 아닐 수 없다. 그러나 거꾸로 생각하면 네트워크 마케팅이 그만큼 매력적인 마케팅이라는 반증이기도 하다.

왜 이렇게 황무지와 같은 환경에서도 멈출 줄 모르고 지속적으로 성장을 하고 있는 것일까? 그 이유가 도대체 무엇일까? 그리고 우리는 언제까지 외면하며 살아가야 할까?

필자는 그 이유를 살펴보고 잘못된 것은 바로잡아야 한다고 생각했다. 앞으로는 방관하거나 외면하며 살 것이 아니라 더욱 우리들의 삶 속으로 더 친밀하게 받아들여야 한다는 견해를 나누고 싶다. 그래서 네트워크 마케팅에 대한 이해를 돕고, 분별력을 가져 속지 않도록 도우며, 어떻게 사용하면 되는지에 대해 알려주고자 한다.

특히 네트워크 마케팅의 장점이 남용되거나 잘못 사용되어 피차간에 피해가 생기는 일이 없도록 돕고 싶다. 오해는 이해로 변하고, 부정적인 생각은 긍정적인 생각으로 변화되기를 희망한다. 행여나 아는 것만 보려고 하거나, 보이는 것만 믿으려고 하는 생각은 일단 접어 두기를 권유한다.

한 가지 분명한 사실! 본서에서는 이제까지 알지 못했던 부분을 알게 되고, 보지 못했던 부분도 보게 될 것이다. 네트워크 마케팅에 관심이 있는 사람들에게는 해법을 찾게 해주어 성공으로의 여행에 동승하게 해줄 것이다.

　고정관념과 편견의 벽이 뛰어넘지 못할 만큼 너무 높지 않았으면 좋겠고, 헤어나지 못할 만큼 깊은 수렁에 빠진 사람들이 없었으면 좋겠다.

　앞으로는 소비자들의 지위도 변해야 한다. 기업가들의 배만 불려주는 존재가 아니라, 경제 중심에 뛰어들어 일도 나누고 부도 나누어야 한다고 생각한다. 그러기 위해 소비자가 생산소비자(프로슈머)로 변신을 하고, 나아가 일하는 소비자(비즈슈머)가 되기를 희망한다. 그들이 수익창출과 더불어 부를 누릴 수 있는 세상 이야기를 해보고자 한다. 이런 시도가 누군가에게는 희망이 되고, 또 한편으로는 네트워크 마케팅의 새 지평을 여는 초석이 되길 고대한다.

시월 어느 날에……

김성주

목차

1부
참 좋은 네트워크 마케팅

1장   네트워크 마케팅으로 나아갈 시간

2부
네트워크 마케팅으로 기업하라!

참 좋은
네트워크
마케팅

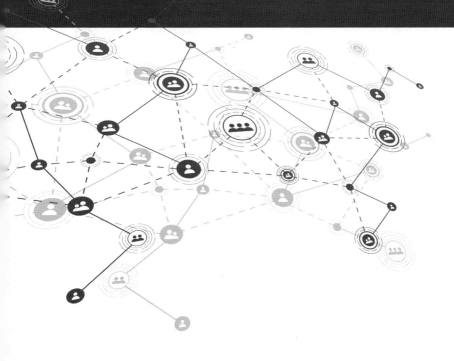

NETWORK MARKETING

1장

네트워크
마케팅으로
나아갈 시간

아직 꽃 피지 않은
선진 유통

네트워크 마케팅은 인적 네트워크에 마케팅을 결합시킨 것이다. 사람과 사람 사이에는 학연·지연·혈연으로 맺어지는 인간관계가 존재하는데 그것을 우리는 보통 인맥이라고 부른다. 인맥은 정보수집과 소통이 원활하다는 장점을 가지고 있다. 그 장점을 마케팅에 활용하는 것이 네트워크 마케팅인 것이다. 네트워크 마케팅은 유통에서 가장 효율적인 수단으로서 성과를 내고 있으며, 유통의 가치를 새롭게 만들어내고 있다.

유통이란 상품이 생산자에서 소비자에 전달되는 과정에서 교환되고 분배되는 활동을 일컫는다. 생산자와 소비자를 연결해주기 위해 생긴 과정을 유통 과정이라 하며, 그 과정에서 하는 일을 유통업이라고 한다. 그러한 모든 일들을 포괄적으로 유통이라고 부르기도 한다.

유통의 역사를 거슬러 올라가면 방물장수와 보부상으로부터 시작되었다. 생산자와 소비자 사이의 간격은 사람의 발로 해결했다. 이후 도로와 교통수단의 발달은 생산자와 소비자 사이의 간격을 극복했고 산업화는 소득증대를 가져다주어 구매력 증가와 함께 유통의 성장을 이끌었다.

유통은 소비자들에게 편리한 삶을 제공해 주기도 하고 삶의 질을 향상 시켜주기도 한다. 현재는 유통이 쇼핑은 물론이고 문화와 휴식 공간까지 제공하며 소비자들의 삶 속으로 깊숙이 파고들었다.

우리나라에 선진 유통이 소개된 것은 1980년대 후반의 일이다. 선진 유통이라면 대형 할인점과 편의점 그리고 네트워크 마케팅 등이 있다. 모두 프랜차이즈에서 볼 수 있듯이 같은 상호를 사용하며 동일하게 모양을 복제하는 등의 특성을 가지고 있다. POS 기기 도입은 현대화된 입출고 관리와 머천다이징*이라는 마케팅을 할 수 있게 만들어 주었다. 머천다이징이란 과학적인 시장 조사를 통하여 상품화 계획을 세우는 마케팅 활동의 하나이다.

국내의 대형 할인점은 원스톱 쇼핑으로 편리함과 저렴해진 가격 혜택을 가져다 주었는데, 식료품을 사거나 의류를 사기 위해서 여기저기 돌아다니지 않아도 되니 소비자들의 사랑을 받으며 고속 성장을 해왔다. 시식회 등 차별화된 마케팅 도입으로, 벤치마킹 대상이었던 외국의 선진기업인 월마트와 까르프조차도 국내에서 철수할 수밖에 없도록 만들었다.

편의점은 말 그대로 도시생활을 하는 사람들의 편의를 위해서 만들어진 유통이다. 바쁜 일상생활로 낮 시간대에 쇼핑할 시간을 갖지 못했던 사람들에게 퇴근 후 언제든지 식료품과 생필품을 구입할 수 있도록 편의를 제공해 주고 있다.

---

* 머천다이징(merchandising): 마케팅 활동의 하나이며, 과학적인 방법으로 매출 증대를 위해 기획하는 것.

안타까운 점은, 선진 유통 가운데 대형 할인점과 편의점 그리고 프랜차이즈형 외식 산업 등은 전성기를 누리고 있는 반면 가전, 전자기기, 스마트폰, 자동차 등의 유통과, 인맥 유통인 네트워크 마케팅은 아직도 후진성을 면치 못하고 있거나 꽃을 피우지 못하고 있다는 사실이다.

실제로 자국민인 우리가 국내산 가전제품과 스마트폰 등을 외국 사람들보다 더 비싸게 구매해서 사용하고 있다는 사실을 어떻게 이해해야 할까. 외국의 제품도 우리나라에 들어오면 더 비싸게 판매된다. 국산품이든 수입품이든 모두 더 비싸게 판매되고 있다. 이렇게 비싼 값을 지불해야 하는 이유는 유통에 문제가 있다고 판단된다. 비싼 가격을 해결할 방법은 없는 걸까.

있다! 생산원가에서 차이가 나는 것이 아니라 유통에서 생긴 문제이니 해법도 유통에 있다.

이러한 제품들의 가격을 내릴 수 있는 방법은 간단하다. 유통의 혁신이다. 제조 메이커들이 유통 과정을 줄이고 각각 생산한 동일한 종류의 제품을 동일한 매장의 진열대에서 소비자들이 한눈에 비교하여 구매할 수 있도록 만들어 주기만 해도 된다. 직접적인 경쟁 구도를 만드는 것이다.

품질과 가격 비교가 수월해지면 자동적으로 좋은 제품이면서 가격이 싼 제품이 소비자들의 선택을 받게 된다. 그렇게 되면 제조 메이커들은 소비자들의 선택을 받으려고 서로 더 좋은 제품을 생산하기 위해 노력하고 가격은 인하하게 될 것이다. 이렇듯 소비자들이 바로 눈앞에서 정확한 비교로 제품을 선택할 수 있도록 기회를 제공하는 것만으로도 가격 인하라는 효과는 분명히 나타난다.

필자는 이러한 유통을 약 33년 전 일본에서 경험한 적이 있다. 전자기기를 판매하는 양판점에서 카메라와 워크맨을 구입한 적이 있는데, 적어도 30%에서 연식이 지난 제품은 50~60%까지 저렴하게 구입할 수 있다는 사실에 신선한 충격을 받은 적이 있었다. 이렇게 소비자들에게 유익한 선진 유통이 있음에도 불구하고 우리는 왜 아직도 그런 혜택을 누리지 못하고 있는지 안타깝기만 하다.

네트워크 마케팅은 유통의 혁신이다. 복잡한 유통구조를 줄여서 유통경비를 절약하며, 이는 제품 가격 인하를 가져와 구매력 상승으로 이어진다. 네트워크 마케팅은 최소한의 비용으로 최대한의 성과를 얻을 수 있는 유통의 첨단에 자리 잡고 있다.

1959년에 미국의 A사가 설립되어 많은 논란과 우여곡절 끝에 1979년에 이르러서야 미 연방거래위원회(FTC)로부터 합법적인 지위를 인정받게 되었다. 그로 인하여 1980년대에는 글로벌화의 길을 걸으며 성장을 해왔다. 우리나라에 선진 유통이 들어올 당시에는 MLM(멀티레벨 마케팅)으로 소개가 되었지만, 미래 경제학자인 존 나이스 비츠가 그의 저서 《메가트랜드》에서 네트워크 마케팅이라는 용어를 소개하면서 바람직한 용어로 보편화되기 시작했다.

1. 네트워크 마케팅은 좋은 제품을 싸게 공급할 수가 있다.
2. 최소한의 투자로 최대한의 효과를 얻을 수 있다.
3. 대량 판매 기법이다.

4. 수요를 예측할 수가 있어서 과잉 생산으로 인한 부담을 줄이고 경비도 절약할 수가 있다.
5. 광고비는 선 지출이 아니라 판매 후 지불 방식이다.
6. 선 지출 없이 노사분규가 없는 유통 채널을 만들 수가 있다.
7. 충성도가 높은 고객층으로 인해 경쟁력이 높아진다.
8. 글로벌화가 용이하다.
9. 유통마진 분배하는 기업과 소득 창출이 되는 생산소비자(프로슈머)가 함께 만들어가는 공유경제의 전형적인 모델이다.
10. 네트워크 마케팅은 다단계 방식으로 판매하는 것이 아니라 직거래 방식이다.

네트워크 마케팅은 잠재력과 효용성이 탁월하기에 앞으로 더욱 많은 분야에서 사용되어야 할 것이다. 그만큼 확장성이 크다고 볼 수가 있다. 그래서 더 많은 연구로 발전을 뒷받침해야 하며, 많은 사람들이 분별력을 갖고 효과적으로 사용할 수 있도록 체계화되어야 할 것이다.

'다단계판매'가 아닌 '직접 판매'

　과거의 유통은 중간 과정이 많은 여러 단계를 가진 구조였다. 중간에 유통회사들이 존재하면 할수록 제품 값은 당연히 비싸질 수밖에 없다. 여러 회사를 먹여 살려야 하기 때문에 소비자에게는 매우 불리한 일이 된다. 도로와 교통수단은 물론 인터넷과 통신수단이 발전한 오늘날 유통이 복잡해야 할 이유는 없다.

　네트워크 마케팅은 생산자(공급자)와 소비자(회원)간에 직거래를 원칙으로 한다. 중간 상인들을 거치지 않게 되면서 제품의 가격은 저렴해진다. 회사는 공급을 책임지고, 소비자는 소비를 책임진다. 제품을 홍보하거나 판매를 담당하는 영업 사원도 없고 배송 사원도 없다. 제품 홍보는 소비자가 책임을 진다. 사용해본 경험에 확신을 갖게 되면 자기 주변의 인맥들에게 구전 광고를 한다. 구전 광고가 제품 구매 의사로 나타나면 신규 고객은 회사에 직접 주문을 하게 되고 회사는 주문자의 주소로 바로 제품을 출고한다.

　배송은 전문 택배사가 그 역할을 담당하게 된다. 전문 택배사를 활용하는 편이 배달 사원을 고용하는 것보다 비용이 적게 들어 더 경제적이다. 우리는 배달의 민족이고 배달에 관해서는 타의 추종을 불허한다. 산과 바다를 가리지 않고 배달이 되는 것은 아마도 우리나라밖에 없을 것이다. 배달의 전문가들은 저렴한 비용으로 정확하게 배송을 책임져 주고 있기 때문에 쇼핑 문화도 바꾸고 유통의 변화와 혁신에도 톡톡히 기여를 하고 있다. 장차 드론의 등장은 배송 문화를 새롭게 혁신적으로 이끌 것이라고 하니 기대가 된다.

소비는 회원으로 가입된 소비자들이 책임을 진다. 인맥에 입소문하여 소비 영역을 넓혀 매출 증대를 주도한다. 그리고 기여도에 따른 보상을 받는다. 그러한 일이 꼬리를 물고 일어나게 되면 인맥이 바로 유통채널이 되는 것이다.

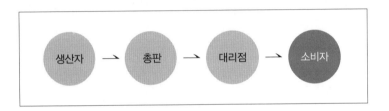

그림에서는 볼 수 있듯이 일반적인 유통에서는 생산자에서 소비자 사이에 총판과 대리점이라는 판매회사들이 존재한다는 사실을 우리는 알수가 있다. 기존의 유통은 이렇게 복잡하고 여러 단계를 거치고 있다.

네트워크 마케팅은 중간유통 과정없이 생산자(공급자)와 소비자(회원)가 1:1로 직거래를 한다. 유통과정에 대리점과 같은 판매회사인 유통업체가 없다. 생산자(공급자)에서 소비자에게 바로 연결되는 하나의 과정만 존재한다. 그림에서 보듯이 a부터 g에 이르기까지 모두가 회사와

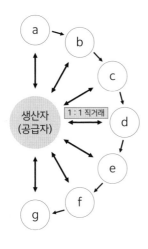

직거래를 하며 a가 제품을 구매하는 가격이나 g가 구매하는 가격이 모두 동일하다.

그림을 살펴보면 a는 b에게, b는 c에게, c는 d에게, d는 e에게 구전 광고 즉 입소문으로 정보를 전달한다.

사용자가 체험하고 좋다는 확신을 갖고 인맥으로 맺어진 사람들에게 입소문 낸다. 제품을 도매가격으로 사다가 마진을 붙여서 판매하는 것이 아니다. 정보를 알려 주고 구매할 수 있는 방법을 가르쳐 준다. 제품 구매는 회원 모두가 회사와 직거래를 한다. 직거래로 발생한 유통비용의 절감은 가격 인하를 가져다 주고 절약된 비용 가운데 적정비용은 회사 운영과 마케팅 비용으로 사용하게 된다. 마케팅 비용은 선 지출이 아니라 판매 후 마케팅 플랜에 근거해서 수당이라는 이름으로 지불된다. 회사 입장에서도 마케팅 비용에 대한 부담도 적을 뿐만 아니라 더 큰 보상을 받게 될 것이다.

입소문으로
승부한다

    입소문은 체험한 사실을 바탕으로 만들어진다. 감동적이고 재미있는 영화를 보았다면 가까운 지인에게 그 영화에 대한 얘기를 자연스럽게 하게 될 것이다. 만약 지인이 당신의 이야기를 듣고 영화를 본다면 그 영화는 입소문을 탄 것이다. 이렇듯 재미있고 감동적인 입소문을 들으면 영화를 보라고 권유를 하지 않아도 영화가 보고 싶어진다. 그도 역시 영화를 본 후 입소문 낸다면 그 영화는 진짜 볼 만한 영화일 것이다. 그리고 영화에 관심이 있는 사람들에게는 매우 유익한 정보가 될 것이 틀림없다.

    음식도 마찬가지다. 어떤 음식을 먹어야 할지 고민하는 사람에게 가까운 지인이 먹어본 경험을 토대로 그 음식에 대한 정보를 알려 준다면 선택에 도움이 될 것이다. 이와 같이 자연스럽게 발생하는 입소문은 분명 활용할 가치가 있는 것이다.

    아무런 정보 없이 제품을 골라야 할 때 실망하지 않으려면 비싼 제품을 선택하라는 말이 있다. 비싼 값만큼의 품질이 보증되기 때문일 것이다. 제품의 질이 떨어지면 가격은 낮아지고 제품의 질이 좋으면 가격은 비싸진다는 상식에 따른 것이다.

　사용할 만한 제품이 세상을 지배하고 있는데 더 좋은 기술이 개발되어 성능이나 효능이 훨씬 탁월한 프리미엄급의 제품이 나온다면 당연히 더 비싼 가격표를 달고 세상에 나올 것이다. 연구개발 비용과 좋은 원자재를 사용하면 생산 원가가 상승하게 되는 것은 당연한 일이다. 이렇게 품질이 좋은 제품을 구입하려면 더 비싼 가격을 지불해야 하는 것은 모두가 인정을 해준다. 그러나 품질은 더 좋고 가격은 더 싸게 판매할 수는 없는 걸까?

　오늘날 이러한 두 가지 문제를 모두 해결한 제품들이 세상을 지배하는 트렌드로 자리를 잡아가고 있다. 가성비를 따지는 세상이 된 것이다. 가성비란 가격대비 만족도를 말한다. "더 좋은 제품을 더 싸게!" 이렇게 한다면 입소문이 날 가능성은 아주 많아진다. 그렇게 하면 고객들의 마음을 사로잡기가 어렵지 않을 것이기 때문이다.

　하지만 이러한 입소문도 지속적인 동력을 가지기는 쉽지가 않다. 연이 공중 높이 지속적으로 날아오르게 하려면 계속 불어주는 바람이 필요하다. 바람은 바로 연을 공중 높이 날게 하는 동력이다.

　입소문도 지속적으로 유지되려면 그러한 동력이 필요하다. 입소문에 대한 보상으로 수익금을 나눠준다는 것은 매우 훌륭한 동력이 될 것이다. 수익금을 나눠준다는 입소문은 바람이 연을 높이 날아오르게 하듯, 입소문이 날아다니게 할 것이다. 입소문에 대한 보상은 사람들을 행복하게 하고 적극적으로 행동하게 할 것임에 틀림없다. 발 없는 말이 천리 간다는 말이 만들어진 때는 스마트폰도 인터넷도 없던 시절이었다.

광고비가
안 드는 살아 있는 광고

일반 광고와 네트워크 마케팅에서의 입소문(구전 광고)과는 차이점이 있다. 일반적인 광고는 대체로 유명인을 모델로 선정한다. 광고 모델은 유명세에 따라 모델료가 정해지는데 탑모델인 경우 광고 한 편당 대략 10억~15억 원 정도로 알려져 있다.

그뿐만 아니다. 짧은 시간 안에 소비자들의 구매 욕구를 자극하여 지갑을 열게 하려면 광고 제작에 전문성이 필요하다. 그런 광고를 만들려면 역시 비용이 많이 들어간다. 여기서 그치지 않는다. TV 등의 대중 매체를 사용하기 위해서도 적지 않은 돈이 또 들어간다.

이렇게 비싼 광고비는 제품을 판매하기도 전에 지불해야 하니 광고비를 마련하는 것도 결코 쉬운 일은 아닐 것이다. 그런데 그 광고비를 반드시 회수할 수 있다는 보장도 없다. 광고가 큰 매출을 가져다 줄 수도 있지만 그렇지 않을 가능성도 있다. 위험 부담을 감수해야 하는 일이다.

네트워크 마케팅의 구전 광고는 이러한 위험 부담에서 자유롭다. 가장 현실성 있고 경제적이다. 광고비 지출은 매출이 발생한 후에 지불하면 된다. 광고비가 후불이니 매우 안전한 투자인 셈이다.

대중매체를 통한 광고는 진실성을 담보하지 못한 경우가 많다. 제작자의 의도에 의해 광고가 연출되는 것이다. 예를 들어서 화장품 광고를할 때 피부가 아름답고 유명한 여성을 선정한다. 그녀의 피부가 화장품의 효과로 인한 것인지 아니면 타고난 것인지는 그 사실을 따져 보아야한다. 아마도 그녀의 부모님에게서 물려받은 피부일 가능성이 매우 높다. 그렇다면 화장품을 사용해 보고 그 효과가 정말 좋아서가 아니라, 직업상 돈을 받고 광고를 해석할 수밖에 없다.

네트워크 마케팅에서의 광고는 다르다. 체험자들이 사용해 본 후의변화된 모습이나 경험담을 구전 광고하는 것이다. 제작자의 의도에 의해 연출되지 않으니 진실성을 담보할 가능성이 그만큼 높다.

일반적인 광고는 대개 불특정 다수인을 향한다. 방송매체로 내보내는광고는 더욱 그러하다. 그런 광고를 보고 제품을 구매하는 사람도 있겠지만 광고를 본 적이 없는 사람이 구매할 수도 있다. 그때는 광고를 보지 않았음에도 광고비를 지불해야 하는 억울한 일이 발생한다. 왜냐하면 제품 값에는 광고비가 이미 포함되어 있기 때문이다. 그렇다고 광고비를 제품값에서 빼주는 사업주는 없다. 광고를 보지 않았음에도 광고비를 지불하는 것은 매우 비합리적인 일임에도 아무도 불평하거나 불만을 갖지는 않는다. 그러나 모순은 모순이다.

네트워크 마케팅은 사람과 사람이 만나서 직접 체험한 사실을 대화로전달하는 구전 광고가 매출로 이어진다. 그런 면에서 매우 합리적이다.

네트워크 마케팅에서 입소문은 생명이다. 다소 손해를 감수하더라도좋은 입소문을 먼저 챙겨야 한다. 그리고 입소문이 끊임없이 증폭되도록 하기 위해서는 고객에게 약속한 보상과 신뢰를 소중히 여겨야 한다.

한편 입소문이 생명이기에 입소문이 나빠지는 것을 경계해야 한다. 나쁜 입소문은 제품의 수명을 짧게 한다. 그 회사 제품이면 믿을 수 있다. 그 회사 제품이라면 뭐든지 사고 싶어지고 회사의 정책은 신뢰할 수 있다는 믿음이 입소문의 주인이 되어야 한다.

좋은 제품을 값싸게 공급하고 수익금을 나누면, 소비자가 애용자로 바뀌고 나아가 생산소비자가 된다. 생산 소비자들의 활동은 능동적이면서도 매우 적극적으로 나타날 것이다. 그들의 제품에 대한 신뢰는 지속적인 입소문으로 나타나 매출 증가의 원인이 되어 회사의 발전을 이끌어 줄 것이 틀림없다!

살아 있는 입소문은 이렇게 기업을 지속적으로 성장하게 한다!

꿈과 열정에 불을 지피는
대량 판매 기술

　적게 팔아도 이윤을 많이 남길 것인가 아니면 적게 남기더라도 많이 팔아서 많이 남길 것인가는 매우 중요한 판매 전략이다. 오늘날 기술은 평준화되고 있고 경쟁은 치열해지고 있어서 적게 팔아서 많이 남기기는 어려운 세상이 되었다. 차라리 박리다매를 해서 많은 이윤을 남기는 것이 좋은 판매 전략이 될 것이다.

　예를 들어서 10,000원짜리 설렁탕 한 그릇을 하루 평균 50그릇을 팔고 있다고 가정해보자. 이때 하루 매출은 50만 원이다. 그런데 동일한 설렁탕을 한 그릇에 8,000원을 받았을 때 100그릇을 팔수 있다면 둘 중 어떤 가격을 선택해야 할까? 한 그릇의 원가가 4,500원이라면 이익금은 5,500원이다. 전자는 수익이 하루 275,000원(50×5,500)의 이익을 남기게 된다. 반면 후자는 하루 350,000원(100×3,500)의 이익을 남기게 된다. 후자의 이익이 크다. 박리다매이기 때문이다. 그리고 한 번에 많은 양을 생산할수록 단가는 더욱 내려가서 이익은 더욱 커질 것이다.

　그런데 후자가 3,500원의 이익금 가운데 2,000원만 취하고 나머지 1,500원은 입소문으로 매출 증대에 기여한 고객들에게 나눠 준다면 어떻게 될까? 고객들의 입소문에는 동력이 생겨 기하급수적으로 매출이 늘어나서 하루에 200그릇, 혹은 1,000그릇 이상 팔려나갈 가능성도 있다. 200그릇이면 수익이 400,000원이 되고 1,000그릇이면 200만 원이 된다. 금전적인 혜택은 사람의 마음을 움직이는 데 가장 효과적이기 때문이다.

입소문의 위력은 상상 이상일 수도 있다. 입소문을 기반으로 한 네트워크 마케팅은 시스템화하는 데까지 어려움이 있겠지만, 어떻게 시스템을 만들어 운영하느냐에 따라 얼마든지 성장 가능한 수익 모델을 만들 수 있다.

설렁탕의 박리다매로 인적 인프라가 늘어나면 또 다른 마케팅 전략을 펼칠 수 있다. 단골 고객이 많아지면 연계 상품도 판매할 수 있는 여력이 생긴다. 가령 설렁탕과 함께 쇠고기나 육수, 토속적인 된장이나 고추장 등 고객들의 취향에 맞는 아이템을 개발하여 고객들에게 판매하면 그만큼 이익은 배가된다. 금전적 이익뿐 아니라 값싸고 맛있는 이 설렁탕집의 음식은 모두 좋을 것이라는 심리적인 프리미엄도 기대할 수 있다.

미래에는 좋은 제품을 만들기 위한 기술 개발만큼이나 판매를 위한 기술 개발도 중요하다. 갈수록 경쟁이 치열해질 것이기 때문이다. 경쟁에서 지지 않으려면 대량 판매 기술인 바로 네트워크 마케팅을 살펴볼 필요가 있다.

다음과 같은 가정을 해보자. 판매의 귀재로 아주 유능한 세일즈맨인 철수와 복제의 달인 순이가 있었다. 두 사람은 비타민과 유산균이 함유된 식품인 "비유"를 한 달(31일) 동안 누가 더 많이 팔 수 있는지 시합을 벌였다.

철수가 "비유"를 1일 100박스씩 하루도 거르지 않고 판매를 한다면 31일 이후에는 3,100박스의 실적을 올릴 수 있을 것이다. 엄청난 판매 실적이다. 보통 사람이 넘볼 수 없는 세일즈의 천재성이 느껴진다. 그러나 산술급수적인 증가에 불과하다.

순이는 제품을 사용해보고 체험한 내용을 바탕으로 하루에 한 명씩 반복해서 복제를 하기 시작했다. 첫날에는 한 명이었지만 둘째 날은 두 명이 되고 그 두 명이 또 한 명씩 매일같이 동일한 방법으로 복제를 해나간다면, 1명→2명→4명→8명→16명, 이렇게 2배수로 늘어나는 수가 31일이 되면 자그마치 10억 명이 넘는다. 각자 한 박스씩 구입을 했다면 10억 박스가 넘게 팔려 나갔다는 이야기다. 기하급수적인 증가이다. 복제란 이렇게 엄청난 위력을 갖고 있다.

사람의 마음은 보물이 있는 곳에 있어서 마음이 향하는 곳으로 발길도 따라간다. 이러한 차원에서 누군가도 그렇게 하고 싶어 하도록 하는 동력을 네트워크 마케팅은 가지고 있는 것이다. 그래서 복제가 될 가능성은 열려 있다. 품질 좋은 제품을 싼 가격으로 구매를 하니 가성비가 좋다는 입소문이 자연적으로 발생하게 되고, 소비가 소득원이 되니 복제와 더불어 자동적으로 소득이 발생하는 사업으로 성장하게 될 것이다. 이러한 보상이 사람들의 꿈과 열정에 불을 지필 수도 있다.

* 세일즈맨: 1일 100개씩 매일 판매
  100개 x 31일간 = 3,100개

* 복제맨: 하루 1명씩 각자 반복 복제

1일	1	18일	131,072
2일	2	19일	262,144
3일	4	20일	524,288
4일	8	21일	1,048,576
5일	16	22일	2,097,152
6일	32	23일	4,194,304
7일	64	24일	8,388,608
8일	128	25일	16,777,216
9일	256	26일	33,554,432
10일	512	27일	67,108,864
11일	1,024	28일	134,217,728
12일	2,048	29일	268,435,456
13일	4,096	30일	536,870,912
14일	8,192	31일	1,073,741,824
15일	16,384		(10억 개 돌파)
16일	32,768		
17일	65,536		

　　세일즈와 복제의 결과는 비교를 할 수 없을 정도의 큰 차이를 보여주고 있다. 그래서 기하급수적인 결과를 안겨다 주는 네트워크 마케팅을 대량 판매 기술이라고 하는 것이다.

반론도 있을 것으로 짐작한다. 어디까지나 이론일 뿐이라고! 그렇다. 이론이다. 그렇다고 절대로 불가능한 이론만은 아니다.

달나라에 우주선을 보낼 때도 이론이 먼저 성립했다. 이론도 없이 무모한 도전을 하지는 않는다. 그동안 수없이 많은 시행착오를 했겠지만 결과는 어떤가. 현재는 달나라에 유인우주선이 왕복하고 있지 않은가? 잠실의 롯데타워도 이론이 먼저였다. 전문가들에 의해서 상세한 설계도와 사업계획서가 사전에 만들어졌다. 건물이 올라간 것은 이론이 만들어진 이후의 일이다.

복제의 결과가 50%만 이루어진다해도 아니 30%만 이뤄진다고 해도 결코 나쁜 결과는 아닐 것이다. 이론을 현실에서 얼마나 완성시키느냐 하는 문제는 사업가들이 해야 할 과제이다. 그리고 이론을 실전에서 얼마나 완성도를 높이느냐 하는 것은 곧 그 기업의 미래가 될 것이다

포인트와 마일리지
그리고 프랜차이즈보다
발전된 모델

포인트의 가치

대형 마트에 가서 라면을 하나 사도 포인트가 적립된다. 매출의 약 0.5% 정도가 포인트로 적립된다. 집 근처 H마트에 10여 년 이상 쇼핑을 하러 다녔지만 그동안 포인트로 인한 금전적인 혜택을 받은 기억은 없다. 그 혜택이 너무 미미하여 굳이 H마트만 고집스럽게 다녀야 할 이유를 발견할 수 없었다. 그래서 상황에 따라 방문하게 되는 마트만 해도 10여 개에 이른다.

그런데 마트들은 포인트를 왜 고객들에게 캐쉬백 해주는 걸까? 아무런 이유나 목적도 없이 해 주지는 않을 것이다. 고객이 올린 매출액 대비 약 0.5%를 적립했다가 현금처럼 사용할 수 있도록 해주는 것인데 그렇게 하는 이유는 고객들을 단골로 만들기 위해서일 것이다. 즉 포인트는 단골 고객 확보를 위한 마케팅 비용이다. 지속적인 매출 증가를 가져다주길 바라면서 포인트 제도를 운영하고 있는 것이다.

그런데 현실적으로 과연 매출 증대에 얼마나 기여하고 있을까 하는 의문은 지울 수가 없다. 포인트가 너무 미약하여 구속력이 별로 없기 때문이다. 그리고 일정액 이상 적립이 되어야만 사용 가능하고 또 일정한 기간이 지나면 자동적으로 소멸된다. 적립이 되어 현금처럼 사용할 수 있으면 좋고 그렇지 않다고 하더라도 별로 신경쓸 만한 일이 되지 않는다. 실제로 얼마나 적립이 되어 있는지조차 모르고 살아가는 사람들도 많다.

마일리지의 가치

필자는 항공사의 마일리지 제도는 잘 활용을 하고 있는 편이다. 국적기인 D항공사를 이용하여 미국을 한 번 다녀오면 10,000마일리지가 적립된다. 이는 제주도를 한 번 다녀올 수 있는 가치이다. 그래서 과거 20여 년간 단골로 이용을 하다 보니 67만 마일리지가 적립되었는데 일선에서 은퇴한 이후에는 마일리지를 매우 요긴하게 잘 활용하고 있다. 몇 년째 해외여행이나 제주도 여행에 마일리지를 사용하며 즐기고 있는 것이다. 그러나 나는 D항공사의 단골은 되었을지언정 누구에게 입소문을 낸 기억은 없다.

만약에 항공사 측에서 수익의 좀 더 많은 부분을 나눠주는 마케팅을 한다면, 나는 자유롭게 살아가는 생활 속에서 그 항공사의 홍보맨이 되었을지도 모른다. 직업으로는 아닐지라도 세컨드나 서드 잡 또는 여가선용으로 얼마든지 홍보할 수도 있을 것이다. 그렇게 되면 항공사는 급여나 상여금을 주지 않고도 항공사 매출 증대에 기여할 수 있는 홍보맨을 얻는 셈이 된다.

정리를 하자면, 포인트는 그 존재감이 너무 미미하여 의도하는 만큼의 효과를 얻지 못하고 있고, 항공사 마일리지는 존재감은 있으나 적극적인 입소문을 이끌어내기에는 역부족이라는 사실이다.

반면에 네트워크 마케팅은 유통 경비를 절약하고도 수익의 상당한 부분을 마케팅 비용으로 지출한다. 회사에 따라서는 심지어 수익의 70%까지도 마케팅 비용으로 사용하고 있다. 이러한 비용은 마중물이 되어 더 많은 수익을 가져다 줄 뿐만 아니라 수없이 많은 동반자(우군)를 만들어 준다. 아마 보통 사람들은 상상도 하지 못할 일일 것이다.

프랜차이즈와 같은 점과 다른 점

네트워크 마케팅 사업과 프랜차이즈 사업에는 공통점이 있다. 검증된 아이템과 사업 운영에 대한 노하우를 제공한다는 점이다.

차이점도 존재한다. 프랜차이즈 사업은 점포를 개설해야 하며 시스템을 사용하는 대가로 비용을 지불하는데, 가맹비, 로열티, 시설비, 통행세 등을 지불해야 한다.

반면에 네트워크 마케팅 사업은 무점포 사업이며 시스템을 무료로 사용하면서 신체적인 자유를 누릴 수 있다.

프랜차이즈는 점포를 중심으로 복제하는 것이고 네트워크 마케팅은 사람을 복제하는 것인데 프랜차이즈는 Copy에 가깝고 네트워크 마케팅의 복제는 Duplication이다. 점포 복제보다는 사람 복제가 훨씬 수월하고 속도감이 있지 않을까?

어떤 것이 더 전망이 밝을까? 프랜차이즈 사업은 전성기를 지나 이제는 수요에 비해 공급이 많아지면서 자영업의 무덤이 되었다고 볼 수가 있다. 전망이 좋은 것은 네트워크 마케팅이다. 진입 문턱도 낮고 실패로 인한 부담감도 적으며 현재 성장기에 있기 때문이다.

네트워크 마케팅이 프랜차이즈 사업을 대신하거나 미래 직업의 대안으로까지 등장하게 될 가능성은 충분하다.

네트워크 마케팅은
공유경제이자
제3의 물결

농경 사회 때에는 자가 생산(직접 생산)한 것을 스스로 소비도 하고 판매도 하는 생산소비자(프로슈머, Producer +Consumer의 합성어)들의 세상이었다. 생산자와 소비자의 경계가 불명확했던 것이다. 이러한 현상을 제1의 물결이라 했다.

농경 사회에서 산업 사회로 탈바꿈함으로써 생산자와 소비자의 경계가 명확하게 만들어졌다. 생산자는 생산을 책임지고 소비자는 소비만 하는 역할로 나뉘어졌는데 그들 사이에 유통이 자리를 잡았다. 시간이 지나면서 다시 생산소비자(프로슈머)들이 등장하게 된다. 주유소에서 셀프 주유를 하게 되면 노동력을 제공한 만큼의 할인된 간접 소득이 생긴다. 이와 같은 생산소비자(프로슈머)가 등장할 것을 이미 1980년대에 예견을 한 사람이 바로 미래 경제학자인 엘빈 토플러다. .

농경 사회에서 자급자족하던 생산소비자(프로슈머)들이 경제를 주도하던 제1의 물결 시대에서, 산업 사회로의 탈바꿈은 생산소비자(프로슈머)가 시야에서 사라지는 듯했다. 노동집약적인 제조업에서 인건비가 상승함으로써 제품의 가격 상승을 부추겼고 이는 곧 경쟁력 약화로 나타났다. 제품의 가격 경쟁력을 높이기 위해서는 비싼 인건비를 절약해야 했고, 셀프 주유나 쇼핑카트를 끌게 하는 등과 같은 수고를 소비자들이 부담하게 하는 일들이 많아졌다. 소비만 하던 소비자들은 공급자의 일을 일부분 위탁받아 노동력을 제공하므로써 자가 소비용 생산을 하는 제2의 생산소비자(프로슈머)가 되는 것이다. 이렇게 고객이 노동력 제공으로 생산과정 참여가 늘어나는 것은 피해갈 수 없는 필연적인 현상으로 제2의 물결이라 표현했다.

제3의 물결 시대는 생산소비자(프로슈머)가 첨단 과학기술을 바탕으로 경제활동의 중심으로 복귀할 것이라고 예견했다. 경제활동의 조연에서 주연으로 등장하게 된다는 것이다. 제2의 물결에서는 생산소비자(프로슈머)가 경제활동의 중심에 서지 못하고 생산자의 조력자 위치에 머물렀다면, 미래에는 경제활동의 중심에 서게 될 것이라는 것이다.

고객의 생산 활동 참여는 늘어날 것이며 미래의 생산소비자(프로슈머)는 하나의 물결이 되어 새로운 문명을 만들고 세상을 바꿀 것이라고 엘빈 토플러는 예견하고 있다. 경제활동의 중심에 위치하게 될 프로슈머(생산소비자)의 등장은 결코 새로운 일이 아니다. 이를 잘 이해하고 받아들이기 위해서는 문명의 흐름을 알아야 하고 또한 패러다임의 변화가 필요하다.

네트워크 마케팅은 복잡한 유통과정을 혁신하는 데 그치지 않고 제품 판촉활동에 고객들의 참여를 이끌어 내고 있다. 고객들이 제품을 사용해 본 경험을 토대로 구전 광고로 새로운 고객을 만들어 매출을 유발

시키도록 하고 있다. 소비자가 소비자의 심리나 동향을 가장 잘 안다. 따라서 체험을 통하여 확신을 가진 소비자가 새로운 소비자를 만드는 일은 가장 합리적이며 용이한 일이 될 것이다.

구전 광고가 거창한 것은 아니다. 지인들 간에 공통 관심사에 대해서 대화를 하다 보면 자연스럽게 정보를 얻을 수 있게 된다. 그러한 인간관계에서 발생하는 대화나 소통에서 얻게 되는 체험담이나 정보를 마케팅에 활용하는 것이다.

영업 사원이 자동차를 판매할 때 어떤 사람이 구매할 것인지 찾아내기는 쉽지가 않다. 이때 중고차 시장으로 눈을 돌려 보면 보다 용이해진다. 타고 다니던 자동차를 중고시장에 내놓으려는 사람은 새로운 자동차를 구매할 가능성이 많다. 그런데 중고자동차 매매 시장보다는 차량을 교체하고 싶어 하는 단계에서 정보를 입수할 수 있는 사람이 더욱 유리한 위치에 서게 된다. 대부분 구매할 자동차를 결정한 다음에 타고 다니던 자동차를 처분하기 때문이다. 그러한 정보를 가장 먼저 알 수 있는 사람은 지인이나 지근거리에서 관찰하거나 대화를 할 수 있는 사람 즉 인맥 안에 있는 사람일 것이다. 그리고 자동차를 선택하기에 앞서 지인들 가운데 자동차를 이용하고 있는 체험담이 신차 선택에 많은 영향을 미친다. 바로 그러한 사람들에게 일(구전 광고)할 기회를 준다면 서로 도움이 되지 않을까?

요즘 현대병은 외관상으로 잘 관찰이 되지 않는다. 소위 성인병이라고 일컬어지는 병들은 신체의 기능이 저하되어서 오는 병들이기 때문이다. 그러한 속사정을 잘 알 수 있는 사람 역시 지인이나 지근거리에 있는 사람일 것이다. 그들에게 건강에 도움이 되는 제품을 알려 주도록 만들 수만 있다면 가장 효율적으로 매출을 올릴 수 있는 일이 될 것이다.

회사는 제품을 만들어 공급하고 매출을 증대시키는 일은 고객들 즉 생산소비자(프로슈머)들에게 위임을 하는 것이다. 이렇게 함으로써 회사는 많은 유익을 얻게 된다. 판촉비와 광고비를 미리 지출하지 않아도 되고 영업 사원을 고용하지 않아도 된다. 대신에 수중에 들어온 수익금의 일부분을 매출 증대에 기여한 사람들에게 나눠 주기만 하면 된다.

식물은 열매를 맺기 위해서 꽃을 피운다. 열매는 꽃에서 만들어지기 때문이다. 그러나 꽃 스스로는 열매를 만들지 못한다. 외부의 도움이 필요하다. 외부의 도움으로는 나비와 벌이 매우 유효하다. 그래서 꽃은 나비와 벌을 불러들이기 위해서 향기와 꿀을 준비한다. 나비와 벌은 향기를 따라 꽃을 찾아간다. 정신없이 꿀을 먹는 사이에 꽃가루가 떨어져서 꽃은 수정을 하게 된다. 꽃은 나비와 벌들에게 꿀을 주고 수정이라는 결실을 얻게 되는 것이다. 기브 앤 테이크(Give & Take) 즉 주고받는 것은 자연의 이치이다.

네트워크 마케팅 회사는 유통의 혁신을 통하여 좋은 제품을 싸게 판매한다는 입소문이 향기처럼 퍼져 나가게 한다. 수익의 일부분은, 꽃이 꿀을 나비와 벌들에게 제공하듯, 생산소비자(프로슈머)들에게 제공한다. 이미 유통의 혁신을 통하여 가격파괴를 했으니 수익금 대부분을 회사가 소유하는 것도 가능한 일이지만, 수익금을 독식하지 않고 매출 증대에 기여한 사람들과 나누는 것이다. 네트워크 마케팅에서 매출 증대에 기여한 고객들은 유통업체 대신에 경제활동의 중심에서 제3의 물결을 만드는 생산소비자(프로슈머)가 되는 것이다.

네트워크 마케팅은 고객들을 소비자로만 여기는 것이 아니라 동업자와 같은 대우를 해준다. 고객들에게 홍보하는 일을 분담시키고 있는데, 이를 경제학자들은 노동비용의 외부화라고 한다. 업무도 나누고 수익금도 나누는 공유경제를 실천하고 있다. 이러한 경제활동의 모델은 미래 사회의 희망이 될 것이다.

기업은 돈을 벌고 소비자는 소비만을 하던 과거의 패러다임에서 벗어나야 한다. 기업과 소비자가 업무도 나누고 수익도 공유하는 경제활동을 통하여 함께 기업의 가치를 높여 가는 경제 공동체가 되는 것이다.

NETWORK MARKETING

2장

네트워크 마케팅이라면 가능하다

디지털 유목민 시대
무자본, 무점포로도 가능한 사업이다

　사업을 하려면 자본금이 가장 큰 문제로 대두된다. 그래서 많은 사람들이 시작도 하기 전에 좌절을 겪는다. 네트워크 마케팅 사업은 자본금 때문에 좌절할 일은 드물다. 자본금으로 만들어가는 사업이 아니고 사람의 꿈과 열정으로 만들어가는 사업이기 때문이다.

　네트워크 마케팅 사업은 땅을 사서 말뚝을 박을 일도 없고, 점포를 마련하여 지키고 앉아 있을 이유도 없다. 대지 위에 펼쳐진 초원을 누비며 구애받지 않고 살아가는 유목민처럼 사업할 수가 있다. 스마트폰 하나만 가지고도 자유롭게 다니며 비즈니스를 할 수도 있다.

　시스템을 만들어 회사를 운영한다고 하더라도 자본금이 절대적인 조건이 되지는 않으며 설령 필요하다고 해도 큰 자본이 요구되지는 않는다.

　실례로 미국에서는 그러한 일들이 많이 발생했다. 1980년대 초 삶이 풍요로워지면서 육류 섭취가 많아지고 바쁜 도시생활을 하는 현대인들을 위한 패스트푸드가 범람하기 시작하면서 비만과 성인병이 심각한 사회적 문제로 대두되기 시작했던 시절이 있었다. 그런 사회적인 분위기에 편승하여 초본으로 만든 건강기능 식품과 화장품이 미국 사회에 혜성처럼 등장했다.

혜성처럼 등장한 주인공은 대만 출신의 유학생 부부였다. 당시 그 부부는 미국 사회에서 신용카드조차 만들 수 없는 처지였지만, 초본학을 바탕으로 약용식물을 가공한 건강기능 식품과 화장품을 개발하여 창업에 성공했다. 성인병에 대한 두려움과 예방에 대한 관심이 높아진 분위기로 인하여 단기간에 엄청난 성장을 이룩할 수 있었다. 창업한 지 10여 년 만에 세계적인 글로벌 기업으로 성장했으며, 30여 년이 지나면서는 상당수 고가의 희귀한 골동품과 5성급 호텔 등 많은 부동산을 소유한 재벌이 되었다.

비슷한 시기에 고도 비만 때문에 죽음을 맞이하게 된 어머니를 안타까워하며 다이어트 제품에 관심을 갖고 사업을 시작한 미국인 기업가도 있었다. 성인병 원인 가운데 하나인 고도 비만은 칼로리가 높은 탄수화물과 육류 등의 과도한 섭취가 주요한 원인으로 밝혀졌다. 상대적으로 칼로리가 낮은 채식에 대한 관심이 높아지면서 채식주의자(베지테리언)들이 세계적으로 증가하는 추세였다. 이러한 분위기에 편승하여 칼로리가 낮은 다이어트 식품을 개발하여 화물 트럭에 싣고 다니며 팔다가 오늘날 굴지의 다국적 기업으로 성장하게 된 예도 있다.

제품이 시기적으로도 적절하게 때를 잘 만나기도 했지만 근본적으로는 네트워크 마케팅이기 때문에 가능했다. 좋은 아이템이 자본과 결합된 것이 아니라 네트워크 마케팅을 만나면서 그 위력을 발휘하게 된 것이다. 이러한 일들은 미국에서 40~50년 전에 발생한 일이지만 최근에는 한국에서도 일어나고 있다.

회사 사옥이나 사무실은커녕 사업 설명회를 할 장소조차 없어 고생하던 기업이 화장품과 건강기능 식품 등 두 가지 아이템을 가지고 창업 10여 년이 조금 지난 현재 연 1조 원이 넘는 매출을 자랑하고 있기도 하다. 현재는 수천 개가 넘는 일자리를 창출하여 국가와 사회에도 기여를 하고 있는데, 이 역시 자본의 힘으로 한 것이 아니라 가성비 좋은 아이템과 경영자의 노력 그리고 네트워크 마케팅 등이 복합적으로 이루어져 무에서 유를 창조한 것이다.

이상은 네트워크 마케팅의 위력이 유감없이 발휘된 사례들이다. 네트워크 마케팅 사업은 그만큼 자본에 기대지 않고도 성공할 가능성이 높은 것이다.

그들은 어떻게 그런 초고속 성장을 이룩할 수가 있었을까? 답은 간단하다. 확신과 동기부여는 끊임없이 입소문을 일으킨다. 처음에는 1명으로 시작하지만 하루에 한 명씩 추천과 복제가 반복되면 10일이 지나면서부터는 1,000명을 돌파하게 된다. 처음 1명이 2명 되고 그 2명이 4명이 되고 4명이 8명이 되는 복제를 거듭하여 1,000명 정도가 되기까지가 어렵지, 조직의 볼륨이 어느 정도 커진 다음부터는 탄력을 받으며 성장하게 된다. 복제만 잘되었다면 바로 다음날 2,000명이 될 수도 있다.

그러나 완벽한 복제는 기대하기 어려운 것도 사실이다. 늘어나는 숫자가 사람마다의 개성이나 능력의 차이를 감안해서 1,100명이나 1,500명이 되었다고 해도 상관없다. 복제된 사람이 1,000이라면 1,000명 모두가 1인 기업가이며 모두가 성장점이 된다. 그중에서 적지 않은 영웅들도 탄생하게 될 것이다. 그들은 많은 사람들을 성공으로 이끌어 줄 것이다. 그들의 활동과 함께 임계점에 이르면 핵분열과 같은 인적인 분열을 가져와 성장 속도는 상상을 초월하게 된다.

단 1명으로 네트워크 마케팅 사업을 시작할 수도 있다. 다만 그 한 명은 본보기가 될 만한 복제 모델이어야 하며, 동기부여의 능력을 갖추고 있어야 한다. 수익성 좋고 가성비 좋은 제품과 동기부여가 확실히 되는 교육(설명회)이 이뤄진다면 창업과 성공은 얼마든지 가능하다.

점포로 하는 사업은 결코 이러한 복제의 효과를 기대하긴 어렵다. 복제한다 하더라도 시간이 많이 걸린다. 현재의 프랜차이즈 사업이 그러하다. 네트워크 마케팅은 무점포로 하는 사업이기 때문에 신속한 복제가 가능하다. 복제의 과정은 정보전달 → 교육 → 훈련으로 이어진다. 정보전달은 기회를 제공하는 과정이며, 교육은 기회에 대해서 더 깊이 이해하고 확신을 갖게 해주는 과정이고, 훈련은 교육을 반복함으로써 전문가나 사업가로 성장하게 만들어 주는 과정이다.

네트워크 마케팅 회사는 사업성이 검증된 아이템과 시스템을 갖고 있다. 사업 시스템은 무료로 제공을 하고 있다. 제품을 개발하거나 만드는 일에서부터 제품 값을 결재하는 것과 배송하는 일 그리고 세금을 원천징수하여 납부하는 일에 이르기까지 모두 회사가 담당한다. 1인 기업가가 되어 사업의 기회를 잡은 사람은 공간과 시간으로부터 자유로운 디지털 유목민이 되는 새로운 세상을 경험할 수 있게 될 것이다.

함께 성장하는
뉴비즈니스

어느 분야든 성공한 사람 주변에는 희생해준 사람들이 몇 명씩은 있다고 알려져 있다. 그런 희생을 자양분 삼아 한 사람이 성공하게 되었다는 얘기를 우리 주변에서 찾아보기 어렵지 않다. 결코 혼자서 성공하기는 쉽지 않다는 얘기일 것이다. 이러한 희생은 숭고한 것이며 가족과 같은 사랑이 없으면 존재하기 어렵다.

한편 성공한 사람들은 누군가와 경쟁에서 이긴 사람들이다. 성공을 꿈꾼다면 상대방보다 더 좋은 시설에서 더 좋은 제품을 만들어야 하고 더 많이 팔기 위해 모든 노력을 쏟아부어야 한다. 경쟁에서 이기려면 경쟁력이 있어야 한다. 그러한 경쟁은 모든 것을 더욱 발전하도록 이끌기도 한다.

모두가 선의의 경쟁을 한다면 절대 승자도 절대 패자도 없이 서로 성장해 갈 수 있을 것이다. 경쟁이란 서로의 희생 없이 시너지 효과가 생기도록 해야 하지만, 자칫 지나친 경쟁의식은 피차간에 화를 불러오기도 한다. 지기 싫어하는 경쟁 심리는 누구에게나 있을 수 있지만 승부에 지나치게 집착하면 화를 불러올 수도 있는 것이다.

LA의 교포 사회에서 두 개의 슈퍼마켓이 치열하게 경쟁을 한 사건이 있었다. 먼저 자리를 잡은 슈퍼마켓이 잘되니 길 건너에 또 하나가 생겼다. 오픈 기념으로 기념품도 주고 200달러 이상 구매하는 고객들에게 5kg의 쌀을 사은품으로 주었다. 고객들을 유치하기 위한 마케팅을 시작한 것이다.

당연히 기존의 슈퍼마켓을 드나드는 고객이 줄어들면서 주인은 위기감을 느꼈고 적대감도 갖기 시작했다. 그래서 한 술 더 떠서 100달러 이상 구매하는 고객들에게 쌀 5kg씩을 주기 시작했다. 이에 뒤질세라 후발 주자는 100달러 이상 구매하는 고객에게 두 배에 해당하는 쌀 10kg을 주기 시작했다.

그렇게 감정적으로 이어진 경쟁은 서로의 살을 파먹기 시작했고, 서로를 비방하고 헐뜯는 추한 싸움으로 번졌다. 볼썽사나운 모습에 고객들의 발길은 끊어지기 시작해서 2년쯤 뒤에는 둘 다 망해버렸다. 고객들이 상대방 슈퍼로 가면 내가 망한다는 생각에 도가 넘는 경쟁을 하게 되었다. 결국은 서로에게 지울 수 없는 치명적인 상처를 안겨주고 말았다. 상대방을 쓰러뜨리거나 밟고 올라서야만 살아남을 수 있다는 경쟁 심리가 서로에게 치명상을 입힌 것이다. 선의의 경쟁을 했더라면 얼마나 좋았을까?

학창 시절에서부터 직장생활에 이르기까지 사실상 모두가 경쟁에 놓여 있다. 경쟁에서 이기지 못하면 대학 입학도, 취업도 어렵다. 직장에 입사하더라도 버텨내지 못하고 도태하게 된다. 이겨야 하는 것이다. 특히 직장에서의 경쟁은 처세술로까지 평가받는다. 조직 문화에 잘 적응하는 것은 기본이고, 맡은 업무에서 동료보다 앞서는 성과를 올려야만 직장에서 성공할 수 있다.

동료보다 더 잘하기 위해서 순수하게 노력만 한다면 나쁠 게 없다. 비록 경쟁에 지더라도 그 노력은 다른 보상으로 다가올 것이다. 문제는 상대방의 약점을 이용한다든가, 단점을 부각시킨다든가 하는 비겁한 방법을 쓰는 것이다. 그런 성공은 오래가지 못한다.

동료도 잘되고 본인도 잘되는 방법은 없을까? 항상 동료와 같이 승진하게 되는 직장은 없을까? 현실적으로 그런 직장을 찾기는 불가능에 가까울지 모른다.

네트워크 마케팅 회사에서도 늘 동반 승진하는 일은 생기기 어렵다. 그러나 동료도 잘되고 본인도 잘될 수는 있다. 네트워크 마케팅은 결코 혼자만 잘해서는 성공할 수 없다. 누군가를 성공시켜야만 성공할 수 있다. 네트워크 마케팅 회사들이 갖고 있는 마케팅 플랜을 살펴보면 본인을 중심으로 한 공동체 안에서 누군가 성공자가 나오지 않고는 절대로 성공할 수가 없게 되어 있다. 이는 곧 자기 자신만을 챙기는 이기적인 사업활동만으로는 성공할 수가 없게 되어 있다는 사실을 말해주고 있다. 이러한 사실을 잘 인지해서 발상의 전환을 해야만 한다.

네트워크 마케팅에서는 긍정적인 지인들에게 정보를 알려주고 스스로 홀로서기를 할 수 있도록 도와준다. 파트너가 본인보다 앞서게 되면 박수를 쳐주고 더 잘할 수 있도록 성원을 보내면 된다. 파트너가 더 크게 성공하면 할수록 본인에게도 그 혜택이 더 크게 돌아온다. 그러니 파트너의 성공을 가로막거나 배 아파할 이유가 전혀 없다. 이기적인 자세로는 결코 성공할 수 없다. 이타적인 생각으로 비즈니스를 해야 성공할 수 있다.

대부분의 경쟁에서는 누군가의 실패나 좌절을 발판삼아 성공을 하게 되어 있지만 네트워크 마케팅 사업은 반대로 누군가를 반드시 성공시켜야만 성공할 수 있다. 이러한 이타적인 행동은 선택이 아니라 필수이다. 네트워크 마케팅이라는 조직 공동체 안에서 누군가를 성공시키지 못하면 결코 자기의 성공도 없다. 그렇다고 타인의 성공을 본인이 만들어 줄 수도 없다. 부모가 자식의 성공을 만들어 줄 수 없는 것과 같은 이치다. 각자가 해야 할 몫은 분명히 있다. 그 역할에 충실할 때 다른 사람의 도움도 빛은 발하게 된다.

타업종에서는 성공 노하우를 공개하려 하지 않고 가르쳐 주지 않으려 할 것이다. 하지만, 네트워크 마케팅 사업은 누군가의 성공을 위해 모든 노하우를 공개하고 가르쳐 주려고 한다. 동반 성장과 동반 성공을 위해서이다.

시간을 벌어 주는
마법과 같은 사업

축지법은 오랫동안 가야 할 길을 순식간에 갈 수 있는 도술이다. 24시간 소요해서 갈 길을 단 1시간 안에 갈 수 있다면 23시간을 벌게 된다. 무협지에나 나오는 이야기지만 그런 축지법이 있다면 아마도 누구나 그러한 기술을 갖기 원할 것이다.

시간은 누구에게나 동일하게 매일 같이 86,400초씩 주어진다. 시간은 더 가지려고 해도 절대로 더 가질 수 없는 것이고, 다 사용하지 못했다고 해서 돈처럼 저축을 할 수도 없다. 사용하지 않으면 그저 사라질 뿐이다. 그러니 당일에 주어진 시간이 사라지기 전에 최선을 다해서 사용을 해야만 한다.

시간은 누구에게나 동일하게 아무런 대가 없이 주어지는 것이지만 시간보다 소중한 것도 없다. 시간은 살아 있는 자에게만 주어진다. 살아 있는 자들만이 누릴 수 있는 특권이기도 하다. 죽은 자에게는 '시간이 없다'. 살아 있는 우리는 시간을 소중히 여기며, 아낌없이 끝까지 잘 사용해야 한다.

현재 서울에서 하와이까지 비행기로 8~9시간이 소요된다. 그러나

머지않아 초음속 여객기가 상용화되면 2시간도 채 안 걸릴 것이라고 한다. 문명의 발달은 이렇게 시간을 벌어준다. 시간을 벌게 된다면 어떤 변화가 생길까? 없던 기회도 생기고 더 많은 기회를 누리게 될 것이다.

아마도 오전에는 가까운 스키장에서 스키를 타고, 오후에는 하와이에서 해수욕을 즐기고, 밤이 되면 귀가하여 잠을 자는 크리스마스를 즐길 수도 있을 것이다.

시간을 벌게 된다면 생활 전반에 걸쳐서 더 많은 여유와 기회가 생길 것이다. 하지만 시간도 돈을 만나야 더 유용하게 쓸 수 있는 것이 현실이다. 스키장에 갈 돈과 하와이행 비행기 티켓을 살 돈이 있다고 하더라도 시간이 없다면 특별한 크리스마스는 환상으로 끝날 수도 있을 것이다.

중국 극동 지방에는 유명한 모소대나무가 자라고 있다. 모소대나무가 유명세를 얻은 이유는 특이한 성장에 있다. 씨앗을 뿌린 후 거름을 주고 물을 주어도 3년 동안은 마치 죽은 것처럼 미동도 하지 않는다. 사정을 잘 모르는 사람이 본다면 대나무를 키우고 있는 농부가 헛수고 하는 것처럼 보일 수도 있다.

4년 차가 되면 겨우 3cm정도의 싹이 돋아난다. 그동안 쏟아 부은 정성과 노력에 비하면 초라하기 그지없다. 그러나 5년 차가 되면서부터는 놀라운 일들이 벌어진다. 하루에 30cm씩 쑥쑥 자라기 시작하여 6주가 지나면 12m에서 30m까지 자라서 울창한 대나무 숲을 이룬다. 소나무가 30년에 걸쳐 성장하는 속도를 단 6주 만에 달성하는 것이다.

모소대나무 씨앗은 3년 동안 허송세월을 보낸 것이 아니다. 그동안 땅속에서 뿌리내리는 작업을 부지런히 한 것이다. 지구 중심을 향하여 뻗어 내려가기도 하지만 옆에 자리한 다른 대나무의 뿌리들과 엉켜서 서로 단단히 움켜쥐듯이 자란다. 이렇게 자란 뿌리는 성장의 때를 준비한다. 강한 바람이 불어도 넘어지지 않고 하늘 높이 자랄 수 있도록 스스로를 단련한다.

그렇게 인고의 세월을 보낸 후 보이지 않는 곳에서 끊임없이 성장한 뿌리가 자양분을 위로 올려 보내면, 대나무는 하늘 높은 줄 모르고 높이 높이 성장하게 되는 것이다.

모소대나무의 성장에서 우리는 몇 가지 사실을 알 수 있다.

첫 번째는 인내이다. 시작과 동시에 곧바로 성과를 기대해서는 안 된다. 눈에 띄는 성과가 금방 나오지 않거나 실패한다고 해서 절망할 필요는 없다. 때를 기다리며 꾸준히 노력하는 자세가 필요하다.

두 번째는 방향성이다. 속도보다는 방향성이 좋아야 한다. 속도에 치중하다가 방향을 잘못 잡으면 처음부터 다시 시작해야 한다. 방향성이 좋다면 적당한 때에 속도는 따라온다. 뿌리를 깊이 내려 자양분을 흡수할 준비와 외풍에 넘어지지 않도록 뿌리로 서로를 얽어매는 준비는 매우 좋은 방향성이다.

세 번째는 상생 즉 협동하는 것이다. 모소대나무는 뿌리를 깊이 내리면서 이웃의 대나무들과 서로 엉키면서 기초를 튼튼하게 만들었다. 이와 같이 서로 힘을 모으고 의지하면 외부의 도전에 견딜 수 있는 강인함이 생긴다. "뭉치면 살고 흩어지면 죽는다"라는 말의 의미를 되새겨 보자.

네 번째는 선의의 경쟁이다. 모소대나무는 성장에 필요한 빛을 얻기 위해 곁에서 뿌리로 서로를 얽어매었던 나무들과 경쟁을 하게 된다. 그런데 서로에게 해를 가하지 않는다. 태양의 에너지를 얻기 위해 고개를 높이 치켜들 뿐이다. 그렇게 선의의 경쟁을 펼치면서 모두가 쑥쑥 자란다. 그래서 수십 미터의 울창한 대나무 숲을 만든다. 참된 라이벌 의식을 갖고 펼치는 선의의 경쟁은 서로의 성장을 이끈다.

대나무가 고속 성장을 하는 이유가 깊고 넓게 뻗어 내린 뿌리에만 있는 것은 결코 아니다. 대나무에는 마디가 많이 있다. 그 마디는 모두가 성장점이 되어 뿌리에서 공급하는 자양분을 받아서 각각 성장을 이끄는 것이다. 30개의 마디가 각 1cm씩만 자란다 해도 나무는 30cm가 자라는 셈이다. 그래서 단 6주 만에 소나무가 30년에 걸쳐서 성장하는 속도를 따라잡을 수 있는 것이다. 약 30년의 시간이 단축되었으니 그만큼 시간을 번 것과 같다.

네트워크 마케팅의 효과도 그렇게 나타난다. 각각의 모든 독립개체인 생산소비자는 각자 독립된 사업가이며 대나무의 성장점처럼 성장을 한다. 그렇게 합쳐진 성장은 마법과 같이 시간을 단축시켜 준다.

황금 사과나무

어린 시절에 읽었던 《황금알을 낳는 거위》라는 동화를 기억할 것이다. 동화 속 거위처럼 황금알을 낳아주는 거위가 집에 한 마리쯤 있으면 좋겠다는 생각을 누구나 해본 적이 있을 것이다.

돈이 무엇인지. 어느 지인은 이렇게 정의했다.

"피는 물보다 진하고 돈은 피보다 진하다."

돈 때문에 피를 나눈 부모와 자식이 서로 원수가 되어 법정에서 다툼을 하고, 형제끼리 다투다가 살인까지 하는 작금의 세태를 비유법으로 표현한 것이라 여겨진다.

사람이 공기나 물 없이 살 수 없듯이 이제는 돈 없이 살 수 없는 세상이 되었다. 안타깝게도 황금만능주의 세상이 되어 가고 있는 것이다.

돈은 물처럼 흘러야 한다. 물이 모든 사람에게 꼭 필요하듯 돈도 그러하다. 흘러서 모든 사람을 살려야 한다. '낙수효과'나 '분수효과'라고 하는, 돈을 물에 비유한 경제 이론도 그런 의미에서 생겨났다.

낙수 효과는 유리컵을 피라미드 모양으로 쌓아놓고 제일 위의 잔에다 포도주를 부으면 차고 넘치게 되면서 아래의 컵들에도 포도주가 차오르게 된다는 이론이다. 떡시루를 크게 만들면 떡고물이 많이 떨어진다는 이론과도 같다. 대기업을 육성하면 자연적으로 중소기업이나 국민 개인들에게도 이익이 돌아간다는 것이다.

반대로 분수효과는 저소득층의 주머니를 채워주면 자동적으로 구매력이 생겨서 유통과 생산에 이르기까지 영향을 미쳐 경기가 좋아진다는 이론이다. 이는 우리에게 잘 알려져 있는 뉴딜 정책과도 맥이 닿아 있다. 배고픈 실업자들에게 정부의 예산으로 빵을 나눠주는 것보다는 일자리를 만들어 주는 것이다.

사회 간접자본을 확충하는 일에 투입을 해서 국가 자산도 늘리고 실업자들에게 일자리를 제공한다면, 노동자들의 주머니에 들어간 돈이 구매력으로 나타나 경기를 회복시키는 불씨가 된다. 소비자들의 구매력은 생산 유발 효과와 나아가 유통산업의 발달을 촉진시킨다. 분수의 물이 아래에서 위로 올라가듯이 소비자들의 구매력 증가는 유통의 발달과 제조업의 성장을 이끌어 결국은 경기를 부양하게 되는 것이다.

이렇게 돈을 물에다 비유한 것은 물이 순환되는 속성을 가리키는 것이겠지만 생명을 살리는 물의 본성과도 맥이 닿아 있기 때문이다.

돈은 더 많은 기회와 더 좋은 기회를 만들어 준다. 더 좋은 동네에서 더 좋은 집에서 살 수 있는 기회, 더 좋은 차를 탈 수 있는 기회, 더 좋은 교육을 받을 수 있는 기회, 더 좋은 의료 혜택을 받을 수 있는 기회, 더 많은 곳을 여행할 수 있는 기회, 더 맛있는 음식을 먹을 수 있는 기회, 더 많은 사람을 도울 수 있는 기회 등 돈으로 얻을 수 있는 기회는 무궁무진하다.

그래서 모두가 돈을 더 많이 벌기 위해 좋은 직장을 다니려고 하고 자

영업을 하려고도 한다. 과연 어떤 직업이 좋은 직업이며 시간적인 여유
와 함께 안정된 소득을 누리게 해줄까?

직업은 크게 두 종류로 나눌 수가 있다. 파이프라인 직업과 물지게 직
업이다. 기준은 수입이 생기는 방식에 따른 것이다.

물지게 직업

물지게 직업이란 물지게로 물을 져서 나를 때는 수입이 생기는 것을
말한다. 곧 육체로 노동력을 제공할 때는 수입이 생기는데 일을 중단하
는 즉시 바로 수입도 중단된다. 모든 직장 생활을 비롯하여 대부분의 직
업이 그렇다. 이것을 노동수입이라고 한다.

파이프라인 직업

파이프라인 직업이란 노동력을 제공하고 수입을 얻는 것이 아니라
파이프라인을 갖고 있어서 수도꼭지만 틀면 언제든지 물이 나오듯, 거
위가 매일 황금알을 낳듯, 수입이 생기는 것을 말한다. 이러한 수입으로
는 사업 시스템을 소유하고 있는 사람, 인세와 로열티를 받고 있는 사
람 또는 건물을 소유하고 있어 임대 수입을 받는 사람이나 연금성 소득
원을 갖고 있는 사람들이 여기에 해당된다. 그리고 네트워크 마케팅 역
시 사업 시스템을 소유하고 있는 것도 파이프라인 수입이라고 할 수 있
을 것이다.

이러한 수입의 특징은 근로소득이 아닌 권리소득이라고 한다. 노동
을 하든지 안 하든지, 나이에 상관없이, 시간적인 자유와 경제적인 자

유를 동시에 누릴 수 있는 것이 바로 파이프라인 직업에서 발생하는 권리소득이다.

물지게를 지는 일은 젊고 건강할 때는 얼마든지 할 수 있는 일이다. 그러나 몸이 불편하거나 쇠약해지면 감당하기 어려울 수도 있다. 다행히 그렇지 않더라도 물지게를 져야만 하는 의무감 때문에 여가선용은 나중에 해야 하는 일로 미뤄야 하는 처지에 놓이기도 한다. 그리고 은퇴 이후의 삶은 별도로 준비를 해야 할지도 모른다.

파이프라인 직업은 몸이 불편해지거나 쇠약해져도 상관없고 나이 제한이나 은퇴가 없다. 연금성 소득처럼 100세 시대에 안정된 노후까지 보장받을 수도 있다. 인맥에 마케팅을 결합하면 유통채널이 되고 유통채널은 안정적인 수입을 가져다 주는 파이프라인이 되어 준다. 인적 네트워크는 나무가 자라듯이 성장할 것이며 그러한 인맥을 금맥으로 바꾸게 해줄 것이다.

사과나무에서 사과를 따먹고 나면 이듬해에 사과는 또 열린다. 때만 되면 사과를 공급해 주는 황금사과 나무를 한 그루씩 키워보면 어떨까!

기울어진 운동장과
기회의 사다리

스스로가 중산층이라고 생각하는 사람들이 많이 줄어들었다. 그동안 중산층에 대한 인식의 변화도 있었고, 양극화가 심해지면서 상대적 빈곤을 느끼는 사람들이 많아진 탓이다.

요즘 중산층이라면 의식주 해결은 물론이거니와 여가선용도 하고, 지역 사회의 발전에 기여하며 살아가는 계층으로 볼 수가 있다. 더 좋은 세상이 되려면 중산층이 늘어나야 하며, 누구나 중산층 또는 그 이상으로 올라갈 수 있는 기회가 보장되어야 한다. 그러한 사다리가 충분히 있어야 하지만, 사다리는 보이지 않고 운동장은 기울어져 있다.

기울어져 있는 운동장에서 보통 사람들이 앞선 사람들과 경주를 하려면 몇 배는 더 많은 노력이 필요하다. 기득권을 가진, 또는 아빠 찬스나 엄마 찬스를 가진 사람들은 자동차를 타고 원하는 곳까지 간다면 보통 사람들은 자전거를 이용하거나 도보로 가야 한다. 다리도 아프고 시간도 많이 걸린다. 그래서 보통 사람들에게 여유롭고 안정적인 삶의 길은 멀고 험난하기만 하다. 안정을 이루었을 때는 삶을 즐기기에 너무 늦었을 수도 있다.

보통 사람들 중에 운동으로 성공하려는 사람은 재능도 타고나야 하지만 자기희생과 더불어 엄청난 노력을 기울여야 한다. 친구들을 만나는 시간과 꿀맛 같은 새벽잠을 포기해야 하는 것은 기본이다. 손과 발에 무수한 상처를 훈장처럼 달고 다녀야 될지도 모른다. 그렇게 노력을 하고도 올림픽에서 금메달을 목에 걸려면 자기 종목에서 세계 최고가 되어야 한다. 60억 분의 1이다. 하늘의 별따기나 다름없다. 올림픽 금메달을 목에 거는 선수들은 불세출의 영웅임에 틀림없다. 그러니 보통 사람들은 꿈도 꾸기 어려운 일이다.

보통 사람들이 공부를 열심히 해서 사법고시를 패스하면 성공적인 미래를 보장받던 시절이 있었다. 보통 사람이 넘보기 어려운 사법시험에 패스했다는 사실 하나만으로도 노력과 재능을 인정받았던 것이다. 그러나 언젠가부터는 사법시험에 패스하고서도 일부의 사람들은 성공적인 법조인으로 살지 못하고, 대기업에 입사하거나 7급 공무원이 되려고 노력하는 사람들이 생기기 시작했다. 최근에는 9급 공무원도 마다하지 않는다는 언론 보도를 접한 적이 있다. 이제 어려운 관문을 통과해도 원하는 미래가 보장되던 세상은 이미 아닌 것이다. 그만큼 과거에 비해 기회가 줄어들었다는 사실을 알 수가 있다. 재능 있는 인재들의 노력이 헛되지 않는 세상이 되기를 바랄 뿐이다.

보통 사람들이 직장인으로 성공하고 싶어도 취업조차 쉽지 않은 세상이다. 요즘은 취업을 위해 과외 공부를 하기도 한다. 대학 졸업을 앞둔 젊은 사람들에게는 취업이라는 큰 관문이 세상으로의 진출을 어렵게 한다. 모든 관문을 무사히 통과해서 대기업에 입사를 했다면 큰 기쁨이며 행복한 일이 아닐 수 없다. 장수를 축하하는 회갑연은 없어졌지만, 자녀가 대기업에 입사하면 축하하는 파티가 생겼다. 장수는 보통 일이 되었지만, 취업은 각별한 일이 된 것이다.

그러나 기쁨도 잠시뿐이다. 대기업인 D산업 연구소에서 발표한 자료에 의하면 평사원으로 입사를 하여 직장인으로서 최고봉인 이사나 전문 경영인이 될 확률은 2,000명 가운데 1명이라고 했다. 2,000:1인 것이다. 그럼 나머지 1,999명은 어떻게 되었을까? 모두 조퇴, 황퇴, 명퇴를 했을 것이다. 그들은 또 다른 길을 찾아 도전에 나서야 할 입장이 되어 있을 것이 틀림없다. 갈수록 지금까지 남들이 많이 가던 길에서는 기회가 줄어들고 있음을 우리는 너무나 잘 알 수 있다.

성공한 사람들 가운데는 돈은 많이 있는데 사용할 시간이 부족한 사람도 있다. 시간과 돈을 바꾼 결과이다. 필자는 IMF가 있었던 해에 한평생 약국만을 운영하다 은퇴한 지인과 연말에 스키 투어를 같이 한 적이 있었다.

그는 처음으로 가본 스키장 눈밭에서 수도 없이 넘어지고 뒹굴어서 눈과 코에 고드름이 열렸음에도 불구하고 어린아이처럼 좋아하던 모습이 아직도 기억 속에 생생하게 남아 있다. 평생 닭장 같은 약국에 갇혀 살아온 것이 후회된다는 푸념이 가볍게 들리지 않았다. 40여 년 간의 약사로서의 삶은 안정적인 경제력은 가져다 주었지만 그것을 사용할 시간도 없었고, 자신만의 삶을 위하여 사용할 방법조차 몰랐던 것이다. 그 지인과 같은 사람이 결코 적지 않다. 그래서 경제적인 자유와 그것을 사용할 시간의 자유도 누릴 수 있는 세상으로 안내해 줄 사다리가 필요하다.

네트워크 마케팅 사업은 보통 사람들이 도전해 볼 만한 사업이다. 또한 경제력과 시간이라는 두 마리 토끼를 잡기에도 용이한 사업이다. 네트워크 마케팅 사업은 자본금이 없고 노하우(경험)가 없어도 성공 가능성이 있다. 실제로 가정형편이 어려워 초등학교 졸업도 못했고 지하에서 노래방을 하던 김**이라는 60대 아주머니는 국내의 좋은 네트워크 마케팅 회사를 만나서 약 5년 만에 연 3억 이상의 연금성 소득을 7년째 누리며 살고 있다.

그 아주머니의 하루는 비교적 자유롭다. 시간이나 장소에 얽매이지 않고, 하고 싶은 일을 하면서 본인의 의지에 의해 만들어진 스케줄에 따라 살아간다. 자녀들에게는 물론 손자 손녀들에게도 자랑스러운 할머니가 되었다. 그동안 못 누렸던 세상을 살고 있다. 과거에는 감히 상상도 할 수 없었던 일이 벌어지고 있는 것이다. 얼마나 멋진 인생 역전인가? 그녀의 성공에는 자본도 학벌도 부모 찬스도 없었다. 오로지 좋은 회사가 제공한 네트워크 마케팅 사업뿐이었다. 아주머니에게 네트워크 마케팅 사업은 계층 이동의 사다리였다. 이러한 것이 바로 개천에서 용이 나오게 하는 진정한 계층 이동의 사다리가 아닐까?

NETWORK MARKETING

3장

네트워크 마케팅에 대한 오해와 진실

일벌처럼 살 것인가
여왕벌처럼 살 것인가

　돈을 벌려면 가치를 창출해야 한다. 노동력을 제공하는 방법도 있기는 하겠지만, 제품을 제조하거나 판매를 해서 부가가치를 만들어내는 것보다는 미약하다. 제품을 잘 만들어서 유명해진 회사가 있는가 하면 잘 팔아서 유명해진 회사도 있다. 삼성은 반도체를 잘 만들어서 유명해진 제조 회사이고, 스포츠 용품 회사인 나이키는 잘 팔아서 유명해진 대표적인 판매 회사이다.

　판매에는 다양한 방법들이 있다. 진열장에 진열을 해서 판매를 하는 방법도 있고, 영업하는 사람들이 현장을 다니며 판매를 하는 방법도 있다. 제품에 따라 판매 방법이 결정되기도 한다. 진열판매가 적당한가 하면 영업 사원들의 방문판매가 적당한 아이템도 있다. 대부분의 생필품은 진열판매가 좋고 가전제품, 자동차, 보험 등은 매장 운영과 방문판매를 겸하는 것이 좋다.

　1980년대 후반에 국내에도 성과급제도(Merit System)가 도입되었다. 한마디로 실적에 따른 성과급을 주는 제도이다. 영업 분야에서 이러한 제도를 도입함으로써 프로 세일즈맨들이 많이 등장하게 되었고 그들의 성공담이 매스컴을 타고 세상에 알려지기도 했다.

프로 세일즈맨들은 노력과 능력에 따라 월 수천만 원에서 수억 원의 소득 창출도 가능했으며 정부는 이들에게도 세금 고지서를 발부하기에 이르렀다. 소위 1인 기업의 탄생이었다. 사업자등록번호가 아닌 주민등록번호로도 세금을 징수하는 시대가 시작된 것이다. 이러한 성과급 제도의 도입으로 세일즈맨들의 전성기가 열렸다고 해도 과언이 아니다.

업계에서의 영업 방식으로는 농경식과 수렵식이 소개되기도 했다. 많은 사람들이 세일즈에 도전해서는 대부분 지인들에게 판매를 하다가 더 이상 판매가 어려워지는 시점에서 도태하는 일들이 많이 발생하게 되었다. 그러한 지인 판매의 한계를 뛰어넘기 위해서 콜드 컨택(지인이 아닌 사람들을 만남)의 세일즈가 필요했고 그 해법으로 농경식과 수렵식의 영업 방식이 소개되었다.

농경식은 특정지역을 매일같이 방문하여 그 지역의 사람들과 얼굴을 익히는 방식이다. 먼저 지역 사람들과 친분을 맺은 뒤 그들의 애로 사항을 같이 고민하며 해결할 수 있도록 도움을 주게 되면 신뢰가 쌓인다. 시장의 상인들 가운데는 바쁜 낮 시간대에 은행업무나 동사무소 업무 등에 어려움을 느낄 수 있는데 그들을 위해 그러한 심부름을 해줌으로써 친분과 신뢰를 쌓을 수 있다. 신뢰가 형성된 후에는 영업의 목적을 달성하는 일이 수월해진다. 생면부지인 관계에서 단번에 구매계약서에 사인을 하기는 어렵다. 고객이 스스로 지갑을 열도록 만들려면 인간관계가 우선인 것이다. 이렇게 인간관계를 만들어가는 과정을 농부가 농토를 가꾸고 씨앗을 뿌려 식물을 키우는 것과 같다고 하여 농경식이라고 한다.

그렇게 맺어진 고객들과 사후 관리를 비롯하여 지속적인 신뢰관계를 이어가게 되면 소개도 이루어진다. 고객에게서 지인들을 소개받게 되면 새로운 인간관계나 신뢰를 쌓을 필요는 없다. 이미 소개자가 갖고 있던 신뢰가 그대로 반영이 되기 때문이다. 고객의 지인을 소개받게 되면 이렇게 시간과 비용을 절감할 수 있고 매우 손쉽게 영업실적을 달성할 수가 있다.

수렵식은 여행이나 취미 활동 중에 만나는 사람들에게 자신을 알리는 일로써 영업의 실마리를 풀어가는 것이다. 사냥꾼이 사냥 다니듯 자유롭게 다니면서 하는 영업활동을 말한다.

농경식과 수렵식 중 어느 것이 더 좋다고 말할 수는 없다. 두 가지 방법이 상황에 맞게 적용되어야 할 일이 수시로 발생하기 때문이다. 분명한 것은 두 가지 방식 모두 영업의 실마리를 풀어가려면 적어도 많은 노력과 연구가 있어야 한다는 사실을 말해주고 있다.

네트워크 마케팅에서는 제품을 판매하는 데 집중하지 않아야 고생을 덜하고 성공할 가능성도 높아진다. 제품을 판매해서 매출을 올리는 것이 아니라 저절로 팔려 나가도록 만들어서 매출을 올리는 것이기 때문이다.

네트워크 마케팅의 활동도 외관상으로 볼 때는 세일즈와 매우 닮았다. 사람을 찾아다니며 제품을 설명하는데, 여기까지는 세일즈 활동과 거의 동일하게 비처진다. 그런데 네트워크 마케팅에서는 오히려 세일즈에 치중해서는 성공하기가 어렵다. 원가도 노출되고 회원가도 노출이 되어 있어서 제품에 별도의 마진을 붙여서 판매하기는 어렵다. 앞으로 좋은 인간관계를 염두에 둔다면 마진을 챙기지 않는 편이 좋다. 마진을 챙기게 된다면 오히려 인간관계가 나빠질 소지가 많기 때문이다. 본인이 구입한 원가로 주든지 아니면 직접 회원으로 가입을 해서 구입하도록 도와주는 것이 좋은 방법이다. 이러한 방법은 미래 지향적인 인간관계를 위해서도 좋다.

네트워크 마케팅은 세일즈와는 확연히 다르다. 세일즈가 일년생 화초를 심는 것이라면, 네트워크 마케팅은 다년생 유실수를 심는 것과 같다. 네트워크 마케팅은 제품이 판매가 되면서부터 시작이 된다. 체험 → 확신 → 재구매 → 입소문 → 생산소비자로 이어진다. 고객이 구매와 소비로 끝나는 것이 아니다. 소비자가 소득을 창출하는 생산소비자가 되도록 이끈다. 소비자도 자신이 소득을 창출할 수 있게 된다면 기뻐할 것이다. 그러한 사람들이 많아지면 분명히 인물이 나오게 되어 있다. 군계일학 즉, 닭이 많으면 학이 한 마리쯤 나온다고 했다.

의외로 많은 사람들이 소비가 소득원이 된다는 사실을 알지 못하고 있다. 소비하는 일과 수익 창출하는 일은 완전히 별개로 알고 있는 것이다. 판매를 하려 한다면 일벌처럼 일을 하는 것이고, 인맥을 유통채널로 만든다면 여왕벌처럼 앉아서 더 많은 돈을 벌게 된다. 일벌과 여왕벌 중 어떤 선택을 할 것인가.

인맥이 금맥된다, 이용당하지 말고 서로 활용하라

"이용"이라는 말의 사전적인 의미는 "사물이나 사람을 자신의 이익을 채우기 위한 방편으로 씀"이라고 되어 있고 "활용"이라는 단어는 "이리 저리 잘 응용함"이라고 되어 있다. 우리는 일상 생활에서 관습적으로 "이용"이라는 단어는 한쪽의 이익만 나타날 때 사용하고, "활용"이라는 말은 이익이 쌍방향으로 나타나거나 공적인 유익이 나타날 때 주로 사용하고 있다.

이용과 활용에 대한 의미를 다시 한 번 살펴보자. 주방에 있는 칼을 도둑이 무단 침입을 해서 손에 쥐게 되면 어느 한순간 갑자기 사람을 위협하거나 해치는 도구로 이용이 되지만, 동일한 칼을 주부들이 잡으면 가족들을 위해 맛있는 음식을 만드는 도구로 활용이 된다. 이렇게 미세한 차이지만 이용과 활용의 의미를 구분해 볼 수가 있으며 동일한 도구일지라도 사용자의 목적에 따라 결과도 달라진다.

악어는 양치질을 하지 못한다. 그렇다고 악어가 양치질을 포기하고 살지는 않는다. 음식을 먹은 후 물가에 나와 입을 크게 벌리고 있으면 악어새가 악어 치아에 남아 있던 고기 조각들을 먹어치운다. 악어는 치아 청소를 하게 되어 치아 건강을 얻게 되고, 악어새는 먹이를 얻게 되는 것이다. 이렇게 악어는 악어새를 활용하여 치아 건강을 얻고 악어새는 먹이를 얻는다. 서로 상부상조하는 것이다.

네트워크 마케팅은 유통업 가운데 하나의 도구이며 수단이다. 상호 간에 유익한 경제활동의 도구이니 잘 사용하고 더욱 발전시켜야 한다. 기업은 제품을 공급하고 소비자는 또 다른 소비자를 만들어 매출 증대에 기여한다. 기업은 매출 증대에 대한 보상을 해주어 소비자는 생산소비자가 된다. 기업과 소비자가 상부상조하도록 만드는 것이 네트워크 마케팅의 정체성이다.

일반적인 경제활동의 중심에는 돈이 자리 잡고 있다. 돈이 경제활동의 동력이 되어 사람들을 모으고 움직이게 만든다. 경제활동을 하기 위해서는 사람의 힘이 반드시 필요하다. 그런 필요를 충족시키기 위해서 일반적으로는 돈으로 노동력을 산다.

노동력을 구매한 경영주는 자신의 목적을 달성하기 위해서 그 노동력을 최대한 활용한다. 노동력의 대가를 지불했으니 사람을 이용하는 것이 아니라 활용하는 것이라고 하는 것이 옳을 것이다. 같은 이치로 대가를 받으며 직장 생활을 하고 있는 어느 누구도 이용당하고 있다는 생각을 갖지는 않는다. 돈은 사람을 움직이게 해준다. 보수를 받고 일을 하는 사람들은 경영주에게 돈을 더 많이 벌 수 있게 해준다.

네트워크 마케팅의 중심에는 사람이 있다. 돈으로 노동력을 사는 것이 아니다. 아무런 보장도 없이 입소문을 내거나 사람들에게 자기와 함께 일을 하도록 권유한다. 그래서 누군가는 사람을 이용한다는 생각을 갖게 되는지도 모른다.

이는 엄연한 오해이다. 네트워크 마케팅의 정체성이나 추구하는 방향성을 몰라서 생긴 것이다. 네트워크 마케팅은 꿈을 이루기 위해 노동력을 투자하도록 만든다. 그리고 그 꿈은 다른 누구를 위한 꿈이 아니라 자기 자신을 위한 꿈이 되는 것이다.

네트워크 마케팅은 고객들이 1인기업의 오너가 되도록 돕는다. 수익성이 검증된 아이템도 제공하고, 사업을 할 수 있는 시스템도 무료로 제공을 한다. 자기 자신의 비즈니스를 할 수 있도록 사업 환경을 보장해 주고 능력도 인정해 주는 것이다. 일정한 수입을 보장해 주는 것은 없지만 자신의 사업체를 만들어 노력과 능력에 따른 수입에 대해서는 상한선도 없고 정년퇴직도 없이 수혜를 받을 수 있도록 만들어 준다.

일반적으로 경제활동을 위해서는 돈이 사람들을 불러 모으고 있지만 네트워크 마케팅에서는 사람들이 모여서 돈을 불러들인다. 사람이 먼저이지 돈이 먼저가 될 수는 없다. 사람 나고 돈 났지 돈 나고 사람 난 것이 아니다!

사람은 사회적 동물이다. 사람이 모여서 사회를 만든다. 사회에 소속이 되어 있으니 값싸게 전기를 사용할 수 있고, 자동차를 타고 다닐 수도 있고, 돼지를 키우지 않고도 삼겹살을 맛있게 먹을 수 있는 것이다. 사회 속에 있는 그 누군가의 노력 덕분에 우리는 이렇게 저렴한 비용으로 편리한 생활을 누릴 수가 있다. 사람이 문제를 야기시키기도 하지만, 사람이 문제를 풀고 새로운 미래를 만들기도 한다. 문제를 풀어내고 새로운 역사를 쓰기 위해서 무엇을 중용해야 할까? 돈일까 사람일까.

세상만사는 인사다. 사람이 모든 문제를 해결하고 모든 가치를 만들어낸다. 우리나라에서 가장 풍부한 자원은 바로 인적 자원이다. 좁은 땅덩어리에 사람들은 넘쳐나고 있다. 가장 구하기 수월한 자원이기도 하며 세계적으로 가장 우수한 자원이기도 하다.

우리 사회는 인맥으로 맺어진 사회라서 입소문을 바탕으로 하는 네트워크 마케팅에 가장 적합한 환경을 갖고 있다고 생각된다. 네트워크 환경은 아마도 세계에서도 가장 으뜸일 것이다. 학연, 지연, 혈연을 중요시하는 사회이고, 밀집된 환경과 잘 발달된 대중교통, 그리고 널리 보급된 문명기기와 사회적 인프라는 밤낮으로 만남을 가능하게 해준다. 각자가 갖고 있는 이러한 환경에 네트워크 마케팅을 활용하여 추천과 복제가 반복되고, 그것이 선순환된다면 놀랄 만한 일이 벌어질 것이다. 인맥은 누구에게나 있지만 대부분 잠자고 있다. 서로가 유익하도록 잘 활용하면 누군가에게는 인생 반전의 역사가 만들어질 수도 있다.

먼저 시작한 사람이
반드시 먼저 성공하진 못한다

보통 먼저 시작한 사람이 돈을 벌고, 실적도 앞선다고 생각한다. 왜 이런 오해가 생겼을까. 아마도 등록할 때의 순서가 정해지고 그에 따른 권리를 인정해 주기 때문이라고 생각한다. 일반적인 쇼핑몰에 가입할 때는 딱히 등록 순서를 정할 필요는 없다. 회사가 수익을 독차지하고 분배를 해줄 계획이 없기 때문이다. 그래서 매출 증대에 대한 기여도를 따질 필요도 없고 등록 순서를 알아야 할 이유도 없는 것이다. 다만 본인의 구매 정도에 따라 회원 등급을 정해서 이벤트 행사를 할 경우에 혜택을 주거나 쿠폰을 지급해 주기는 한다. 간혹 추천인을 묻는 경우도 있지만 어떤 혜택이 있는지는 알 수가 없다.

네트워크 마케팅 공동체 안에서의 성공자는 먼저 시작한 상위 사업자들, 이른바 윗사람들 가운데서 먼저 나타난다. 먼저 시작했으니 당연한 일이다. 먼저 시작한 그들은 하루라도 더 노력을 했고 누군가의 성공을 위해서 도움을 주었을 것이다. 그러니 당연히 먼저 성공할 가능성이 높고 또 그런 모습이 비쳐지니 먼저 시작한 사람들만 성공하는 것처럼 생각될 수도 있다. 그렇다고 반드시 먼저 시작한 사람이 먼저 성공하게 되어 있는 것은 아니다.

또, 먼저 시작한 사람이 먼저 성공한 모습을 보면서 실적이 윗사람에게 올라간다는 생각을 가질 수도 있다. 여기서 윗사람이란 직장에서의 상사와 같은 개념이 아니다. 일반 기업의 조직은 수직적인 조직이다. 그 조직은 상명하복에 의해 움직인다.

그러나 네트워크 마케팅은 수직적인 조직이 아닌 수평적인 조직이다. 모두가 동일한 조건에서 일을 시작하며 동일한 보상 조건으로 보장을 받는다. 그리고 누구의 명령에 의해서 움직일 이유가 없는 평등한 조직이다.

그런데 본인이 열심히 일을 하면 할수록 윗사람만 더욱 좋아지는 것처럼 보인다. 실제로 더 빨리 성장하는 모습을 볼 수도 있다. 그러니 본인의 실적을 윗사람이 가로채 가는 것 같은 생각이 들 수도 있다. 그러나 그렇지가 않다.

그 증거는 명백하다. 의자에 있던 스마트폰을 책상 위로 올려놓으면 스마트폰은 의자에는 없고, 책상 위에만 있다. 의자 위에 있던 스마트폰이 위로 이동을 했으니 스마트폰이 의자에 없는 것은 당연하다. 실적도 위로 올라갔다면 본인에게 남아 있지 않아야 한다. 그런데 실제는 그렇지가 않다.

네트워크 마케팅에서의 실적은 결코 위로 올라가지 않는다. 본인의 실적은 분명히 본인의 것으로 남아 있다. 다만 추천을 하거나 후원을 한 사람에게도 그 실적을 인정해줄 뿐이다. 그것조차 나쁘다고 한다면 할 말이 없다. 본인에게도 그러한 혜택을 준다는 사실을 기억해 두자.

이것은 경찰을 예로 들어서 설명하면 이해가 쉬울 것 같다. 일선에서 일하는 경찰관이 도둑을 잡았다고 가정을 해보자. 10명의 경찰관이 각자 1명씩의 도둑을 잡았다면 경찰관 개인의 실적은 1명이 되지만, 경찰서장의 실적은 10명이 된다. 이런 경우에 일선 경찰관의 실적이 경찰서장에게 올라갔다고 할 수 있을까? 경찰 서장과 같은 대우를 해준다면 어떻게 생각할 것인가?

네트워크 마케팅에서의 실적 평가도 그렇게 한다. 본인의 실적은 10만 원에 불과해도, 자신의 네트워크 조직 내에서 발생한 매출액이 얼마가 되든지 그 모든 것을 실적으로 인정을 해준다. 누구든 경찰서장이 인정받는 것과 같은 방식으로 실적을 인정받게 되는 것이다. 그에 대한 보상은 합리적으로 잘 만들어진 보상 플랜에 의해서 보상을 받게 된다. 얼마나 멋진 일인가?

네트워크 마케팅은 보상 플랜을 적용하기 위해서는 등록 순서나 그룹의 크기나 매출의 크기 등을 파악할 수 있어야 한다. 이것은 열심히 일을 한 사람에게는 보다 많은 혜택을 주기 위한 것이니 반드시 필요한 것이다.

그래서 등록 시에 추천인 제도를 적용하는 것이며 등록 순서에 따라 계보도가 만들어진다. 네트워크 마케팅만이 가지고 있는 보상 플랜은 계보도와 매출을 근거로 보상의 기준과 크기가 정해지게 되어 있다. 계보도는 네트워크 마케팅 조직을 관리하고 잘 발전시키기 위한 자산과도 같다. 네트워크 마케팅에서는 추천인의 추천을 받아서 등록을 해야 하는 이유인 것이다. 이렇게 만들어진 인적 네트워크는 유통 채널이 되어 매출을 이끈다.

네트워크 마케팅의 초기 모델에서는 등록 순서가 곧 성공이나 수입을 결정했다. 나중 등록한 사람들의 실적이 고스란히 윗사람 수입의 크기에 적용되거나 승급하게 되는 기준으로 평가되었다. 보상 플랜이 미흡하여 먼저 시작한 사람에게 그대로 혜택이 돌아가는 불로소득이 발생한 면도 없지는 않았다. 나중 시작한 사람이 먼저 시작한 사람보다 먼저 성공할 수는 없었다.

그러나 불로소득자들이 생기기 시작하면 네트워크 조직에는 매우 부정적인 영향이 나타나게 된다. 열심히 일을 하면 뭐하나. "먼저 시작한 사람은 놀면서도 수입을 챙겨가는데……"라는 인식이 곧 사업 활동에 있어서 사기 저하의 원인으로 작용하기 때문이다. 바로 이러한 불로소득을 없애야 하는 과제를 안고 있었는데 오늘날 마케팅 플랜(보상 플랜)에서는 바로 그러한 문제를 어느 정도 해결하고 있다.

불로소득은 없애고 등록 순서에 상관없이 누구나 동일한 조건에서 동일한 혜택을 받을 수 있도록 네트워크 마케팅은 발전해 왔다. 또 누구나 본인이 중심이 되어 비즈니스를 시작할 수 있도록 만들어졌다. 본인의 추천을 받아 등록한 파트너조차도 동일하게 그가 중심이 되어 시작하는 비즈니스이며 1인 기업가가 되는 것이다. 그래서 등록할 때 순서는 있어도, 성공에는 순서가 없다.

누구나 기업가의 꿈을 가질 수 있다. 모소대나무의 많은 성장점처럼 모두가 성장점이 되어 기업의 성장을 이끈다. 다만 많은 성장점들이 모두가 동일한 크기로 성장하는 것은 아니다. 칡의 뿌리처럼 굵은 부분과

가늘어진 부분이 교차하듯이 계보도도 그렇게 만들어지는 모습을 볼 수 있을 것이다. 그것은 1인 기업가들 개개인의 노력과 역량에 따라 그 크기가 달라지기 때문이다.

네트워크 마케팅에서는 먼저 시작한다고 모든 기득권이 보장되지는 않는다. 먼저 등록을 했어도 노력을 하지 않으면 보상 플랜의 여러 기능 가운데 아주 작은 규모의 혜택은 있겠지만 결코 큰 소득(Big money)은 만져보지 못하게 되어 있다. 먼저 선택한 프리미엄의 혜택을 누리려 한다면 노력하지 않고는 불가능하다. 그래서 네트워크 마케팅은 성장을 지속하고 있는 것이다.

불로소득이 아닌
권리소득

왜 네트워크 마케팅을 정당한 비즈니스로 인정하지 않으려는 것일까. 아직도 외부에서 바라보고 있는 많은 사람들은 불로소득으로 인식하고 있는 것 같다.

직장이나 자영업을 하는 사람들은 꿀맛과 같은 이른 아침잠은 포기해야 한다. 출근 중에는 콩나물시루와 같은 지하철에서 시달려야 하거나 러시아워에 교통체증이 심한 도로에서 지각을 염려하며 속을 태워야 할지도 모른다. 또 직장에서 성과를 올려 인정을 받기 위해서 늘 고민하고 뛰어야 한다. 하루하루가 전투와 다름없으니 늘 긴장을 놓을 수 없다.

그러나 네트워크 마케팅을 하면 이른 아침잠을 포기하지 않아도 되고 출근 전쟁을 치루지 않아도 된다. 남들이 바쁘게 일하는 시간에는 더 여유롭다. 더구나 다른 이들이 일하는 시간에 놀고 그들이 일하지 않는 시간에 일하게 되는 경우가 많다. 그래서 매일같이 출근 전쟁을 치루며 바쁘게 일을 하는 사람들 눈에는 네트워크 마케팅을 하는 사람들이 한가롭게 노니는 백조처럼 보일 수도 있다. 본인들은 열심히 일하고 있는 시간에 그들은 여유롭게 보내고 있으니 그럴 만도 하다.

그런데 어느 날 갑자기 10년 차 직장인의 연 소득을 매월 수입으로 벌어들이고 있다는 소식을 듣게 되면 이해할 수가 있을까? 아마도 직장인들의 상식으로는 받아들이기 어려울 것이다. 사람들을 끌어들여서 이용을 했거나 아니면 다른 사람의 노력을 가로채서 불로소득을 누리는 것이라고 생각할 수도 있다.

명백한 오해이다. 사람을 이용하는 것도 아니고 불로소득도 아니다. 고정관념에 사로잡혀 외면하고 비난하는 이들의 편견이나 오해와 당당히 맞서 싸워서 승리한 대가이다. 그리고 누군가의 성공을 위해서 헌신적으로 노력한 대가이기도 하다. 그동안 소비만 해온 사람에게 생산 소비자가 되어 수입도 창출할 수 있도록 도와 준 결과이다. 그런데도 이용한 것이라 할 것인가. 노력에 비해 큰 소득이라고 해서 불로소득이라고 할 것인가.

직업에는 귀천이 없다. "개같이 벌어서 정승처럼 써라"는 말도 있다. 개같이 벌라고 하는 말의 의미는 개가 더러운 음식을 주워 먹듯이 그렇게 더러운 돈을 벌라는 의미는 아닐 것이다. 개는 온갖 수모를 당해도 주인에게 충성을 한다. 자존심 따위는 아랑곳하지 않는다. 아예 자존심 따위는 세상에 올 때 갖고 나오지 않았다. 개는 집 지키는 일을 잘하고, 주인을 보면 무조건 반갑게 꼬리를 잘 흔들어 주면 된다. 그처럼 자존심 내세우지 말고 해야 할 일에 최선을 다하여 꿈꾸는 목적을 달성하라는 의미일 것이다.

자존심 때문에 일을 그르친 적은 없을까. 또 자존심 때문에 일을 포기한 경험은 없을까. 자존심이라는 장애물은 뛰어넘어야 한다. 그리고 성공한 이후에는 돈을 정승처럼 품위 있게 사용하면 된다. "개같이 벌어서 정승처럼 써라"는 말은 바로 그런 의미일 것이다.

네트워크 마케팅으로 성공한 사람들은 오해와 편견에 부딪혀 때로는 좌절감을 맛보기도 하고, 또 때로는 자존심을 완전히 포기하고 일을 해야 했을지도 모른다. 그러한 난관을 돌파하고 누군가를 성공시킨 이후에 보상으로 받은 것이 어찌 불로소득이 될 수가 있겠는가? 산전수전 다 겪으며 인맥을 유통채널로 만든 후 매출 증대에 따른 소득을 얻게 되는 1인 기업가가 되는 것이다. 남들이 모르고 있을 때 알았고, 아직 모르고 있는 사람들에게 정보를 알려주고 후원한 것에 대한 대가는 분명 권리소득이다. 사과나무를 키운 사람에게 사과에 대한 권리는 당연한 것이다.

네트워크 마케팅의
이론과 현실

공산주의는 이론적으로는 참 좋다. 모두가 공평하고 평등하게 살게 해준다니 싫어할 이유가 없다. 사람 위에 사람 없고 사람 아래 사람 없다. 모두가 수평선상에 있으니 좋다. 스트레스 받는 경쟁을 하지 않아도 되니 지상 천국과도 같은 세상이 될 것만 같다. 그러나 현실은 이론대로 되지 않았다.

그 이유는 가장 중요한 요소를 간과한 것이다. 인간 개개인의 장점과 노력을 인정해 주지 않기 때문에 동기부여가 이뤄지지 않아 경제가 발전할 수 없었던 것이다. 아무리 능력이 탁월하고 더 많은 노력을 하더라도, 그 결과에 대한 보상이 없다면 자기 능력의 최대치만큼 노력을 하려는 동기부여는 사라진다.

공산주의 국가에서는 모든 국민은 종업원이 되고, 국가는 기업이 되고 지도자는 오너가 된다. 거대한 국가 경제공동체가 만들어지는 것인데 종업원과 오너의 입장은 매우 큰 차이가 있다. 종업원은 피동적이고 소극적이며 주어진 일만 하려고 한다. 관리와 감독이 필요한 존재다.

그러나 오너는 능동적이고 적극적이며 창의적으로 일을 한다. 그런데 모든 국민들을 종업원으로 만들어 놓았으니 국가 경제가 발전할 수가 없는 것이다. 결국 국가 경제는 피폐해지고 국민들은 가난에서 벗어나지 못하고 있다.

"네트워크 마케팅은 유통의 혁신이다. 경비를 절약해서 싸게 제품을 공급하고, 또 누구에게는 자격과 조건을 따지지 않고 일을 해서 돈을 벌수 있는 기회를 제공한다. 매일같이 제품을 판매하러 다니지 않아도 되고, 매일같이 비가 오나 눈이 오나 출근을 하는 직장인과 같은 생활을 하지 않아도 된다.

지인들을 제품 판매의 대상이 아닌 성공의 동반자로 여기며, 그들이 네트워크 마케팅의 기회를 잡을 수 있도록 정보를 주고 돕는다. 정년퇴직도 없고 평생 연금성 소득을 누릴 수도 있다." 직원이 아닌 사업의 주체가 되는 것이다.

능력도 인정받을 수가 있고 노력에 대한 대가도 인정을 받을 수가 있다. 시간에 얽매이거나 소득에 대한 제한을 받지 않는다. 그야말로 오너와 같은 신분이 되는 것이다.

네트워크 마케팅에 관해 이와 같이 말하면, 누군가는 이론만 그럴듯한 것 아니냐고 반문할 수도 있다. 결론부터 말하면 그 반문은 맞을 수도 있고 틀릴 수도 있다.

네트워크 마케팅은 제품을 판매하는 영업 사원이나 종업원을 만들려고 하지 않는다. 모두가 본인이 시작점이 되고 중심이 되는 1인 기업가를 배출하는 사업이다. 즉 종업원이 아니라 오너를 배출하는 사업인 것이다.

공산주의 사회의 그 구조와는 판이하게 다르다. 이 다른 판 위에서 각 개인은 모두 오너의 마음과 자격으로 뛰어야 한다. 각자의 노력과 능력을 얼마든지 발휘할 수 있는 생태계가 만들어져 있기에, 본인의 노력이나 능력에 따라 수입의 크기를 결정할 수가 있다. 능동적이고 적극적인 자세가 필요하다. 다만 그런 결과에 대한 보장은 있으되 종업원이 월급을 받는 것처럼 보장해 주지는 않는다. 그러므로 오너 기질이 없는 사람에게는 막연하고 현실성이 없어 보일런지도 모른다. 반면 오너 기질을 가지고 있는 사람에게는 최고의 기회가 될 수 있을 것이다.

오너 기질은 어떤 것일까? 본인에게 오너 기질이 있는지 아니면 종업원 기질이 있는지를 알아 낼 수는 없을까? 단편적으로 판단을 할 수만은 없는 복잡한 질문이지만, 간단하게 점검을 해볼 수는 있다. 만약 누군가가 시키는 일은 잘할 수가 있고 그렇게 제공한 노동력의 대가를 받는 것에 안심을 하거나 만족을 누릴 수 있다면 종업원 기질이 있는 것이다.

반면 누군가에게 간섭받는 것은 싫고, 스스로 알아서 창의적으로 일하기를 좋아한다면 오너 기질이 있는 것이다. 또한 안주하기보다는 불확실한 미래에 대한 불안감에 굴하지 않고 도전을 선택하기를 좋아한다면, 분명 오너 기질을 지녔다고 할 수 있다.

제트 비행기가 세상에 등장하여 활동한 것은 6·25전쟁 때다. 어느덧 70여 년이 지났다. 하지만 제트 비행기를 조종하는 방법을 배우지 않은 사람은 100년이 지나도 결코 비행기 조종석에 앉을 수는 없다. 사용할 줄 모른다면 아무리 좋은 비행기도 무용지물일 뿐이다. 함부로 조정했다가는 대형 사고로 이어질 게 뻔하다. 그러나 조종법만 잘 익힌다면 제트 비행기는 아주 좋은 문명의 이기가 된다. 실제로 제트 비행기는 오늘날 자동차보다도 더 안전한 교통수단으로 사용되고 있다.

제트 비행기는 인터넷과 함께 지구촌 시대를 만들어 주었다. 길고 먼 거리를 단 시간에 가는 초고속 교통수단이 되었기 때문이다. 빠른 시간에 정보를 제공해 주는 인터넷과 함께 시간을 벌어주는 유익한 도구가 아닐 수 없다. 네트워크 마케팅도 그런 기능을 갖고 있다. 사용법을 잘 익히면 정말 유익한 도구가 된다.

그런데 제트 비행기 조종법은 배우기가 쉽지 않다. 한두 번의 교육으로는 어림도 없다. 기본부터 차근차근 꾸준히 배워야만 멋지게 날 수가 있다. 네트워크 마케팅도 마찬가지다. 사용법을 잘 알아야 한다. 기본과 원칙을 익히고 그것을 충실하게 실천한다면 크고 작음의 차이나, 빠르고 늦음의 차이는 있으나 성공은 거머쥘 수 있다.

고정관념을 깨고
날아오를 시간

　필자는 날마다 변화하는 시대에 맞는 뉴 비즈니스 플랜을 연구하기 시작하려던 무렵에 지인과 대화를 나눌 기회가 있었다. 그는 가정적으로나 사회적으로 안정된 모습으로 살아가고 있으며 대인관계의 폭이 상당히 넓은 중년의 남성이다. 선거철만 되면 정치인들이 찾을 만큼 지역 사회에서 영향력도 갖고 있다. 산을 좋아하던 그는 산악회 연합회 회장을 할 정도로 리더십도 인정받고 있었다. 그러니 항상 많은 사람들과 어울렸고 그를 따르는 후배들도 많았다.

　그 후배들 가운데는 죽으라면 죽는 시늉을 할 정도로 믿고 따르는 사람도 있었다. 그런데 그가 네트워크 마케팅 사업에 대해서 이야기를 꺼내기가 무섭게 후배가 이렇게 말했다고 한다.

　"형님! 하필이며 왜 그런 일을 하려고 하세요. 그거 빼고는 다 들어드릴 테니까 제발 그런 거는 하자고 하지 마세요!"

　죽으라면 죽는 시늉까지 했던 후배 입에서 이러한 말을 듣게 되다니 이게 무슨 망신이란 말인가.

　지인은 제품을 사용해 보았고, 어느 정도 네트워크 마케팅에 대한 설명을 듣고 이해를 한 상태였다. 이 정도면 괜찮겠다고 판단해서 믿었던 후배에게 전하고자 했던 것인데, 호되게 한방을 맞은 것이다. 후배는 진위 확인은 고사하고 단호하게 거절부터 했다. 아마도 안 좋은 직간접적인 경험이 있었을 것이라는 짐작을 해볼 수 있다. 후배에게 당한 중년의 신사는 필자에게 하소연했다. 본인은 네트워크 마케팅이 좋은 줄은 알겠는데 누군가에게 전하지는 못하겠더라고 말이다. 바로 이것이 오늘날 한국 사회에서의 네트워크 마케팅에 대한 인식이며 현주소이다.

필자의 판단에는 그 지인이 말하려고 했던 회사는 네트워크 마케팅 60여 년 역사상 가장 건전하고 바람직한 회사였다. 그럼에도 불구하고 사회적으로 형성되어 있는 편견과 저항을 돌파하지는 못했다. 그것이 그리 간단한 일이 아닌 것만은 분명하다. 지인의 후배는 아마도 사회적인 통념에 사로잡혀 네트워크 마케팅 사업의 이미지가 사람을 이용하는 다단계라는 개념이 머릿속에 굳어 있었을 것이다. 사람들에게 피해를 주거나, 주변인들을 귀찮게 하는 일이거나, 이미지에 손상이 생기니 해서는 안 될 일 정도로 알고 있는지도 모른다.

필자에게 누군가 프랜차이즈 사업과 방문판매 그리고 네트워크 마케팅 사업 가운데 어느 것이 좋으냐고 묻는다면 대답은 간단하다. 당연히 네트워크 마케팅 사업이다. 왜냐하면 프랜차이즈 사업은 사업장을 지키고 있어야 하니 싫고, 방문판매는 세일즈에 자신 없어서 싫다. 그러나 네트워크 마케팅 사업은 제품을 판매할 줄 몰라도 되고, 같은 노력을 하더라도 사업 시스템에서 파이프라인과 같은 수입을 가져다준다. 그러니 당연히 네트워크 마케팅 사업이 좋다고 할 것이다.

고정관념이 모든 사람에게 동일하게 작용하는 것은 아니다. 또 영원히 변하지 않는 것도 아니다. 사람에 따라 차이도 나타나고, 세월이 흘러가면 저절로 없어지기도 한다.

사람에 따라 다르게 나타나는 고정관념은 살고 있는 주거 환경에 따라서 차이가 나타나기도 한다. 다양한 사람들과 대화를 해보면 단독 주택에 살고 있는 사람은 비교적 정적이고 보수적이며 전통을 중요시하는 경향이 있고, 아파트에 살고 있는 사람은 동적이고 진취적이며 현실적인 문제를 더 중요시한다.

단독 주택에 살고 있는 사람은 외출하기가 불편하다. 그리고 주변에 정리할 일거리도 많다. 자연적으로 외출할 빈도가 적으니 외출복이나 지갑이 잘 준비되어 있지 않다. 화장을 하거나 몸단장을 하는 일에도 신경을 덜 쓴다. 변화가 번거롭고 귀찮게 생각될 수도 있다.

반면 아파트에 살고 있는 사람은 항상 외출할 준비가 되어 있다. 현관문만 잘 닫고 외출을 하면 된다. 언제나 외출을 할 준비를 하며 살아가는 사람들이 변화에도 민감하게 반응을 하는 편이다.

또 농촌에 살고 있는 사람과 도시인들에게서도 차이를 느낄 수가 있고, 해외여행이나 유학 또는 이민 생활 등을 해본 사람과 한 번도 이사를 해보지 않은 토박이나 터줏대감들에게서도 차이를 느낄 수가 있다.

또 다른 원인도 있다. 책을 많이 읽는 사람과 책을 전혀 읽지 않는 사람들 사이에서도 고정관념에 대해 정도의 차이를 발견할 수가 있다. 독서를 통해 늘 다른 사람의 생각을 읽고 마음의 밭을 가꾸는 사람과 책과는 담을 쌓고 한번 고착화된 지식을 두고두고 고수하며 사용하는 사람과의 사고방식에도 차이가 드러난다. 어쨌든 세월이 지나면 고정관념도 바뀌고 또 저절로 사라지기도 한다!

중국을 청나라가 통일하면서 남방의 사람들도 청나라의 전통에 따라 변발을 하도록 강요를 받았다. 조상들이 물려준 전통을 망가뜨리는 것이라며 목숨 걸고 싸우는 사람들이 있었다. 그러나 이미 나라가 망하고 없어졌으니 어쩔 도리가 없었을 것이다. 결국은 청나라의 전통을 받아들여 변발을 하며 살게 되었다.

그러다 약 300여 년의 세월이 지난 후에 손문의 신해혁명이 일어나면서 거추장스러운 머리를 자르도록 했다. 생활에 불편하니 간편하게 머리를 자르도록 한 것이다. 그때도 전통적인 머리 모양을 바꾸지 않으려는 사람들이 들고일어났다. 이번에는 반대의 현상이 나타난 것이다. 부모가 물려준 전통과 머리카락을 왜 함부로 자르려 하느냐는 것이 이유였다. 이렇게 머리 모양을 두고도 세상은 고정관념에 사로잡혀 싸움을 해왔고 심지어는 목숨을 대가로 치루기도 했다. 하나밖에 없는 목숨을 겨우 머리 모양 때문에 버렸다니 안타까운 일이 아닐 수 없다.

1970년경에 대한민국에 미니스커트가 처음 등장했다. 젊은 여성들 사이에서 유행처럼 번지기 시작했는데 허벅지를 드러낸 여성들의 모습이 당시 노인들에게는 큰 충격이 아닐 수가 없었다. "말세다 말세야……!"라는 탄식이 곳곳에서 터져 나왔다. 가위를 들고 거리에 나가 미니스커트를 입은 여성의 치맛자락을 찢었다가 경찰서에 가서 조사를 받은 경우도 있고, 스스로의 분노를 이기지 못하고 뇌출혈로 쓰러져 목숨까지 잃어버린 사람들도 있었다. 그들에겐 미니스커트가 전통적으로 이어져온 미풍양속을 해치는 고약한 것으로 여겨졌으니 얼마나 정신적으로 고통스럽고 힘들었을까. 하지만 세월이 지난 지금 그러한 일로 고통받거나 화병으로 세상을 뜨는 사람은 없다. 지금 생각해보면 우스꽝스러운 일이다. 고정관념에 사로잡히지만 않았더라면 더 좋은 세상을 살아보았을 텐데, 일면 안타깝기도 하다.

미국에는 만년설로 덮여 있는 알래스카가 있다. 원래는 러시아 영토였지만 1867년에 미국의 국무장관이었던 윌리엄 슈어드가 720만 달러에 사들였다. 당시의 여론은 얼어붙은 황무지를 너무 비싼 값에 샀다고 비난이 심했다. 심지어는 알래스카를 '슈어드의 얼음상자'라고 비아냥을 받기까지 했다. 하지만 1세기도 지나기 전에 풍부한 천연자원의 경제적 가치와 군사적인 가치를 인정받게 되었고, 1959년에는 미국의 49번째 주로 선정이 되었다. 국민의 세금을 낭비한 무능한 사람으로 비난을 받아왔던 윌리엄 슈어드는 미국에 엄청난 이익을 가져다준 애국자이며, 미국의 역사를 바꿔놓은 영웅이 되었다.

이러한 유형의 일은 프랑스에서도 있었다. 파리의 명물 에펠탑 이야기다. 에펠탑은 1889년 만국박람회 기념 조형물로 만들어졌는데, 높이 320m에 무게는 7,300톤에 이른다. 아름다운 예술을 추구하는 도시 파리에 철로 만든 거대한 에펠탑은 흉물로 치부되어 부정적인 여론으로 인하여 비난의 대상이 되었다. 하지만 1991년에는 파리를 상징하는 조형물로 유네스코에 등재되었으며, 현재는 세계인의 관광 명소이자 프랑스 파리를 상징하는 랜드마크가 되었다.

이렇게 여론은 고정관념을 따라 움직인다. 다수의 의견으로 만들어진 여론이 반드시 옳은 것만은 아니다. 사람들의 고정관념을 파고든 여론은 오해와 비난을 양산하기도 하지만 세상이 바뀌면 고정관념도 깨지고 여론도 180도 바뀐다.

안데르센의 동화 《미운 오리 새끼》가 생각난다. 미국이 알레스카나 파리의 에펠탑은 미운 오리 새끼였지만 훗날 백조가 되어 날아올랐다. 알레스카는 미국이, 에펠탑은 프랑스를 더욱 부유한 나라가 되도록 일조하게 되었다.

네트워크 마케팅도 현재로서는 꼭 미운 오리 새끼와 같다. 그러나 머잖아 알레스카나 에펠탑처럼, 하늘 높이 날아오르게 될 날이 올 것이라 확신한다……!

빛

빛은 어둠을 먹고 산다.
어둠이 없으면
빛도 없다.

어둠속의 빛은
희망을
안겨 주기도 하지만,

빛은 그림자를 만들고
그 빛이 밝을수록
그림자를 더욱 짙게 만든다.

그러나
아무리 짙은 그림자도
빛을 집어 삼킬 수는 없다.

NETWORK MARKETING

4장

미래를 생각하는
네트워크 마케팅!

국가에 미치는 영향

    국가 차원에서 네트워크 마케팅을 생각해 보았다. 네트워크 마케팅이 과연 국가에는 어떤 기여를 할 수 있을까? 어떤 존재로 자리매김할 수 있을까?

    국가는 국민들을 위해서 존재하고, 정치는 국민들의 안전과 행복을 위해 있는 것이다. 과거에는 절대 가난을 해결하는 문제가 최우선적인 국가적·정치적 과제였다. "배고파 못 살겠다. 우리에게 빵을 달라!" "배고파 못 살겠다 이제는 바꿔보자!" 이 같은 구호가 국가 지도자를 뽑는 선거철만 되면 큰 이슈가 되었던 시절이 있었다. 이제는 절대 빈곤의 터널은 빠져나왔고, 상대적인 빈곤이 해결해야 할 과제로 떠올랐다. 부익부 빈익빈을 만든 경제정책은 양극화를 더욱 심화시켜 왔다. 때문에 갈수록 커지고 있는 상대적인 박탈감은 반드시 해결해야 하는 국가적인 과제로 등장했다.

    성장이나 분배냐? 선 성장 후 분배가 옳다고 주장하는 측과 소득주도 성장이 옳다고 주장하는 측이 첨예하게 대립하고 있다. 좌우 이념 문제로 둔갑해서 사회를 분열시키기까지 한다. 이전에 우리나라는 경제 개발을 통한 성장이 우선인가 민주화가 우선인가라는 갈등을 겪기도 했었다.

싱가포르의 이광요 수상이 말하기를 세계 여러 나라를 살펴보면 경제적 성장보다가 민주화를 먼저 시작한 나라들 가운데 잘사는 나라는 본적이 없다고 했다.

아무런 자원도 없는 도시국가인 싱가포르를 실제로 그는 아들과 함께 53년간 통치하면서 세계 최악의 빈국을 최고의 부국으로 만든 '나라의 국부'로 추앙받고 있다. 1959년부터 1990년까지 31년간 총리로 재임했으며 그는 아들에게 총리 자리를 세습시켰다.

그때부터 2011년까지 선임 장관으로서 커다란 영향력을 행사했다. 처음 총리로 취임할 당시 일인당 GDP가 $400에 불과했는데 무려 $56,000에 올려놓았다. 비록 독재 아닌 독재를 했으나 부정부패가 없는 청렴한 나라로 전 세계에 우뚝 세워놓았다. 그의 탁월한 능력과 강력한 리더십으로 이루어낸 놀라운 결과이다.

그런데 특이하게도 우리나라는 경제성장과 민주화를 동시에 이루어냈다. 경제 성장이 싱가포르에 이르지 못한 것은 아쉬운 점이다. 세계에서 찾아볼 수 없는 유일한 사례를 남긴 국가이긴 하다. 참으로 놀라운 민족임에 틀림없다. 하지만 소득의 양극화와 기울어진 운동장은 바로잡아야 하는 과제로 안고 있다.

모든 국민들이 같은 수준의 공평함을 누리기는 현실적으로 불가능하다. 이미 반세기도 훨씬 전에 동유럽에서의 정치적 실험이 그것을 증명했다. 모든 사람이 절대로 공평하고 평등하게 살 수는 없다는 사실이 그들의 정치적 실험을 통해서 검증되었던 것이다. 동유럽에서는 국가가 국영 기업의 주식을 모든 노동자들에게 공평하게 분배를 해 주었다. 노동자들이 회사의 주인 의식을 갖고 더욱 열심히 일할 수 있도록 여건도 마련해 주었다. 생산성이 높아져 이익이 많이 나면 지분에 따른 배당도 받을 수 있게 만들어 주고, 주식의 가치가 상승하면 경제적으로 부도 누릴 수 있도록 배려해 주었다. 공산주의자들에게 있어서 얼마나 좋은 정치적인 실험이었는지 모른다. 이보다 더 좋은 정책이나 정치를 찾아보기 어려울 것이다. 그러나 의도했던 것과는 달리 놀라울 정도로 결과는 정반대로 나타나고 말았다.

세월이 흘러갈수록 노동자들이 가지고 있던 주식은 어느 특정인의 수중으로 휩쓸려 들어갔다. 생활 기반이 취약하거나 자립 의지가 약한 사람들의 주식이 거래되기 시작하면서 하나둘씩 특정인의 손에 넘어간 것이다. 프롤레타리아(노동자)가 신흥 부르주아(자본가)로 탄생하게 된 것이다. 이렇게 국가에서 강제적으로 모든 사람을 평등하게 살 수 있도록 만들어 보려고 노력해보았지만 결국은 실패로 끝이 났다. 개개인의 특성이나 처한 환경적인 요소를 배제한 까닭이다.

탐욕스러운 것이 곧 인간이기도 하다. 탐욕이라는 인간의 속성 때문에 기득권을 없애려고 해도 또 다른 특권층이 나타난다. 공평한 세상을 만들겠다며 권력을 잡은 세력이, 곧 새로운 기득권이 되고 만다. 국민들을 평등하고 잘살게 만들어 준다고 하면서도 종국엔 국민 위에 군림하며 온갖 혜택을 다 누리려고 한다.

국가가 세금을 많이 거둬들여서 금전적인 분배를 많이 해준다고 해서 소득 양극화가 근본적으로 해결되지는 않는다. 오히려 기득권층의 저항을 만날 수 있고 국민들의 생산의욕 감소라는 독버섯을 키울 수도 있다.

소득 주도 성장은 장기적인 안목으로 바라봐야 할 문제라고 판단된다. 기본임금 인상이 소득을 높여줄 것이라고 기대했지만 오히려 일자리 감소를 불러왔다. 영세 자영업자들은 인건비를 감당할 수 없어 폐업하는 일들이 많아졌고, 인건비를 줄이려고 무인점포를 운영하는 업체들이 눈에 띄게 늘어나고 있다. 그렇게 일자리가 줄어들면 소득증대 효과가 과연 나타날지 의문이다. 소득주도 성장 정책으로 인건비를 감당하기 어려워진 만큼 1인 기업이나 무인점포의 성장은 앞으로 더욱 가속도가 붙을 것이 확실하다.

양극화 해소를 위해서는 양질의 일자리를 창출할 수만 있다면 가장 좋은 대안이 될 수 있다. 정부의 예산으로 일자리를 창출할 수도 있지만 그것으로는 한계가 있다. 국가가 기업이 될 수가 없고 그렇게 되어서도 안 된다. 국가가 기업이 되는 순간부터 국민들은 게을러질 것이기 때문이다. 한편으로 국가가 만든 일자리는 국민들의 세금으로 만들어지는 것이다. 결국은 열심히 일하는 국민들과 미래 세대에게 부담으로 돌아가게 된다.

일자리는 기업이 창출하고, 기업은 기업인이 만들어 운영하도록 맡겨야 한다. 정부는 그러한 일자리를 창출하는 기업들을 발굴하고 육성하는 일에 매진해야 한다. 그리고 기업인들이 의욕적으로 기업 활동을 할 수 있도록 환경을 만들어 주어야 한다.

많은 돈을 투자해서 기업을 만들고 그 기업에서 많은 일자리를 만들도록 하는 것도 좋은 일이다. 하지만 많은 자본을 투자해야 하는 것은 부담도 되고 리스크도 크다. 경쟁력을 갖추지 못했을 경우에 감당해야 할 손실도 감안해야 한다.

하지만 네트워크 마케팅은 큰 자본금을 투입하지 않아도 되고 리스크도 적다. 성장이 먼저인가 분배가 먼저인가를 따질 이유도 없다. 기업과 고객들이 동시에 함께 동반 성장을 한다. 일도 나누고 수익금도 바로바로 나눈다. 유통업체가 가져가던 몫을 소비자에게 돌려주니 생산소비자가 양산된다. 거대한 공룡과도 같은 유통업체들이 독식하던 유통비용을 생산소비자들에게 주는 것이다. 네트워크 마케팅 업체가 마음껏 생산소비자를 양산할 수 있도록 제도적인 생태계를 만들어 주면 된다.

소비자들이 생산소비자가 되면 양극화 완화에도 큰 도움이 될 것이다. 누구에게든 소득이 주어진다면 세원 확보도 되고, 범죄률도 줄어드는 효과를 얻을 수 있을 것이다. 실업률이 높으면 범죄율이 높아지는 것은 당연하기 때문이다.

공정거래위원회의 발표(2020년)에 의하면 실제로 2019년에는 5조 2천200억(매출) 가운데 1조 8천억 가량이 네트워크 마케팅의 보상 플랜에 의해 수당으로 지급되었는데, 약 152만 명에게 혜택이 돌아갔다고 한다. 유통업체가 가져가던 돈이 생산소비자(프로슈머)에게 돌아간 것이다.

수입이 있는 곳이면 세금이 따라다닌다. 세원이 확보되면 국가 정책에 플러스 요인으로 작용한다. 일자리 창출과 양극화 해소를 위한 비용을 절감할 수도 있다. 그리고 범죄률이 줄어든다면 범죄 예방이나 치안 유지 등에 투입되는 국가 예산도 절약할 수 있다.

정부가 할 수 있는 것은 의욕적으로 기업 활동이 펼쳐질 수 있는 생태계를 만들어 주는 것이다. 네트워크 마케팅은 시간과 비용을 적게 투자하고도 많은 일자리를 만들어 준다. 개인의 노력과 능력에 따라 수입의 크기가 결정될 수 있기 때문에 능동적이며 역동적인 분위기 가운데 근로 의욕도 높아지는 양질의 일자리가 만들어진다. 이렇게 보물단지와 같은 존재가 될 네트워크 마케팅 사업은, 국가 차원에서도 매우 유익한 경제활동이 되는 것이다.

기업에 미치는 영향

　사람은 노동이나 운동을 하지 않아도 기본적으로 칼로리가 필요하다. 살아 숨 쉬기 위한 기초대사 에너지가 있어야만 한다. 그 에너지조차 공급해 주지 않는다면 우리의 신체 조직도 움직임을 멈추게 되어 있다. 또한 덩치가 작은 사람보다는 덩치가 큰 사람이 더 많은 에너지를 필요로 한다. 덩치가 큰 사람은 그만큼 힘도 세겠지만 생존을 위해서는 더 많은 에너지가 공급되어야 한다. 그래서 환경적인 어려움을 맞이했을 때 거대한 공룡보다는 신체가 작아서 많은 에너지를 필요로 하지 않는 바퀴벌레가 훨씬 생존에 유리한 것이다.

　기업도 덩치가 크면 클수록 더 많은 수익이 필요하다. 사람에게 필요한 에너지를 공급해 주지 않으면 결국에는 건강이 무너져 파국을 맞이하듯이, 기업도 마찬가지다. 에너지 부도(수익 부족)를 맞으면 종국에는 기업도 쓰러진다.

　바야흐로 기업들은 무한 경쟁 시대를 맞이했다. 전 세계에 존재한 기업들과 품질과 가격 경쟁에서 우위를 점할 수 있어야 한다.

　제품을 제조하는 회사는 더 좋은 제품을 만들어야 하고, 제품을 판매하는 회사는 경쟁사들보다가 더 많이 팔아야 한다. 더 좋은 제품을 만들기 위한 노력은 기업의 연구실에서 은밀하게 이뤄지고 있어 그들의 세상을 우리는 잘 알 수는 없다. 그러나 분명한 사실은, 대부분의 기업이 신제품 개발을 위해서 해마다 막대한 연구 개발비를 책정해서 집행하고 있다는 사실이다. 더 좋은 제품을 만들어 내기 위한 경쟁은 연구실에서 밤낮으로 은밀하게 이루어지고 있는 것이다.

반면에 판매 경쟁은 우리들 생활 속에서 밀접하게 이루어지고 있다. 공급이 다양하지 못하고 넉넉하지 못하던 시절에는 제품의 품질만 좋다면 소비자들의 선택을 받을 수 있었다. 그러나 제품의 품질을 좌우하는 기술적인 측면에서는 어느 정도 평준화가 이뤄지고, 공급선이 다양해지고 공급량까지 풍부해지면서 소비자는 선택의 폭이 넓어졌다.

그 결과 기업들은 선택의 폭이 넓어진 소비자를 잡기 위해서 더 치열한 경쟁을 치르게 되었다. 더 좋은 제품을 더 싸게 판매해야 할 처지에 놓인 것이다. 더 좋은 제품을 더 싸게 판매하려는 노력은 소비자에게는 매우 유익한 일이지만, 기업들에게는 생존을 위한 절박한 문제이기도 하다.

필자가 세계 여러 나라를 다니면서 느낀 점이 있다. 경제적으로 여유가 있는 선진국일수록 시민 의식도 높고, 그들이 사용하는 생필품의 품질도 높다는 사실이었다. 특히 식료품의 경우 품질은 물론이고 안전성의 수준 또한 매우 높아 안심하고 먹을 수가 있었다. 그래서 생필품의 수준은 그 나라의 소득 수준만큼 높아져 있다는 느낌을 받았다.

20여 년 전 하와이를 여행하면서 근사해 보이는 모자를 구입한 적이 있다. 귀국을 해서 자세히 살펴보니 Made in korea였다. 하와이에서 사온 모자가 국산품이라니 당황스럽기도 했지만 자랑스럽기도 했다. 그만큼 제품의 품질은 평준화의 길을 걷고 있다는 사실이었다. 놀랍기도 하고 뿌듯하기도 했다. 앞으로는 품질 경쟁보다 가격경쟁이 더 큰 쟁점이 될 것 같은 예감이 들기도 했다.

제품의 가격을 결정짓는 요인은 여러 가지가 있다. 원자재 대량 매입, 대량생산, 자동화 시스템, 유통 혁신 등의 방법이 모두 동원되어야 하겠지만, 그 가운데서도 인건비와 유통비용 그리고 광고비를 줄인다면 가장 큰 인하 효과를 얻을 수 있을 것이다.

네트워크 마케팅 회사는 우선 광고비를 지출하지 않는다. 구전 광고를 활용하니 비싼 광고비를 사전에 지출하지 않아도 된다. 유통비용은 공급자(생산자)와 소비자(회원) 간 직거래를 하니 유통 파괴가 철저하게 이뤄지고 있다. 그로 인해 좋은 품질의 제품을 싸게 공급하니 구매력을 높여 준다. 게다가 수익금의 일부분을 매출 증대에 기여한 고객들에게 보상으로 지불을 해주니 충성 고객들이 많이 생긴다.

인건비도 획기적으로 줄일 수가 있다. 월 1,000억 원의 매출을 달성하는 회사라면 직원들이 200~250명 정도는 있어야 하지만 네트워크 마케팅 회사는 특성상 그 절반이나 3분의 1정도로도 가능할 수 있다. 물론 오늘날 잘 발달된 전산과 물류관리와 택배 시스템은 어느 분야든 효율성을 높여 주고는 있지만, 특히 네트워크 마케팅에서는 더 큰 효능을 안겨준다. 회사 규모는 작아도 매출 규모는 큰 회사, 즉 작지만 큰 회사가 만들어진다. 앞으로 AI의 등장은 더 큰 혜택을 가져다 줄 것으로 기대한다.

이미 아마존의 물류 센터에서는 키바(Kiva)라는 인공지능 로봇이 일을 하고 있다. 수만 명의 인력이 담당해야 할 일을 인공지능 로봇인 키바가 더 신속하고 정확하게 일 처리를 하고 있다. 이로 인해 아마존은 2010년 물류 경쟁력 10위에서 2012년 2위로 올라섰다. 기업의 가치도 급상승하게 되었다. 하지만 아마존의 물류센터에서는 수만 명이 일자리를 잃게 되었다. 우리나라도 현실이 될 날이 곧 올 것이다.

인력을 많이 사용한다는 것은 비용이 높아진다는 측면도 있지만 노사문제도 발생할 수 있다. 건전하게 형성된 노사관계는 기업을 더욱 견고하게 성장하도록 만들지만, 노사 간에 갈등구조가 형성되기 시작하면 기업의 운영이 복잡해지고, 기업의 성장에 걸림돌이 될 수도 있다.

그러나 네트워크 마케팅은 노사간의 갈등이 문제될 여지가 없다. 유통영역에서 이루어지는 일들은 직원이 아닌 수천 혹은 수만 명에 이르는 생산소비자(프로슈머)들의 몫이다. 그들에게는 보상 플랜에 의한 수당을 지급하기만 하면 된다. 그들은 직원이 아니라 생산소비자(프로슈머)이자 1인 기업가들이다.

인터넷이 널리 보급되기 시작한 20여 년 전만 하더라도 제품이 가지고 있는 품질에 대한 믿음이 부족했다. 눈으로 보고 손으로 만져 보지 않고는 구매하기를 망설이는 사람이 많았다. 실제로 인터넷 쇼핑몰에서 구매를 했다가 낭패를 보는 경우도 종종 발생했다. 그래서 소비자들은 인터넷 쇼핑에 대해 불안감을 감출 수가 없었다. 게다가 컴퓨터로 주문하고 결재하는 일들조차 익숙하지가 않았으며 주문 후 제품이 도착할 때까지 3~4일씩 기다려야 하는 불편함을 감당할 준비도 되어 있지 않았다.

당시 일찌감치 인터넷 쇼핑몰의 장점을 알고 인터넷이라는 가상공간에 쇼핑몰을 만들어 판매(유통)를 시작했던 기업가들은, 매출 부재로 인한 어려움을 견뎌내지 못하고 문을 닫기에 이르렀다.

그러나 지금의 현실은 달라졌다. 제품품질에 대한 문제는 해결되었고 널리 보급된 개인용 컴퓨터와 스마트폰 덕분에 소비자들의 인터넷 숙련도는 높아졌다. 배송 기간 역시 더 짧아졌다.

이런 상황에서 인터넷 쇼핑몰과 결합된 네트워크 마케팅 사업의 전망은 더욱 밝다. 매장 운영에 따른 비용이나 중간 유통비용을 절감할 수 있어서 가격 경쟁력을 높일 수 있기 때문이다. 물론 노사문제에 대한 걱정도 없다.

또 수요예측이 가능하여 계획생산을 할 수가 있다. 이는 생산원가 절감에도 기여한다. 글로벌화의 길 즉 다국적 기업으로 진입하기도 수월하니 장점이 많다.

나아가 인터넷 쇼핑몰의 대명사인 아마존이나 알리바바와의 경쟁도 가능하다. 그들은 좋은 서비스만을 제공하고 있지만 네트워크 마케팅은 플러스알파가 더 있다. 수익금에 대한 공유이다. 그로 인하여 동업자가 많이 생긴다. 제3의 물결을 만들어 가는 생산소비자들은 충성고객이 될 것이다. 이동이 없음은 물론이고 다른 쇼핑몰 이용고객들을 흡수하게 될 것이다. 생산소비자들은 자신들의 성장을 위해서 노력하는 것이 곧 회사의 성장을 돕는 것이며 그들은 누구보다도 애사심도 강해질 것이다. 구성원들의 애사심이 강해지면 기업환경은 좋아질 수밖에 없다. 환경이 좋아진 기업은 경쟁력도 높아진다. 따라서 세계 시장으로 진출할 수도 있다.

개인에게 미치는 영향

불안해진 미래에 대해서 한번 살펴보고자 한다. 미래의 모습은 불안의 관점에서 두 가지를 예측해볼 수가 있다. 하나는 길어진 평균수명이고, 또 하나는 4차 산업혁명 시대를 맞이하여 변화될 수밖에 없는 일자리이다.

《평균 수명 120세, 축복인가 재앙인가》의 저자 크리스틴 오버롤은 다음과 같은 4가지를 해결할 수만 있다면 120세까지 사는 것은 축복이라고 말하고 있다. 반대로, 4가지를 해결하지 못하면 120세까지 사는 것은 재앙이라는 말이다.

(1) 돈 없이 오래 살 때

하루를 살아내기 위해서 얼마나 들까. 돈 없이 살아가기 힘든 세상이지만 하루에 1만 원으로 사는 삶과 10만 원으로 사는 삶 또는 하루 100만 원으로 살아가는 삶의 질은 하늘과 땅 만큼이나 차이를 느끼게 될 것이다. 주거비, 의복비, 식품비, 교통비 등 어느 것 하나라도 비용 없이 거저 사용할 수는 없다. 돈이 얼마나 있어야 하는지는 한마디로 단정하기 쉽지 않지만, 살아가는 데 불편함은 없어야 하지 않을까.

세상의 어떤 일보다도 가난하게 사는 것이 가장 힘든 일일 것이다. 도산 안창호 선생님은 "주머니에 돈이 너무 없으면 마음을 바로 세우기가 어렵다"고 가르치셨다. 때로는 비굴해지기도 하고 때로는 양심을 버려야 할 일도 겪을 수 있다는 것이다. 돈이 하늘에서 저절로 떨어질 리는 없으니, 일단은 필요한 만큼은 벌어야 한다.

(2) 아프며 오래 살 때

아프지 말고 살아야 하는데 결코 쉬운 일이 아니다. 우선은 경제적으로 여유가 있어야 건강을 잘 챙길 수 있다.

필자가 1990년대 초에 미국에서 경험했던 일이 기억난다. 뚱뚱한 사람을 두고 가난뱅이라고 하는 말에 내심 충격을 받았었다. 당시만 하더라도 아직 우리나라에서는 어느 정도 살이 올라서 체격이 있거나 배가 살짝 나와야 돈도 있어 보이고 보기 좋다고 하는 분위기였는데, 살이 오른 사람을 두고 가난뱅이라고 하니 의아했다. 그 까닭을 물어보았더니 뚱뚱한 사람은 먹고사는 일에 바빠서 운동이나 건강관리를 할 여유가 없는 사람이라고 했다.

그러고 보니 미국에서는 공원이나 호숫가 산책로에서 일하는 시간대임에도 불구하고, 날씬한 몸매를 가진 사람들이 달리기 하는 모습을 심심찮게 볼 수가 있었다. 경제적인 여유와 시간적인 여유를 갖고 있는 사람들이었다. 좋은 환경에서 좋은 음식을 먹으며 끊임없이 운동을 통하여 신체를 단련하고 있었다. 건강을 오랫동안 유지하려면 좋은 음식만으로는 어렵다. 규칙적인 운동도 필수요소이다.

건강하지 못하면 모든 일이 귀찮아지고 인간관계마저 나빠지기 쉽다. 몸은 아픈데 장수하는 것은 본인이나 가족을 위해서라도 결코 행복하지만은 않은 일일 것이다. 10년 병상에 효자 없는 말은 옛말일 뿐이다. 단 1년 병상도 견뎌내기 어려운 것이 현실이다.

(3) 일 없이 오래 살 때

일은 경제적인 욕구를 채워준다. 무료하지 않게 해주고, 보람을 얻게 해주고, 행복을 누리게 해주고, 신체적인 노화도 억제한다. 일의 장점은 이렇게 놀라울 정도로 많다. 특히 노화 억제를 눈여겨볼 필요가 있다. 우리의 신체는 사용을 하지 않으면 않을수록 빨리 노화의 길을 걷게 되어 있다. 자전거도 굴러다니지 않고 가만히 서 있는 자전거의 타이어가 훨씬 빨리 망가진다. 젊고 건강하게 살고 싶다면 일을 해야 한다. 일을 하는 것은 살아있다는 증거이며 살아가는 이유이기도 하다. 하지만 갈수록 발달된 기계 문명은 사람의 일자리를 대신하게 만들 것이다.

(4) 혼자되어 오래 살 때

사람은 사회적 동물이다. 가족도 친구도 이웃도 중요하다. 보물을 가득 실은 보물선을 가지고 무인도에서 혼자 살게 된다면 금은보화가 무슨 소용 있을까. 차라리 악처도 없는 것보다는 있는 것이 나을 것이다. 관계가 회복되면 행복을 주는 동반자가 될 수 있다는 희망이라도 있을 테니까 말이다.

정말 사이가 나쁜 부부일지라도 무인도에서 둘이만 살아간다면 사이가 나빠질 이유가 없다. 원수지간일지라도 무인도에서라면 틀림없이 좋은 사이로 관계 회복이 될 것이다.

사람은 사회적 동물이기에 인간관계 속에서 행복도 존재감도 찾게 된다. 나이를 먹을수록 인간관계가 소중하게 여겨지는 이유이기도 하다. 가족도 친구도 없는 노후 생활은 외롭고 고독하고 심지어는 치매나 우울증을 안겨줄지도 모른다.

돈·건강·일·관계. '평균 수명 120세 시대'에 필요한 4가지를 이렇게 짤막하게 표현할 수 있을 것 같다. 필자는 네트워크 마케팅이 이 4가지를 충족시켜 줄 수 있다고 생각한다. 네트워크 마케팅은 사업은 자본금이나 나이에 상관없이 일할 수 있다.

그래서 수입도 발생하고, 항상 사람들과 교제하며 생활해야 하는 정체성을 갖고 있다. 인맥 속에서 적극적으로 대화를 하며 활동을 해야 하기 때문이다. 돈도 벌며 사람들과 어울려 즐겁게 살면 건강도 따라올 것이다.

이제 4차 산업혁명 시대에 변화할 일자리에 대한 이야기로 넘어가 보자. 4차 산업 혁명 시대에는 인공지능 로봇(AI)이 사람을 대신하여 일을 하는 시대가 열릴 것이다. 이미 인공지능 로봇인 IBM의 왓슨은 질병을 진단하여 처방을 내리는 일에서 탁월한 성과를 내고 있다. 진단부터 처방까지, 의사가 하면 몇 시간씩 걸리는 일을 단 몇십 초 안에 해치운다. 수천만 페이지에 해당하는 연구논문과 임상 결과 등을 종합적으로 반영하여 내리는 결론이기에 환자들은 의사의 그것보다 더 신뢰하기도 한다. 만약 왓슨과 같은 인공지능 로봇이 더욱 상용화되면 어떤 일이 일어날까? 물론 의사라는 직업이 없어질 수는 없을 것이지만, 역할이 줄어드는 것은 피해갈 수가 없을 것이다.

앞에서도 언급했듯이 세계 최대의 인터넷 쇼핑몰 업체인 아마존에서 약 4만 명에 이르는 물류 센터 직원들이 인공지능 로봇인 키바(Kiva)로 인하여 일자리를 잃었다는 사실을 우리는 기억해야 한다. 머잖아 그러한 일들은 우리 주변에서도 흔한 일이 될 것이다.

4차 산업혁명 시대에는 새로운 세대들이 주역이 될 것이다. 곧 자율주행 자동차로 여행하고, 날아다니는 드론 택시로 지각 없이 출근하고, 3D 프린터로 집도 짓고, 인체의 장기도 만들게 된다고 한다. 보험이나 건강 상담, 그리고 교육은 인공지능 로봇이 담당하게 될지도 모른다. 디지털(가상) 화폐가 지폐를 대신하게 되면 지갑도 은행도 필요 없는 세상이 될지도 모른다. 이러한 일들을 만들고 누리는 세대는 분명 미래를 준비하고 있는 새로운 세대일 것이다.

그 아웃사이드에 있는 세대들은 코딩이 무엇인지 블록체인이 무엇인지 생소하기만 하다. 설령 안다고 해도 어디에 사용되는 것인지도 잘 모른다. 새로운 세상에 적응하지 못하는 기성세대들에게는 길어진 노후가 불안해질 수밖에 없다.

네트워크 마케팅이 그 불안을 해소해줄 수 있을 것이다. 또한 새로운 길을 모색하거나 꿈이 있는 젊음들, 그리고 자녀 양육을 마친 경력단절 여성들, 노후 준비가 필요한 사람들, 자본금이 없어 자영업에 도전하기 어려운 사람들도 네트워크 마케팅으로 돌파구를 열어갈 수 있을 것이다.

네트워크 마케팅은 아직 성공하지 못한 사람들, 반드시 성공해야만 하는 사람들에게 희망이 되어 줄 것이다. 희망은 저절로 찾아오는 것이 아니다. 길을 만들어 나아가려는 사람에게 찾아온다. 네트워크 마케팅으로 새롭게 길을 내보자.

다행히도 인공지능 로봇이 네트워크마케팅 사업을 할 수는 없다. 그들은 소비활동이 필요 없고 인맥도 없기 때문이다.

희망

동서남북이 막혀 있고
앞이 안 보일 때
우리는 절망이라고 한다.

절망을
이길 수 있는 것이
희망이다.

희망은
길과 같아
없으면 만들면 된다.

길은 여러 번 가도
만들어지고
여럿이 함께 가도 만들어진다.

희망은
앞이 안 보일 때
더욱 필요하다.

다행히도
세상을 불행하게 만든
판도라의
상자 속에는
아직도 희망이 남아 있다.

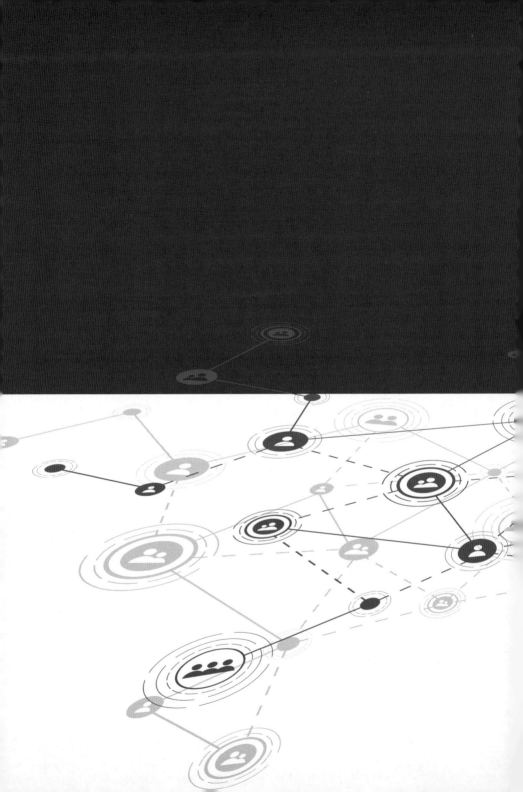

2부

네트워크 마케팅으로
기업하라!

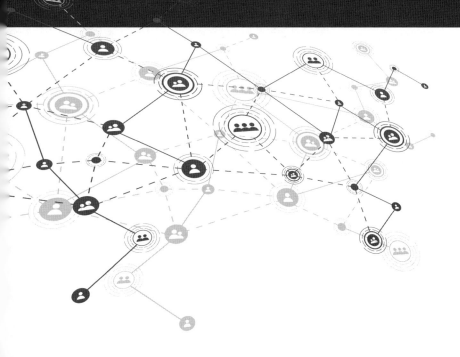

최첨단 장비일수록 사용방법이 복잡하다. 그래서 메뉴얼이 중요하다.
사용법을 알지 못한다면 최신식 스마트폰도 전화기나 사진기 이상의 역할을 기대하기 어렵다.
첨단 장비일수록 알면 알수록 좋은 점도 많이 보이고, 가치도 높아진다.

NETWORK MARKETING

1장

사업을 시작하기 전
꼭 알아야 할 것들

보상 플랜
이해하기

보상 플랜은 마케팅 플랜이라고도 부른다. 네트워크 마케팅만이 가지고 있는 보상 제도이기도 하다. 보상 플랜에는 매출 증대에 기여한 대가를 보상해 준다는 의미도 있고, 입소문 활동을 활발히 하여 매출을 증대시킬 수 있도록 동기부여를 해준다는 의미도 포함되어 있다.

보상으로 지불할 재원은 절약된 유통 마진에서 만들어 낸다. 만약 그로 인하여 제품 가격이 너무 높이 상승하게 된다면 가성비를 잃게 되어 네트워크 마케팅 사업은 동력을 상실하게 될 가능성도 있다. 그러니 수당 책정이 가격 인상 요인이 되어서는 안 될 것이며, 오히려 유통 경비 절감으로 제품 가격이 다운된 상태에서 마련될 수 있어야 한다.

다행히도 유통 마진이 제품 가격의 많은 부분을 차지하고 있어서 직거래를 지향하는 네트워크 마케팅은 유통비용을 줄일 수 있는 여지가 많다. 그렇게 줄인 후에 '일정 부분'을 보상하여 동기부여가 발생할 수 있도록 마케팅 플랜을 만드는 것이다.

'일정 부분'이란 직거래로 유통 경비를 절약한 후에 만들어진 비용인데, 이것은 판매 수익금과도 같다. 그 일부분을 회사 운영비와 시장 개척을 위한 마케팅 비용으로 사용하는 것이다. 절약된 유통 마진에서 정해진 '일정 부분'은 다단계식으로 나누어 지는 것이 아니라 관여한 모두에게 동일한 조건으로 제공된다.

이렇게 완성도가 높은 보상 플랜의 발달은 네트워크 마케팅의 발전을 이끌어왔다. 완성도 높은 보상 플랜이란 보상과 동기부여의 의미를 충실히 간직하면서도, 강요나 강매 또는 불로소득 방지 등의 기능이 어느 정도 마련되고, 노력에 대해서 공평하고 합리적으로 보상하는 플랜을 말한다.

이 플랜이 기능하면 인적 네트워크가 지구를 한 바퀴 돌아온다고 해도 그 모든 사람에게 보상이 주어질 수 있다. 마진을 여러 토막 내어 여러 단계로 보상을 해주는 것이 아니기 때문이다.

다단계로 운영되고 있는 방문판매나 화물업계의 방식으로는 네트워크 마케팅의 보상 플랜이 가진 깊이 있는 보상을 기대할 수는 없다. 그렇게 하려면 많은 비용이 필요해서 가격이 상승하게 된다. 이것은 가성비를 높이고 박리다매를 하는 네트워크 마케팅의 원리와는 어긋난다.

보상 플랜으로는 기본적으로 4가지가 있다. 매트릭스 방식, 유니레벨 방식, 브레이크 어웨이 방식 그리고 바이너리 방식이다. 물론 세월이 지나면서 더 발전된 모양으로 융합도 일어나고 있다. 복합적으로 융합된 형태의 보상 플랜을 하이브리드 방식이라고 한다. 그리고 네트워크 마케팅이 적용된 방문판매는 후원방문판매(신방판)라는 이름으로 등장했다.

융합되어 나타나는 하이브리드 방식의 보상 플랜은 너무나 다양하게 발전하고 있어서 언급하지 않도록 하겠다. 하이브리드 방식의 근거가 되는 4가지 유형의 보상 플랜만 잘 이해하고 있어도 보상 플랜 선택에 있어서 판단할 수 있는 근거는 충분하리라 생각한다.

대표적인 보상 플랜의 유형을 살펴보자.

매트릭스 방식

매트릭스 방식은 추천 및 가입자 수를 지정하고 있다. 각자 모두가 3명 혹은 4명이나 5명씩 추천하도록 가입자 수가 정해져 있는 것이다. 이것은 의무 규정이며, 이 규정을 지킴으로써 네트워크 조직이 만들어진다. 보편적으로 매출의 크기는 가입자 수와 정비례한다.

[그림1]

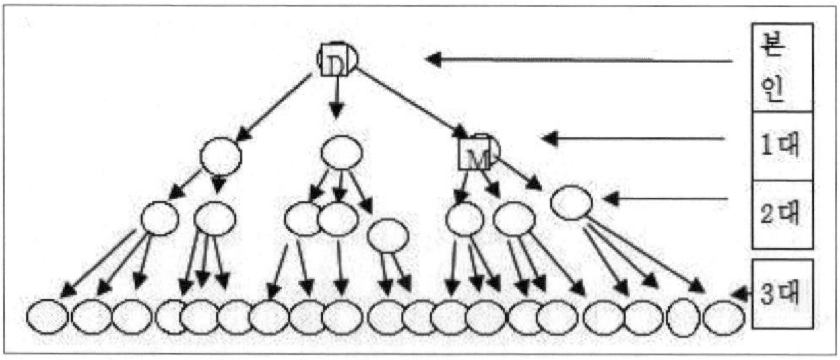

장 점: 1) 동기부여가 확실하다.

　　　　2) 소득 창출이 빨라 보인다.

단 점: 1) 가입 조건으로 제품 구매를 요구한다.

122

2) 네트워크 마케팅의 특징이나 장점이 적용되기 어렵다.

3) 고가의 내구재가 주 아이템인 경우에는 끊임없이 신규 가
입자를 확보해야만 한다.

4) 불로소득에 대한 대책이 요구된다.

주의점: 매트릭스 방식은 초기에 나타났던 보상 플랜인데, 현재는 거의 자취를 감추었다. 그만큼 단점이 많다는 사실이 확인된 것이다. 매트릭스 방식은 피라미드 논쟁을 불러일으킨 주범이기도 하다. 고가의 내구재를 가지고 등록을 하는 전제 조건으로 제품 구입을 하거나 가입자 수를 지정하는 특징이 있다.

결 론: 가입 시 단 한 번 제품 구입을 하고 정해진 수만큼 추천을 하면 평생 사업이 된다고 했지만, 현실은 피해자만 양산하는 결과를 낳고 말았다. 소비 사이클이 길고 고가의 제품이라 재구매 창출이 거의 전무한 것이 말썽을 일으킨 원인이 되었다.

고가의 내구재 그리고 가입자 수를 지정하고 있다면 무조건 피해가야 한다. 피해자들이 양산되는 일은 한참 후인 나중에 알게 된다. 처음부터 피해를 양산하는 회사의 모습을 보이지는 않는다. 시간이 지나면서 강요와 강매 그리고 배팅 등이 난무하게 되어 결국은 피라미드 상법의 한계를 벗어나지 못한다.

유니레벨 방식

유니레벨 방식은 말 그대로 레벨이 하나인 방식이며 가장 단순한 보

상체계이다. 본인 노력이나 능력이 수입의 크기를 좌우하며, 많이 판매를 할 수 있는 사람에게 유리하다. 직접 추천에 대한 제한은 없으나 수당이 적용되는 계층(깊이)은 제한이 있다.

[그림2]

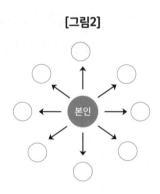

장 점: 1) 이해가 쉽다.

2) 본인의 실적이 많을수록 수입도 많아진다.

단 점: 1) 폭에는 제한이 없으나 깊이에는 제한이 있어서 수입이 비교적 크지 못하다.

2) 조직 확장을 위한 후원 활동이 제한적이다.

주의점: 간단명료한 보상 플랜이기는 하지만 제품을 판매하거나 사람들을 추천하는 데 자신이 있는지 스스로 점검한다. 또한 인적 네트워크 즉 조직의 파워를 느끼기 어렵다. 결국 본인의 판매 능력이 수입의 크기를 좌우한다.

결 론: 유니레벨 마케팅은 단독으로 사용되기보다는 다른 마케팅과

합쳐지거나 융합되어 사용되는 경우가 많다. 비교적 안정적이지만 큰 소득(Big Money)을 누리기에는 어려운 면도 있다.

브레이크 어웨이 방식

브레이크 어웨이 방식은 앞서 소개한 2가지 보상 플랜에 비해 상당히 잘 만들어진 보상 플랜이다. 브레이크 어웨이 방식은 인턴십 과정과 독립 과정으로 구분해서 설명할 수가 있다. 현재 40~60여 년 전에 시작한 미국계 네트워크 마케팅 회사들 대부분이 이러한 보상 플랜을 가지고 있다.

인턴십 과정 〔그림3〕은 매출의 규모에 따라 소득이 발생하도록 규정하고 있다. 여기서 매출이란 직접 매출과 간접(추천에 의한) 매출을 모두 포함한다. 일정한 매출을 달성하게 되면 인턴십 과정을 통과하여 독립하게 된다. 물론 등록해서 독립할 때까지의 과정에 대해서 시간적인 제한을 전혀 하지 않는 것은 아니다. 12개월이나 24개월 등으로 여유 있게 제한을 두기도 한다. 예를 들어보면,

[그림3]

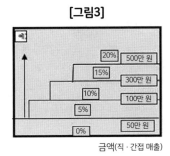

금액(직·간접 매출)

인턴십 과정은 회사, 제품, 보상 플랜 그리고 경영 방법에 대해 학습하는 과정이라고 볼 수가 있다. 이 과정에서 나타나는 보상은 실적에 따라 보상의 규모(%)가 정해지는 여러 개의 계단 모양이 나타난다. 여기에서 적용되는 실적은 추천에 의한 매출 즉 간접 매출도 인정받는다.

예를 들어서 본인이 추천한 사람을 1세대라 하고, 1세대가 추천한 사람을 2세대, 그다음을 3세대라고 한다면, 인턴십 과정에서 추천된 모든 세대의 간접 매출을 합산하고 누적 적용하며, 각자는 직간접 실적에 따라 정해진 보상(%)의 혜택을 누리게 된다. 즉 인턴십 과정은 누적 실적(직접＋간접 실적)으로 판단하는데 정해진 실적에 도달하게 되면 누구든 독립 사업자가 된다. 인턴십이 끝나면 본인의 그룹은 독립을 하게 되며 본인 그룹 내에서 또 본인과 같은 독립 사업자를 배출하기 위해 노력해야 한다. 독립 그룹을 많이 배출하면 할수록 수입의 규모는 커진다.

[그림 4]

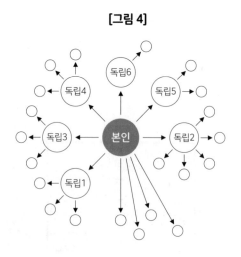

독립된 그룹에 대한 인센티브는 프랜차이즈에서 로열티가 발생하는 것과 비슷하다. 각 독립 사업자 그룹에서 발생하는 매출액에 대해서 정해진 보상(%)을 조건부 파이프라인 수입으로 보장받게 된다. 보통 독립 그룹을 8~16개까지 만들도록 규정하고 있다.

장 점: 1) 안정적인 소득이 가능하다.

2) 스폰서십과 파트너십이 잘 유지된다.

3) 보다 큰 소득이 가능하다.

4) 본인의 노력이나 능력에 따라 소득이 결정된다.

단 점: 1) 속도가 느리다.

2) 매월 유지 실적을 달성하기 위해 노력해야 한다.

3) 교육 리더를 중심으로 진행될 가능성이 많아서 회사의 통제력이 약해질 수 있다.

4) 개인의 리더십과 역량이 요구된다.

주의점: 초기 인턴십 과정을 지난 후 독립 과정에서 소득 발생원인과 조건을 잘 확인해 볼 필요가 있다. 특히 독립 사업자를 육성한 후 소득을 얻기 위해서 어떤 규정이 있으며, 그 규정을 달성할 능력이 본인에게 있는지 여부를 점검해야 한다. 재구매가 잘되는 아이템이 구비되어 있다면 별로 신경 쓰지 않아도 될 것이다.

결 론: 가장 전통적이며 오랜 역사를 갖고 있는 보상 플랜이다. 그런 만큼 검증이 되었다고 볼 수도 있다. 안정적인 네트워크 조직이 만들어진다는 장점이 있으나 난이도가 좀 있다. 능력 있는

스폰서의 영향 아래서 어느 정도 성장은 가능하나 결국은 본인의 리더십이나 능력이 요구된다.

바이너리 방식

바이너리 방식은 짐작할 수가 있듯이 단 2명만을 추천해서 가입할 수 있도록 만들어졌다. 4개의 보상 플랜 중 가장 늦게 만들어진 보상 플랜이며, 브레이크 어웨이 방식과는 달리 2개의 그룹만 만들어도 성공할 수가 있다. 스필 오버(Spill Over. '용어 이해하기' 참고)로 그룹 성장 속도가 빠르다. 좌우 2개의 그룹 간의 실적을 대비하여 수당 지급 기준으로 삼고 있다. 즉 좌우 대칭이 수당 지급 조건이 되는데, 매출이 아니라 사람의 수를 기준 삼는 것은 매우 위험하다. 매출이 큰 쪽을 대실적, 적은 쪽을 소실적이라고 부르며 항상 소실적의 실적을 수당 지급 기준으로 삼는다. 재구매가 잘되는 제품이 구비되어 있다면 난이도가 낮은 네트워크 마케팅 사업이 될 수 있을 것이다.

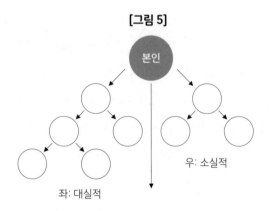

[그림 5]

우: 소실적

좌: 대실적

장 점: 1) 셀프 리더십 즉 솔선수범하면 성공한다.

2) 속도감이 있다.

3) Spill Over로 그룹 확장이 상대적으로 용이하다.

4) 난이도가 낮다

5) 개인의 능력보다는 조직의 힘으로도 성공할 수가 있다.

6) 회사가 전체를 통제하기 수월하다.

단 점: 1) 스폰서십이나 파트너십이 약하다.

2) 좌우 실적 대칭을 이루어야만 수입이 발생한다.

3) 수월한 조직 확장으로 인하여 직업의식이 약해질 수 있다.

주의점: 스필 오버 현상으로 조직 확장이 빠른 만큼 사업의 진행 속도도 빠르다. 그 속도감에 편승하는 것이 좋으며 N가 유지가 잘될 수 있는지를 살펴보아야 한다. 또 대실적과 소실적을 비교할 때 매출 실적으로 하는지, 아니면 가입자 수로 하는지 등도 살펴보아야 한다. 가입자 수로 평가하는 것은 매우 위험한 요소가 될 것이다.

결 론: 가성비가 좋아 재구매가 잘되는 아이템으로 무장하고 N가 유지가 잘된다면 가장 효율적인 네트워크 마케팅 사업이 될 것이다. 그리고 시스템을 만들어서 운영하는 입장에서는 항상 대실적이 되는 기준 라인을 잘 만들어 운영해야 성공할 수 있다.

매트릭스 방식은 초기에 피라미드형 사업 방식에서 많이 사용되었고,

유니레벨 방식은 다른 보상 플랜과 융합하여 사용되는 경우가 많다. 현재는 브레이크 어웨이와 바이너리 방식 그리고 여러 보상 플랜의 장점을 모아서 융합시킨 하이브리드 방식이 네트워크 마케팅 사업의 중심적인 역할을 하고 있다.

한 가지 기억해둬야 할 점은 보상 플랜이 성공을 약속해 주지는 않는다는 점이다. 최근에 생긴 보상 플랜일수록 난이도가 낮고 발전된 모습을 보여주고는 있다. 그러나 난이도가 높으면 높은 만큼 사람들의 마음은 더욱 견고해지고, 난이도가 낮아 쉬워 보이면 보일수록 사람들의 마음은 그만큼 느슨해진다. 단단하지 못한 마음이 결국은 장애가 되어 성공하지 못하게 할 수도 있을 것이다.

에베레스트 산을 오르려고 하는 사람에겐 추위나 암벽이 문제되지 않는다. 그러나 등산을 하려는 마음이 없는 사람에게는 동네 앞산에 오르는 것조차도 어렵다고 하거나 힘들다고 불평을 하고 말 것이다.

용어 이해하기

네트워크 마케팅을 잘 이해하고 활용하려면 마케팅 용어를 먼저 알아야 한다. 용어를 모른다면 보상 플랜 검토 자체가 어렵다. 네트워크 마케팅만이 사용하는 용어들이 잘 다듬어지고 발전되어 온 덕분에 네트워크 마케팅의 발전을 뒷받침해 왔다.

용어는 본인이 앞으로 진행하게 될 사업 시스템이 어떤 것인지 검토할 때도 도움이 되지만 앞으로 비즈니스를 진행할 때는 더욱 필요한 것이다. 용어를 모르거나 사업 시스템을 검토하지 않고 선택한다는 것은 주먹구구식으로 사업을 하는 격이 되며, 실패를 할 가능성을 많이 안고 있는 것과 같다. 사업의 주체이든 객체이든 관계없이 보상 플랜과 더불어 모두가 알아두면 좋은 것이 용어이다.

명칭

- **스폰서**　네트워크 마케팅 사업을 추천했거나 후원을 하는 사람이다. 여기서 후원이란? 경제적인 후원이 아니라 좋은 경험을 들려주거나 성공의 길로 안내해 주는 것을 말한다. 멘토가 될 수 있는 가

장 적정한 위치에 있는 사람이다.

- **추천인**　네트워크 마케팅 사업을 소개해 준 사람을 "추천인"이라고 부르며 등록 서류에 별도로 기재를 하는 경우에는 추천 수당 지급의 기준이 된다. 마케팅 플랜에 따라서 스폰서와 동일한 의미로 사용되기도 한다.

- **파트너**　스폰서로부터 네트워크 마케팅 사업을 할 수 있도록 소개를 받은 사람으로 스스로 할 수 있을 때까지 스폰서나 멘토의 도움을 받는 사람이다. 때가 되면 스폰서가 된다.

- **후원인**　추천과 상관없이 후원을 해주는 사람을 일컫는다. 마케팅 플랜에 따라 스폰서 혹은 추천인과 동일하게 사용될 수도 있고 구분될 수도 있다. 추천인 제도가 있는 마케팅 플랜에서는 후원인 제도가 존재한다. 후원 수당 지급의 기준이 되기도 한다.

- **프로스팩트(Prosfect)**　가망 고객, 잠재적 고객을 말한다.

- **보상(수당)**　네트워크 마케팅에서 매출 증대에 대해 기여한 만큼 지급하는 돈을 말하며 보상 혹은 수당이나 보너스라고 부르기도 한다.

- **웜 컨택(Warm Contect)**　혈연, 학연, 지연 등 지인들을 만나는 것을 의미한다.

- **콜드 컨택(Cold Contect)**　지인이 아닌 새롭게 알게 된 사람들을 만나는 것을 의미한다.

- **후속 조치(Follow Up)**　후속 조치는 STP(사업설명)가 끝난 후 고객의 반응을 확인하고 그에 따라 다음을 준비하는 것을 말한다. 설명

회에 참석하기 전과 후의 생각에 어떤 변화가 있는지 확인하고 필요한 경우 도움을 준다.

- **계보도** 비즈니스 족보와도 같다. 계보도는 매우 주요한 비즈니스 자산이 되며 사업 방향을 점검하는 자료가 되기도 한다. 계보도의 크기가 수입의 크기와 직결되기도 하지만 반드시 그런 것은 아니다.

- **판매상(Distributor)** 오랜 전통을 가진 미국계 다국적 기업에서 많이 사용하는 용어이다.

- **독립계약 판매상(Independent Distributor)** 브레이크 어웨이 보상 플랜에서 일정한 매출 이상을 달성하게 되면 독립하여 본인을 중심으로 독립 그룹을 만들게 되어 있다. 스폰서의 개인 그룹으로부터 독립된 사업가를 말한다.

- **1인 기업** 회사의 조직체계를 갖고 있지 않고 1인이 운영하는 기업을 말한다. 네트워크 마케팅 회사에서도 회사에서 제공하는 시스템을 활용하는 1인 기업가가 된다.

- **디지털 유목민** 한곳에 정착하지 않고 목초지를 찾아 여기저기 옮겨 다니는 유목민처럼 장소에 구애받지 않고 자유롭게 비즈니스를 하는 사람을 일컫는다. 오늘날 디지털 기기들의 발달로 어디서든지 비즈니스가 가능한 세상이 되었다.

- **스몰 비즈니스(Small Business)** 회사 건물이나 회사 시스템을 만들지 않고 할 수 있는 사업이며 최소한의 규모와 최소한의 비용으로 비즈니스를 한다는 것을 의미한다.

- **생산소비자(Prosumer)** 생산자(Producer)와 소비자(Consumer)의 합성

어이다. 이는 엘빈 토플러가 제3의 물결에서 사용한 용어이다. 소비자가 소비만 하는 것이 아니라 생산에도 관여를 하여 소득을 창출하게 되는데 이를 두고 생산소비자(프로슈머)라고 칭했다.

- **비즈슈머(Bizsumer)**   일하는 소비자. 생산소비자보다는 적극적인 활동가를 일컫는다.

- **레벨(Level)**   세대 혹은 층으로도 불리운다. 횡이 아닌 종으로 카운트하는 용어인데 1세대(대), 2세대(대) 등과 같이 사용된다. 다른 용어로 Depth(깊이)가 사용하기도 하는데 이는 유니레벨과 브레이크어웨이 방식에서 독립 사업자를 카운트할 때 사용한다.

- **레그(Leg)**   줄을 횡으로 카운트하는 용어이며 한 줄(레그), 두 줄(레그) 등과 같이 사용된다. 네트워크 마케팅에서 사업자 그룹을 카운트 할 때 사용하는 Webth(넓이)이다.

- **플러그인(Plug In)**   선풍기를 사용하려면 플러그를 콘센트에 꽂아야 한다. 플러그인 하지 않은 선풍기는 동력이 없어 그냥 멈춰 서 있게 된다. 네트워크 마케팅 사업에서 말하는 플러그인이란 교육 시스템에 반드시 참석하는 것을 의미한다. 교육 시스템에 꽂혀 있어야 에너지를 공급받아 활동을 지속적으로 할 수 있게 된다.

- **옴니트리션(Omnitrition)**   후원방문판매에 적용하는 규정으로 최종소비자 70%를 기준으로, 그 이상일 때는 방문판매, 그 이하일 때는 다단계판매법에 준하는 규제를 받는다.

마케팅 용어

- **엠엘엠 MLM(Multi-Level Marketing)**   국내에 처음으로 소개될 당시의 용어이다. 여러 레벨로 만들어진 마케팅이라는 의미이며 국내법 명칭이 "다단계판매법"으로 만들어지게 하는 근거가 되었다. 브레이크 어웨이 방식에서 나타나는 모양(형상)이다.

- **다단계(판매법)**   멀티레벨(여러 레벨) 마케팅이 다단계로 해석되었다. 실제로 여러 단계를 거치는 것과는 별개의 의미를 갖고 있는 용어이며 법률용어로 만들어지기도 했다.

- **네트워크 마케팅**   네트워크 마케팅이라는 용어는 1980년대에 미래 경제학자인 존 나이스비츠의 저서 《메가트랜드》에서 소개되었다. 가장 적합하고 바람직한 용어이다.

- **블랙 마케팅(Black Marketing)**   회사나 지사가 설립되기 전에 활동하는 비즈니스를 말한다. 이는 대체로 해외로 진출하기 전에 상대 국에서 사전에 이루어지는 마케팅 활동을 일컫는다. 사전 활동 혹은 비공식적인 마케팅 활동을 말한다.

- **크로스 라인(Cross Line)**   족보로 따지자면 직계가 아닌 다른 집안의 사람을 일컫는다. 더러는 형제 라인이라고 불리기도 한다.

- **직접 판매(Direct Sale)**   생산자(공급자)와 소비자가 직접 거래를 하는 것을 말한다.

- **인맥 유통**   인맥을 유통채널로 삼은 것이다. 제품이 전달되는 것이 아니라 정보만 전달되는 것이다. 그러한 의미에서 가상유통이라고도 할 수도 있겠다.

- **유통 채널** 제품이 판매될 수 있도록 하는 루트이다.
- **초기 진입비** 네트워크 마케팅 사업을 시작하기 위해서 의무적으로 제품 구매를 하도록 만든 것을 초기 진입비라고 한다. 일반적인 사업에서는 초도물량이라고 한다.
- **월간 유지비** 수당을 받기 위해서는 매월 정해진 만큼의 실적을 올리도록 만들어 놓은 것을 월마감 또는 월간 유지비라고 한다. 이는 불로소득을 방지하는 기능도 있고, 열심히 노력을 하도록 만드는 동기부여의 기능도 있다.
- **마케팅 플랜(보상 플랜)** 유통비용을 절감한 후 수익금의 적정한 부분을 가지고 마케팅 비용으로 사용을 한다. 그 비용은 동기 부여를 주거나 보상을 해줌으로써 더 많은 매출이 발생할 수 있도록 만드는데 기여한다. 그러한 목적을 달성하기 위해서 만든 플랜이 바로 마케팅 플랜이며 보상 플랜이라고도 한다. 심리학적인 요인을 가지고 있으며, 동기부여가 강하게 일어난다.
- **컨벤션 효과** 대규모 행사를 치른 후에 사업적인 활력이 생기거나 매출이 증대되거나 회사의 성장을 이끄는 현상을 말한다. 일시적인 현상일 경우도 있다.

미팅의 종류

- **테이블 미팅** 장소를 불문하고 테이블에 앉아서 1:1 혹은 1:소수 (2~3명) 간에 이뤄지는 미팅을 말하는데 STP(Show The Plan)에 초

대하기 위한 전초 과정에 하는 것으로써 정보 전달과 동기부여가 목적이 되는 미팅이다.

- **홈 미팅** 가정집에서 이뤄지는 미팅인데 테이블 미팅과 동일한 목적을 가지고 있으나 비교적 안정된 분위기에서 시연을 곁들인 미팅이 가능하다.

- **그룹 미팅(라인모임)** 한 명의 리더 사업자를 중심으로 동일한 계보에 속한 그룹원들을 위해 행하는 미팅을 말한다. 정보 전달과 교육 훈련 그리고 리더 육성과 유대관계를 더욱 공고히 하는 목적을 달성할 수가 있다.

- **사업설명(STP)** Show The Plan의 이니셜이며 가장 기본적인 정보와 비즈니스 플랜에 대해서 설명을 해주는 것이다. 초보자들을 위해 만들어진 사업설명이자 동기부여를 목적으로 하는 강의(교육)이다.

- **기회(OPP) 미팅** Opportunity Meeting의 이니셜이다. 기회 미팅이라고도 부르며 내용은 STP와 동일하다. 비기너들에게 동기부여 하는 것이 주목적이다.

- **에프터 미팅(After Meeting)** 공식적으로 진행하는 기회미팅이나 사업설명이 끝난 후 가지는 미팅을 말한다. 팔로우 업과 같은 역할을 하는데 강의를 했던 강사와 더불어서 갖는 애프터 미팅이 가장 효과적이다.

- **신규 사업자 교육(NDO)** New Distributor Opportunity의 이니셜이며 신규 사업자 교육을 일컫는다. 고정관념을 탈피하고 올바르게

네트워크 마케팅 사업을 할 수 있도록 체계적으로 교육을 하는 프로그램이다.

• **리더십 교육** 네트워크 마케팅 조직을 만들고 또 조직을 이끌기 위해서는 리더십이 필요하다. 그러한 리더십이 모두에게 공유될 수 있도록 하는 교육이다.

• **인증식** 열심히 노력하여 소기의 목적을 달성하거나 직급을 달성한 사람들의 성취와 노고를 치하하고 축하해주는 행사이다. 이는 당사자에게는 기쁨을 다른 사람들에게는 동기부여가 되는 중요한 이벤트이다.

• **1일 세미나(One Day Saminar)** 하루에 모든 정보를 제공하는 교육을 하는 것이다. 회사와 제품 그리고 체험 사례와 사업설명 그리고 신규사업자 교육에 이르기까지 축약해서 하루 만에 모든 것을 진행하는 설명회를 말한다.

• **랠리(Rally)** 대규모 집회라고도 하며 보편적으로 1박2일간 이뤄진다. 사람들이 나이를 먹어감에 따라 새로운 친구를 사귀기가 쉽지 않다. 친밀도를 높일 수 있는 방법으로는 함께 식사를 하거나 잠을 자거나 여행을 하는 방법이 매우 효과적이다. 그러한 효과와 교육을 융합시키는 것이다. 매월 1회 혹은 분기별 1회가 좋으며 가능하다면 분위기 좋은 장소를 선택하는 것도 유념해 볼 일이다. 팀워크 조성과 교육훈련 그 외에도 눈에 보이지 않는 시너지 효과가 나타날 수 있다.

• **컨벤션(Convention)** 대규모 집회이다. 사람은 사회적 동물이다.

혼자서 식사를 할 때와 여러 명이 모여서 식사를 할 때의 맛이 다르다. 이는 동일한 음식일지라도 심리적으로 나타나는 효과이다. 많은 사람들이 모여서 하는 행사 그리고 새롭게 나타나는 얼굴들과 나아가 성공자들의 모습을 보게 되면 동기부여가 더 강렬하게 일어난다. 이러한 행사는 1년에 1~2회가 적당하며 여행을 동반한 행사가 더욱 효과적이다. 해외여행을 겸한다면 즐거움이 배가되어 분명히 좋은 효과를 얻을 수 있을 것이다.

- **방문판매** 자동차나 보험에서 볼 수 있듯이 고객을 방문하여 판매하는 것을 일컫는다.
- **후원방문판매** 직접 판매뿐 아니라 후원 활동에 대하여 1대의 매출까지 보상을 받게 해주는 판매 방법이다.

수당의 종류

수당을 보상 혹은 보너스라고 부르기도 한다. 시각의 차이는 있겠지만 배당이라고 해도 틀린 말은 아닐 것이며, 매출 증대에 기여한 배당금이라 해도 될 것이다.

- **후원 수당** 후원활동을 하여 비기너(초보자)들의 사업활동이 순조롭게 진행되도록 돕고 매출 증대에 기여를 하게 되면 그에 대한 보상으로 주는 수당을 말한다.
- **추천 수당** 신규 사업자를 추천했을 경우에 주는 수당을 말한다. 이

런 경우는 초기 진입비가 있다.

- **직급 수당**　동기부여를 지속적으로 유지하기 위해서 비즈니스 실적의 크기에 따른 직급을 정해 놓고 이를 달성한 사업자들에게 주는 수당을 말한다. 포상과 동기부여의 의미가 강하며 조직을 관리하는 방편이기도 하다.
- **매칭 보너스**　기준을 정해서 그 기준에 매칭이 되었을 때 주는 보너스이다.
- **승급 보너스**　직급을 달성했을 때 축하금으로 주는 1회성 보너스이다. 직급 수당과는 다른 성격의 보너스이다.
- **센터 피(Fee)**　교육비라고도 한다. 센터(center)는 회원등록, 제품 구매, 정보제공, 교육안내 등의 업무를 대행하며 센터에 소속된 회원들에게 속한 매출액의 일정 부분으로 만들어진다.
- **리더십 보너스**　조직을 만들고 관리하며 이끌도록 동기부여를 주는 보너스이다.
- **여행 보너스**　1년에 1회 혹은 2회 정도의 여행을 컨벤션 대회와 함께 비즈니스에 활용한다. 여행의 즐거움은 동기부여와 에너지 재충전의 계기가 된다. 열심히 활동한 모든 사업자들에게 포상의 의미로 마련된 보너스이자 특별한 수당이다.
- **자동차 보너스**　사업성과에 따라 자동차 보너스를 적립하여 포상으로 지급하는 보너스이며 어느 정도 성과를 올린 사업자들에게 적용된다. 자동차를 구입해서 주는 것은 아니며 자동차 구입 비용이나 운행 비용에 도움이 되는 수당이며 매월 나오는 것이 보편적이다.

- **주택 보너스** 어느 정도 성공한 사업자들이 받을 수 있는 혜택이지만 동기부여는 모든 사업자들에게서 발생한다. 이 역시도 주택을 구입해서 주는 것은 아니며 보상 플랜에 의해 매월 적용되어 지불되는 보너스이다. 수당 이름이 주택 보너스인 것이다.

실적 용어

- **실적(SV)** Sales Volume의 이니셜이며 세일즈 볼륨 즉 수당을 지급하는 기준으로 삼는 매출을 말한다. 일반적인 매출과는 다른 개념이다. 매출에서 제품의 원가나 공장도가를 제외한 부분이다.
- **실적(PV)** Point Volume의 이니셜이며 SV와 같은 용도로 사용된다.
- **보너스 실적(BV)** Bonus Volume, 혹은 Business Volume의 약자이며 보너스 지급 기준 매출로 삼는다. 일반적으로는 SV나 PV를 대체하거나 보완하는 용도로도 사용된다.
- **개인 실적(PSV)** Personal Sales Volume의 이니셜이며 개인 실적을 말한다. 개인의 회원 코드로 직접 구매한 실적을 가리킨다. 불로소득자들을 걸러내기 위해서 최소한 6개월이나 12개월에 한 번 이상은 구매 실적을 요구하기도 한다.
- **등급** 본인의 몸값이라고도 칭하는데 그렇게 설명하면 이해하기 쉽다. 가입비도 매월 유지비도 없는 대신에 본인의 구매 실적을 기준으로 정해서 등급을 평가하며, 수당 지급의 기준으로 삼는다. 이는 대체로 누적으로 실적을 인정해준다. 이 역시 불로소득을 차단

하는 기능이 있다.

- **소실적** 바이너리 방식에서 나타난다. 매출 실적이 작은 쪽을 소질적이라 부른다. 보너스 지급 기준은 통상적으로 소실적의 매출 실적으로 한다.

- **대실적** 바이너리 방식에서 나타나며 매출이 큰 그룹의 실적을 대실적이라 일컫는다.

- **승급실적** 직급을 획득하는 조건으로 만들어진 실적을 말한다.

- **오토십(Auto ship)** 일정 금액만큼 매월 자동적으로 구매를 하도록 만든 실적인데 이것을 오토십이라고 부르기도 한다.

- **배팅(Betting)** 노력으로 실적을 달성하지 않고 돈으로 제품을 구매해서 실적을 달성하는 것을 말한다. 빨리 직급을 달성하거나 수당을 챙기기 위한 비정상적인 행위이며 여러 가지 부작용을 불러 일으킨다.

기술적 용어

- **롤업(Roll Up)** 예를 들어서 3세대의 사람이 부득이한 일로 본인에게 주어진 책임 매출을 달성하지 못했을 경우에 3세대에 속한 매출은 2세대로 롤업(편입)되어 2세대의 매출은 커진다. 그리고 4세대가 공백이 된 3세대의 포지션으로 올라가게 된다. 이것을 롤업이라고 한다. 이러한 제도는 누락 없이 수당을 지급해 주는 매우 합리적인 일이다. 롤업을 인정해 주지 않으면 3세대에서 발생한 매출에 대한

142

수당은 발생하지 않으며 그 매출은 N가를 높이는 데 사용이 된다.

- **Spill Over**   본인을 중심으로 2명만을 추천할 수 있는 보상 플랜 바이너리 방식에서 나타나는 현상이다. 바이너리 보상 플랜에서는 본인을 중심으로 단 2명만을 추천할 수 있도록 규정하고 있다. 3번째나 그 이상의 사람을 추천해서 등록할 때 본인의 이름을 추천인으로 사용할 수가 없다. 그래서 그룹 내의 누군가를 추천인으로 선택하여 등록을 하도록 하는 현상을 스필 오버라고 한다. 흘러 넘쳐서 아래로 간다는 의미이다. 모두의 힘이 모아져서 그룹이 만들어진다. 이런 경우에는 상호 협력이 이루어지는 네트워크 조직이 만들어진다.

- **복제(Duplication)**   복제는 네트워크 마케팅의 핵심 요소이다. 복제는 COPY와는 다른 의미이다. 겉모양만 닮는 것이 아니라 태도까지 닮아야 한다. 애용 → 추천 → 복제하는 일을 본인처럼 동일하게 하도록 만드는 것을 말한다.

- **호일러 법칙(hoiler's law)**   인간관계의 복잡성을 삼각형의 함수 관계로 풀어내는 법칙을 말한다. 특히 친분이 있을수록 객관적인 대화나 비즈니스 대화가 어렵다. 아마도 선입관념이나 정 때문에 그럴 것이다. 친밀한 인간관계에서 생기는 문제를 A, B, C로 관계 설정을 하여 비즈니스가 실현되도록 풀어나가는 방식을 호일러 법칙이라고 한다.

- **N가**   점당 금액을 말한다. 실적 매출을 점수로 환산하고 항목 매출 (%)을 사업자들이 획득한 점수로 나누어진 금액을 N가라고 한다.

따라서 이 N가를 각 사업자가 획득한 점수에 곱하면 곧 해당 사업
자의 수입 금액이 된다.

• **Flag Ship(플래그 십)**　전선에서는 사령관이 타고 있는 기함을 말
한다. 네트워크 마케팅 비즈니스에서는 표본으로 삼을 대표 사업
자나 성공자를 전략적으로 배출하여 비즈니스에 활용하기도 한다.

네트워크 마케팅 분별하기

　진짜를 알면 가짜를 알 수가 있다. 반대로 가짜를 알아도 진짜를 알 수가 있는 것이다! 그러나 진짜 같은 가짜가 눈을 속인다. 화려한 모습이나 자극적인 말을 하더라도 현혹되지 않아야 한다. 가짜일수록 진짜보다 더 좋게 보이려고 노력하기 때문이다. 그러한 모습 이면에는 반드시 함정이 도사리고 있을 가능성이 많다. 그리고 시작할 때는 옳고 그름이나 좋고 나쁨의 차이를 느끼지 못하는 것도 사실이다. 그래서 분별력을 가질 필요가 있다.

　네트워크 마케팅을 분석하고 분별을 할 때는 두 가지 측면에서 해야 한다. 하나는 법적인 문제이고, 다른 하나는 마케팅 차원의 문제이다.

　우선 법적인 면에서 합법적인 회사인가 아닌가 하는 문제부터 접근해야 한다. 이것은 가장 기본적인 문제이다. 불법적인 회사는 절대로 가까이 해서는 안 된다. 그들은 아마 더 많은 혜택과 보상으로 유혹을 할수 있다. 그러더라도 피해야 한다. .

　회사의 합법성과 불법성을 확인하는 방법은 간단하다. 지자체에 등록 여부를 확인해 보거나, 공제조합에 전화를 걸어 문의해 보면 금방 알 수가 있다. 공제조합은 네트워크 마케팅 사업자들의 피해를 막거나 피해보상을 해주는 보험 회사와도 같은 역할을 하는데, 직접판매 공제조합과 특수판매 공제조합이 있다. 인터넷에서 검색을 하면 공제조합의 홈페이지나 연락처를 쉽게 알 수가 있으니 문의해 보면 된다.

다단계판매법과 방문판매법을 알아두는 것도 필요하다. 무점포로 하는 네트워크 마케팅을 하되 보상 플랜에 의한 수당 적용 기준을 2대까지로 한정을 하면, 다단계판매법이 아닌 방문판매법을 적용받게 된다. 이때는 공제조합에 가입을 하지 않아도 되어 진입하기가 한결 수월하다. 후원방문판매 같은 회사가 여기에 해당한다. 후원방문판매로 무점포, 유점포 모두 가능하다. 단 최종소비자가 70%이상인 경우이다.

다음은 마케팅 차원의 문제이다. 합법적인 회사임을 확인한 후에는 마케팅 차원에서 따져 보아야 한다. 비기너(초보자)들을 위하여 검토를 하는 방법을 소개하면 다음과 같다.

(1) 자가 소비형 네트워크 마케팅!

이는 곧 생산소비자(프로슈머)들만의 사업이기도 하다. 제품을 판매하는 일없이 모두가 자가 소비만으로 사업을 할 수 있는 것을 말한다.

(2) 자가 소비+판매가 수반되는 네트워크 마케팅!

이러한 경우 소매마진이 별도로 책정되어 있는 경우도 있다. 또는 초기 진입비가 있거나 월간 마감이 있어서 매월 신규 가입자를 확보하거나 제품을 판매까지 해야 하는 경우를 들 수가 있겠다. 그러나 제품 판매에 자신이 있거나 자발적 재구매 매출이 실적을 충당해준다면 월 마감 실적에 대한 고민은 하지 않아도 될 것이다.

(3) 사람을 가입시키는 것이 중요한 업무이며 가입 시에 구매하는 것이 주 매출이 되는 경우!

이러한 경우는 가입 즉 사업을 하기 위한 조건으로 제품 구매가 필수이다. 대체로 고가의 내구재가 주력 상품이다. 재구매율이 낮고 신규확보가 어려우면 결국은 강요나 강매하는 행위가 발생하기 쉽다. 우리나라에 도입 초기에 이러한 모델이 많이 있었다. 이 모델에는 두 가지 특징이 있다.

ⓐ 하부조직의 출혈을 담보로 소득이 발생한다.

ⓑ 정점(Top)이 닫혀 있다(Close).

- 하부조직의 출혈을 담보한다는 말은 항상 마지막 가입자들의 구매로 인하여 발생한 매출액이 곧 회사 전체의 매출액이며 그로 인해 수당이 발생하는 것을 의미한다.

- 정점이 닫혀 있다는 의미는 먼저 시작한 사람이 항상 우위에 있다는 말이다. 이 말은 먼저 시작한 사람은 다음 사람들의 노력에 편승하여 언제나 먼저 성공의 위치에 오르게 된다는 의미이다. 늦게 시작한 사람은 언제나 먼저 시작한 사람 다음으로 승급하고 정상에 올라가게 된다. 매우 잘못된 마케팅 플랜이다. 이런 경우는 선택하는 것이 본인을 위해서나 주변 지인들을 위해서도 도움이 되지 않는다. 명백히 회피해야 할 대상이다.

3가지 유형

	자가소비형 NWM	판매겸용 NWM	피라미드형 NWM
아이템(제품)	복합형 (소비+내구재)	복합형 (소비+내구재)	내구재,금융, 가상화폐
소매 마진	없다.	있다.	있다, 없다.
초기 진입비	없다.	없다.	있다.
월간 유지비	없다.	있다.	있다, 없다.
정점	Open	Open	Close
하부 조직 출혈을 담보	No	No	Yes
가입과 탈퇴 자유롭다	Yes	Yes	No
마케팅 비용(명분)	합리적, 명분	합리적, 명분	불합리, 명분없다
공제조합가입	Yes	Yes	No

다음은 얼마나 **합리적**인지를 확인 해본다. 노력한 만큼의 보상을 받을 수 있는지 등록할 때는 순서가 있어도 성공에는 순서가 없어서 누구든지 노력과 능력에 따라 먼저 성공할 수 있는 길이 열려 있어야 한다.

그리고 **실현가능성**에 대해서도 점검을 해볼 필요가 있다. 특별한 능력이 있는 사람이 아니더라도 보통사람이 성공할 수가 있는지를 확인해보는 것이 좋다. 이는 보상 플랜에 따른 검토와 아이템이 가져다줄 매출에 대한 검토가 병행되어야 한다. 수당을 획득이나 승급을 하는 조건은 대부분 매출을 기준으로 볼륨(크기)을 정하고 있다. 그것을 달성하기 위한 조건이나 여건이 어떤 과제로 다가오는지를 본인이 확인을 해보는 것이다. 그리고 가장 초보 직급의 달성 조건이나 수입에 대해서도 잘 점검해 볼 필요가 있다.

금단의 열매와
다이너마이트!

네트워크 마케팅에 끊임없이 말썽이 많이 발생하는 이유는 장점이 많기 때문이다. 이용하기도 쉽고 기하급수적으로 증가하는 효과는 누구든 탐낼 만하다.

네트워크 마케팅은 유통에서 많은 장점들을 보여주고 있다. 이미 언급을 하였듯이 네트워크 마케팅의 정체성이 갖고 있는 장점이나 추구하는 지향점은 너무나 좋다. 명품 중에 명품 같은 마케팅이다. 그래서 그런지 짝퉁이 유난히도 많다. 좋은 열매를 맺는 나무(네트워크 마케팅)보다 나쁜 열매를 맺는 나무들이 더 많이 생긴 것이다.

특히 국내에서는 좋은 열매를 맺는 나무가 자라기 훨씬 전에 이미 나쁜 열매를 맺는 나무들이 먼저 나타났었고, 그동안 앞다투어 나타나서는 많은 피해자를 양산했다. 심지어 만인에게 지탄의 대상으로 만들어 놓기에 이르렀다. 잘못 사용을 하였거나 악용한 결과이다. 한결같이 네트워크 마케팅의 장점을 개인의 사욕을 채우기 위한 수단으로 이용했고, 회사를 만든 오너들의 전문성이나 도덕성이 부족했다고 판단된다.

네트워크 마케팅 사업을 시작할 초기에는 잘못된 것을 알아내기가 쉽지 않다. 어느 정도 사업을 진행하면서 잘못된 사실을 알게 되거나, 나쁜 결과가 나타난 이후에야 알게 된다는 사실이 매우 안타깝다. 어느 정도 진행을 한 후에 알게 되면 돌이키기가 쉽지 않다. 이미 뿌려놓은 씨앗이 있기 때문이다. 나쁜 결과가 나타난 이후에 후회를 하게 되는데 그때는 이미 늦은 것이다.

묘목을 두고 좋은 열매를 맺을 나무인지 아니면 나쁜 열매를 맺을 나무인지 알아내기란 어렵다. 나무가 자라서 열매를 맺는 것을 보아야만 알 수가 있다. 병아리도 그렇다. 어릴 때는 암수가 너무나 똑같이 생겨서 암수를 구별하는 것이 보통 어려운 일이 아니다. 그렇다고 불가능한 것은 아니다. 수없이 많은 시행착오와 직간접의 경험은 전문적인 지식으로 정리되고, 그러한 전문적인 지식을 습득한 사람들은 얼마든지 가려낼 수가 있다. 그래서 필자는 네트워크 마케팅도 검토단계에서 분별하는 방법이 있을 것이라 믿고 찾아보기에 이르렀다.

먼저 네트워크 마케팅이 악용되고 있는 이유에 대해서 살펴보자. 네트워크 마케팅을 악용하는 사람들은 왜 사라지지 않고 자꾸만 생기는 것일까. 그 이유는 너무나 명백하다. 우선은 손쉽게 사업에 진입할 수가 있고, 다른 어떤 사업보다도 더 빨리 더 크게 목적을 달성할 수 있게 해주기 때문이다. 그야말로 기하급수적인 성장을 가져다주기에 그 유혹에 쉽게 현혹되는 것이다. 그 유혹은 사람의 마음을 훔치고도 남는 힘을 가지고 있는데, 돈이 바로 그 중심에 있기 때문이다. 그래서 사라지기는 어려운 존재이다.

꽃은 움직이지 않는다. 스스로는 꼼짝도 하지 않지만 산들바람이 불면 그때는 간직하고 있던 향기를 날려 보내서 곤충들을 불러 모은다. 벌과 나비들은 그 향기를 따라가면 꿀을 가질 수 있다는 것을 본능적으로 알고 있다. 그들은 스스로 꽃을 찾아 날아든다. 그래서 벌과 나비들은 꿀을 얻고 꽃은 수정이라는 목적을 달성한다. 서로 상부상조하는 것이다.

그러나 모든 꽃이 그런 것은 아니다. 나비와 벌과 같은 곤충들을 불러 모은 후 그들이 달콤한 꿀에 정신이 팔려 있는 사이에 쥐도 새도 모르게 잡아먹는 꽃도 있다. 끈끈이 주걱이나 파리지옥과 같은 식물이 바로 그들이다. 먹이활동을 하는 곤충들을 유혹하여 목숨을 빼앗는 꽃들은 분명 나쁜 식물들이다. 그들은 더 아름다운 색과 향기로 무장하고 있다. 그만큼 유혹이 강렬하다는 이야기다.

이제 파멸로 유혹하는 꽃을 구분하는 방법을 다시 한 번 살펴보도록 하겠다.

네트워크 마케팅의 위력은 가성비 좋은 제품력과 마케팅 플랜(보상 플랜)에서 나온다. 마케팅 플랜에 의해서 지출되는 비용은 보상과 동기부여라는 목적을 가지고 있다. 그 비용은 마중물이 되어 더 많은 생산(매출 증대)효과를 가져다준다. 유통 분야에서 사용되는 마케팅 비용은, 매출이 발생한 후 수익금 중의 일부분이 사용된다. 그래서 유통분야에서의 네트워크 마케팅은 효율적인 성과와 명분 그리고 안정성이 확보되어 있다.

복잡한 유통구조를 줄여서 그 혜택을 소비자들에게 주고 입소문으로 매출 증대에 기여한 사람들에게는 마케팅 플랜에 의거해서 발생한 수익금의 일부분으로 보상을 해준다. 보상을 받은 소비자는 생산소비자(프로슈머)가 된다.

그러나 노력하지 않고 쉽게 돈을 벌고 싶어 하는 사람들이 의외로 많다. 그러한 사람들의 욕구에 부응하는 네트워크 마케팅 회사가 많이 생겨나고 있다. 그들이 강렬한 향기를 풍기면 사람들은 스스로 몰려든다. 금융(펀드)과 가상화폐가 대표적이다. 고수익을 미끼로 사람들을 모으기만 하면 곧바로 수입을 챙겨준다. 인내하며 열매가 잘 익을 때까지 기다릴 필요가 없다. 빠른 수익(Quick Money)과 고수익(Big Money)의 유혹은 고생하지 않고 쉽고 빠르게 돈을 많이 벌고 싶어 하는 사람들의 심리와 맞아 떨어진다.

그러나 매우 위험한 일이 도사리고 있다. 금융이나 가상화폐에 적용된 네트워크 마케팅은 안전한 자산을 마케팅 비용으로 사용하고 있지 않다. 그들은 네트워크 마케팅으로 모은 자금을 펀드나 문화 컨텐츠 사업 등 다른 분야에서 수익을 발생시켜 배당이나 수당을 주겠다고 한다. 일반인들이 잘 알아듣지 못하는 전문용어를 동원하기도 하고, 유명한 연예인이나 유력한 정치인을 앞세워 사람들을 불러 모으기도 한다. 의심이나 불안감을 털어내고 안심을 시키기 위한 전략인 것이다.

금융이나 가상화폐로 하는 네트워크 마케팅은 매일같이 배당을 약속하거나 사람을 소개할 때마다 곧바로 수익을 챙겨준다. 고수익이면서 속도도 빠르다. 아주 매력적인 유혹이라 뿌리치기가 쉽지 않다. 하지만 네트워크 마케팅을 하기 위해서 사용하는 마케팅 비용이 어디에서 온 것인가는 반드시 살펴보아야 한다. 그 비용이 명분이 있고 투명해야 안전한 마케팅 자산이 될 수가 있다.

금융(펀드)이나 가상화폐를 취급하는 회사들은 수익사업으로 배당금이나 수당을 지급한다고 하지만 거의 모두가 '돌려막기'를 하고 있는 것이 현실이다. 다른 수익 사업으로 투자자들에게 약속했던 고수익을 남겨 주기란 결코 쉬운 일이 아니다. 그럼에도 불구하고 고수익으로 유혹을 하고 있거나 실제로 그렇게 지급하고 있기도 하다.

결국은 신규 투자자들의 돈이 매출이고 그 돈에서 배당금이나 수당을 지급하게 된다. 시한폭탄이 언제 터질지 모른다. 들어온 수입보다 마케팅으로 지출할 비용이 많아지기 시작하면 원금이 잠식되고 이윽고 파국을 맞이하게 된다.

고수익의 달콤한 함정 속에 있다가 본인도 모르는 사이에 임계점에 이르고 만다. 그때는 돌이킬 수 없을 정도로 때가 늦은 것이다. '쉽고, 빠르게 큰 수익을 내세우는 것'은 금단의 열매와 같다. 금단의 열매를 먹은 결과는 비참하기만 할 것이다.

유통에서의 네트워크 마케팅은 명분이 있다. 유통 경비를 절약해서 간접 수입이라는 혜택을 부여하고, 매출 증대에 기여한 생산소비자들과는 수익금의 일부분을 공유하는 것이다. 이렇게 유통에서의 네트워크 마케팅은 정당한 수익을 보장해 준다. 유통을 벗어난 네트워크 마케팅은 위험 요소가 너무 많다. 궤도를 벗어난 우주선이 캄캄한 우주공간을 날다가 한순간에 공중분해가 되는 것과 같다. 마케팅 플랜에 사용하는 비용이 어디에서 충당되고 있는가? 하는 문제를 파악해 본다면 일찌감치 떡잎을 통해서도 분별할 수 있을 것이다.

유통에서의 네트워크 마케팅 비용

공장도가:25±a		유통의 혁신으로 절약된 부분
	B : 유통경비 45±a	

B영역(절약된 유통경비)이 회사운영비와 네트워크 마케팅 비용으로 사용된다. 제품이 판매된 후의 수익금 이어서 확실성도 있고 명분도 있다.

금융(펀드) 및 가상화폐에서의 네트워크 마케팅 비용

경우1) 수익사업으로 마케팅 비용을 충당한다는 것은 말뿐이며 실제로는 돌려 막기 한다. 폭탄 돌리기와 같다.

경우2) 수익사업을 시도는 하고 있으나 마케팅 비용을 감당 못하여 결국은 자본이 잠식된다. 시한폭탄과 같다.

경우3) 수익사업으로 마케팅 비용을 충분히 충당한다. 이러한 경우는 0.1% 이하일 것이다. 아직은 찾아볼 수가 없다.

결론적으로 금융(펀드) 및 가상화폐로 사업을 하는 경우는 사람을 모으기 위해서 네트워크 마케팅을 이용하려는 것인데 원금 잠식 등으로 정상적인 경제활동이 이루어지기가 거의 불가능하다. 피해자들을 양산해서 나쁜 사례로 남게 될 것이니 검토 단계에서 차단하는 것이 현명한 일이 될 것이다. 마케팅에 사용할 비용에 대해 소명을 하거나 검증을 받도록 한다면 예방이 가능할 것이다.

　일부 몰지각한 사람들 중에는 제로섬 게임을 언급하며 유혹하기도 한다. 주식을 예로 들며 누군가 돈을 벌면 반대로 돈을 잃은 사람도 있다는 논리이다. 그러나 주식은 자발적 참여가 대부분이고 유혹을 하거나 사람을 고의적으로 함정에 빠트리지는 않는다.

　다이너마이트가 발명될 당시를 돌아보자. 건설현장에서 유용하게 사용되길 바랐지만 전장에서 사용되면서 살상도구로 악명을 떨치게 되었다. 네트워크 마케팅도 다이너마이트와 같은 폭발력을 가지고 있다. 네트워크 마케팅이 유통에서는 폭발적인 매출을 이끌어 수익을 발생시키지만, 돌려막기를 하는 금융(펀드)이나 가상화폐에서 이용된 네트워크 마케팅은 전장에서 사용된 다이너마이트만큼이나 많은 사람을 다치게 하고 말 것이다.

　마케팅 플랜에 사용하는 마케팅 비용이 어디에서 충당되고 있는가? 하는 문제를 파악해본다면 일찌감치 떡잎을 통해서도 분별을 할 수 있을 것이다. 마케팅 비용은 결국 수당으로 지불되는 돈이다.

누구나 할 수 있지만 결코 모두가
성공해서는 안 되는 이유

지금까지는 항상 긍정적인 이야기만 해왔다. 그러나 분명히 알고 가야 할 사실이기에 부정적인 이야기도 하기로 작정했다. 그래야만 오해 없이 올바른 자세로 임할 수 있을 것이라 생각되기 때문이다.

네트워크 마케팅 사업이 정말 좋은 사업이라고 하는데 성공하는 사람이 얼마나 되느냐고 질문하는 사람들이 있다. 심지어는 언론이나 정부 기관에서조차도 그렇게 생각하고 있다. 2020년 여름 공정거래위원회에서 만든 보도 자료를 소개해본다.

2020년 7월 15일자로 공정거래위원회에서 발표한 자료에 의하면 2019년도에 성공하는 사람은 1% 미만이며 이들은 연 6,400만 원의 수입을 가져갔다고 했다. 나머지 99%에 이르는 사람들은 평균 1인당 53만 원을 수령에 그쳤다고 발표했다. 이런 내용에는 수입의 대부분을 상위 1%가 가져가고 나머지는 들러리에 그치고 있다는 의미가 담겨 있다. 이러한 분석이나 시각에는 오해나 무지가 내포되어 있다. 가령 네트워크 공동체에 10만 명이 가입이 되어있다고 해보자. 그 회사의 매출은 10만 명이 발생시키고 있는 것이다. 네트워크 마케팅 회사와 아무런 관런이 없는 사람들이 매출을 올려줄 이유는 거의 없다.

그렇다면 10만 명이 매출을 올리고 10만 명이 수입을 가져갈 수가 있는가? 불가능한 일이다. 오히려 그런 일이 절대로 일어나서는 안 된다. 1%가 성공한다는 것도 결코 낮은 수치가 아니다. 100명 가운데 1명이 성공하게 된다면 99명이 1명의 수입을 보증해 줘야 한다. 99명이 손해를 본다면 그 역시 안 될 말이다. 99명이 수입은 없어도 제품을 비싸게 구입하거나 불필요한 제품을 억지로 구매를 하게 되는 피해를 입어서도 안 된다. 스스로가 선택해서 재구매를 해야 하는 것은 물론이고 수입이 없어도 피해를 입었다는 생각을 갖지 않을 수가 있어야 한다.

이렇듯 자발적으로 재구매를 하는 순수한 소비자가 많으면 많을수록 그 네트워크 마케팅 회사는 건전하고 건강한 것이다. 1%가 아니라 0.1%가 성공한다고 하더라도 나쁘지 않다. 나머지 사람들에게 피해의식을 심어주지 않았다면 그것이 더 가치 있는 일이 된다.

회원이 되었다고 해서 모두가 성공을 하거나 돈을 벌 수 있다고 한다면 그것이야말로 바로 피라미드 상법에서 유혹하려고 사용하는 수법인 것이다. 절대로 모두가 성공할 수도 없지만 성공해서도 안 되는 것이다. 몇 %의 사람이 성공하느냐를 따지는 일도 단순하게 생각해서는 결코 안 된다.

인천공항이 문을 열고 난 후 김포공항의 국제선 청사가 비어 있었던 적이 있었다. 그 자리에 네트워크 마케팅 회사가 입주를 한 적 있다. 그 회사 가입자는 4만 명이며, 그 가운데 1만 명이 억대 연봉자라고 했다. 그래서 그들은 매우 높은 성공률을 자랑스러워 했다.

그러나 필자는 그들의 허구를 일깨워 주었다. 1만 명에게 억대 연봉을 가져가도록 만들어 주는 사람이 누구인가? 1만 명 안에 들어가 있지 못한 나머지 3만 명인 것이다. 그렇다면 3명이 1명을 성공시키기 위해서 얼마만큼의 큰 희생이 있어야 하는가? 그것은 대단히 잘못된 것이다.

4명 가운데 1명이 성공하는 것보다는 100명 가운데 1명이 성공하거나, 200명 가운데 1명이 성공하게 되는 네트워크 마케팅 회사가 더 좋다고 판단할 수 있다. 그만큼 성공하기 어렵게 보일 수도 있지만 100명보다는 200명이 부담해야 되는 비용이 적기 때문이다. 부담해야 되는 비용이 많다는 것은 그만큼 제품 값을 더 많이 지불해야 하거나, 그들 가운데 누군가의 피해를 담보해야 한다는 것을 의미한다.

사람들은 누구나 할 수 있는 사업이라는 말을 누구나 성공하게 된다는 말로 듣는다. 사업을 누구나 시작(진입)할 수 있다는 말이지 노력과 상관없이 누구나 성공할 수 있다는 말은 절대로 아니다. 초등학교 입학은 누구나 할 수가 있다. 그러나 공부를 성공적으로 잘하느냐 못하느냐는 공부에 임하는 학생의 자세와 재능에 달려 있다.

네트워크 마케팅 사업도 역시 마찬가지이다. 누구나 할 수 있다는 말과 모두가 성공할 수 있다는 말에는 큰 차이가 있다. 네트워크 마케팅에서 결코 모두가 성공할 수도 없지만 결코 모두가 성공해서도 안 되는 사업이라는 사실도 반드시 알고 있어야 한다!

모두가 성공해서 돈을 벌 수 있다면 소(매출)는 누가 키우나(올리나)!

복제는 필수다
복제를 못하면
성공도 없다

복제를 모르면 네트워크 마케팅 사업을 했다고 말해서는 안 된다. 복제는 '고기를 잡아 주느냐 아니면 고기 잡는 방법을 가르쳐 주느냐' 하는 말 속에서 그 의미를 찾을 수 있다. 한 끼를 배부르게 하려면 고기를 잡아주고, 평생 배부르게 살도록 하려면 고기 잡는 방법을 알려 주라고 했다. 이미 오래전부터 많이 알려져 있고 평범한 이야기임에도 불구하고 실천하기가 쉽지 않다. 세 살 버릇 여든까지 간다. 자녀 양육에 있어서 모든 것을 다 해주다가 성장한 후 어느 날 갑자기 잡았던 손을 놓아버리면 갑작스럽게 바뀐 환경에 적응하기 어려워 할 수도 있다. 섭섭하고 버림받은 느낌도 가질 수 있다. 그래서 눈에 보이지 않는 불만이 쌓여서 관계가 틀어질 수도 있는 것이다.

좋은 습관은 저절로 생기지 않는다. 이는 근육이 저절로 생기지 않는 것과 같은 이치이다. 근육도 꾸준하게 반복하여 운동을 해주어야 생기듯이 좋은 습관도 마찬가지이다. 어릴 때 좋은 습관을 갖도록 지도를 하지 않으면 나이를 먹어서도 좋은 습관을 가지기는 어렵다. 고기 잡는 방법도 초기에 가르쳐 주어야 한다.

필자는 닉 부이치치를 대중 속에서 만난 적이 있다. 그는 두 다리와 두 팔이 없다. 다리 없이 왼쪽 발만 조금 기형적으로 존재한다. 그는 분명 타인의 도움 없이는 아무것도 할 수 없는 사람이다. 음식을 먹는 일, 옷을 입거나 벗는 일 등 어느 것 하나라도 정상적으로 할 수 있는 것은 없다. 그러나 손으로 해야 할 일을 손이 없어도 하고, 발이 있어야 할 일을 발이 없어도 잘만 하고 있다. 그런 그를 두고 많은 사람들은 닉 부이치치가 정말 대단하다고 생각한다. 그가 초인적인 힘을 가지고 있어서일까.

보통 사람과 달리 그에게서 경이로운 힘이 느껴지는 것은 사실이다. 그래서 그의 행동과 말에 감동하고 열광한다. 그에 비하면 우리는 많은 것을 가지고 있다. 그런데 지금 무엇이 없어서 하고 싶은 일을 못하고 있는 걸까?

닉 부이치치는 분명히 감동적인 인생의 주인공이다. 하지만 그의 뒤에 진정한 주인공이 있다. 그의 부모님이다. 목사인 아버지와 목회를 돕는 어머니는 지극 정성으로 보살펴 주었고, 그 사랑으로 성장하게 된 닉은 오늘날 수없이 많은 사람들에게 꿈과 희망을 심어주는 전도사가 되었다.

닉 부이치치의 부모님은 아들에게 매일 같이 고기를 잡아 주진 않았다. 아들에게 고기 잡는 방법을 가르쳐 주었다. 닉이 때로는 고통스러워하고 때로는 울부짖어도, 스스로 고기를 잡을 수 있을 때까지 교육하기를 절대 포기하지 않았다. 만약 부모가 사지가 없는 아들을 스스로 할 수 있는 사람으로 만들지 못했더라면 어떻게 되었을까? 닉 부이치치에게는 암울한 미래만 기다리고 있었을 것이지만, 부모의 눈물 젖은 기도와 노력, 아들의 피땀 어린 노력이 그들 모두에게 행복을 가져다 준 것이다.

네트워크 마케팅에서도 이러한 법칙은 동일하게 적용된다. 복제는 고기 잡는 방법을 가르쳐 주는 것이다. 복제가 잘되면 복제를 하려는 사람과 받는 사람 모두 행복해진다. 즉 사업가와 소비자 모두에게 만족하는 결과가 생겨난다. 제품을 사용하는 소비자와 돈을 벌려고 하는 사업가의 차이는 엄연히 존재한다. 사업가는 능동적이고 적극적이지만 소비자는 수동적이고 소극적인 면이 강하다. 사업가는 어려운 일을 당하게 되면 도전 정신이 발동하지만, 소비자는 그럴 때마다 불평과 불만을 먼저 쏟아 낸다. 사람으로서 정체성은 동일할지라도 갖고 있는 생각이나 입장의 차이에 따라서 바라보는 시각이 다르고 반응하는 방법도 다르다. 소비자는 돈을 사용하는 사람이고, 사업가는 돈을 벌어들이려는 사람이다. 정반대 위치에 있는 사람이 동일한 생각과 행동을 하도록 만드는 일은 결코 쉬운 일은 아니다. 그러나 노력하면 가능한 일이다. 닉과 그의 부모님처럼!

네트워크 마케팅에서 복제에 성공했다면 네트워크 마케팅이 가지고 있는 혜택을 모두 누릴 수 있게 될 것이다. 복제된 사람이 또 다시 복제에 성공을 하게 된다면, 사업의 성장은 모소대나무가 자라듯 성장할 것이고, 그 이후에는 그만둘 수도 없게 된다. 당연히 좋은 의미이다. 탄탄한 성공의 길을 달리게 된다는 의미이다.

복제에 성공하면 직장인들이 1년 동안 벌어들이는 수입을 한 달 만에 벌 수도 있고, 평생 벌어야 될 수입을 매월 벌어들일 수도 있다. 또 장기간 세계 일주 여행을 하고 돌아와도 통장에는 돈이 들어와 있을 것이고. 혹시 병원에 입원하여 치료를 받고 있어도 수입은 발생할 것이다. 그리고 정년퇴직이라는 것이 없다. 평생 혜택을 누리고 상속이 가능하다. 물론 이 모든 혜택은 복제된 사업가들이 있을 때 가능하다.

반면에 복제하지 못한 사람에게는 일하는 것이 바쁘고 힘든 것에 비하여 수입은 크지 않을 것이다. 사정이 생겨 일을 하지 못하게 되는 순간 수입도 끝이 난다.

결국은 네트워크 마케팅 사업에서 실패를 하게 되는 것이다. 네트워크 마케팅 사업에서 성공했으나 중간에 그만두었다고 말하는 사람은 복제에 실패한 것이다. 복제를 하지 못했다면 실패를 이룬 것이다!

네트워크 마케팅의
비법(Know How)

네트워크 마케팅은 비밀스러운 내용을 가지고 있다. 그 비밀스러운 이야기는 사업을 성공하도록 만들어 주는 노하우(비법)이기도 하다.

라이프 스타일(Life style) 판매

제품 판매가 아닌 라이프 스타일을 판매하는 것이다. 제품을 판매하는 것은 어려워도, 제품을 사용하도록 만드는 일은 어렵지 않다.

(1) 매일같이 제품을 애용한다!

체험을 통하여 확신을 갖게 해주는 과정이다. 가능하면 모든 제품을 사용하는 것이 좋다.

[체험을 통해 확신을 얻는 과정]

(2) 애용하는 이유를 설명한다!

궁금증이나 호기심 그리고 호감을 갖게 된 사람들에게 애용하는 이유를 설명한다! 스토리텔링을 하듯이 설명을 하되, 지식이나 이론보다는 체험에서 얻은 감동이나 확신을 전달하도록 한다.

지성적인 채널보다는 감성 채널에서의 반응이 훨씬 빠르게 나타난다. 생산소비자에 대한 개념을 알려준다. 사람은 정보를 입수하는 채널이 두 가지가 있다. 이성적이고 지적인 측면이 있는가 하면 감성적이고 감동적인 측면이 있다. 당연히 후자를 선택하는 것이 유익하다.

[추천이 이루어지는 과정]

(3) 당신도 나처럼 하면 된다!

감동적이거나 희망적인 이야기에 '나도 당신처럼 하고 싶다! 내가 어떻게 하면 되느냐'라는 반응이 생긴다면 당연히 나처럼 하면 된다고 알려 준다. 결실을 맺을 수 있는 중요한 순간이다. 타이밍을 지나쳐버리지 않도록 주의할 필요가 있다.

제품에 대한 확신과 네트워크 마케팅 사업에 대해 비전을 확실히 볼 수 있도록 과정을 이끌어 준다.

[복제로 이어지는 과정]

복제의 위력

(1) 3+4 =7 - 산술급수. 소량판매. 즉 세일즈, 방문판매 등이다.

(2) $3^2+4^2 =5^2$ - 기하급수. 대량판매. 즉 경영, 조직 관리이다.

모든 사람들에게 성공이나 행복을 추구하는 생각의 씨앗이 있다. 그

씨앗이 숫자에도 있다. 씨앗은 분신을 만들어 낸다. 그 분신은 각 숫자에 제곱(^{2})으로 나타난다. 사과 속에 있는 씨앗이나 계란에서 닭 울음소리를 들을 줄 알아야 한다. 그래야 복제의 묘미를 이해할 수가 있다.

복제는 다음의 2장을 점검하고 실천하면 된다.

배(Ship)

(1) 배는 안전한 항구에 머물러 있으라고 만들어진 것은 아니다.

잔잔한 바다이든 풍랑이 이는 바다이든 늘 도전하며 목적지를 향해 나아가도록 만들어진 것이 배이다.

(2) 배가 나아가는 방향을 결정하는 것은 바람(환경)이 아니라 돛이다.

뒤에서 부는 순풍만이 배를 앞으로 나아가게 하는 것은 아니다. 옆에서 바람이 불거나 앞에서 세차게 바람이 불더라도 배는 앞으로 나아갈 수가 있다. 그것은 돛의 모양에 달려 있는 것이다. 돛을 잘 사용하면 환경 즉 바람이 부는 방향과는 상관없이 목적지를 향해 나아갈 수가 있다. 돛은 태도(Attitude)를 가리킨다.

차(Car)

(1) 자동차는 매우 유용한 교통수단이다.

우선은 시간을 절약해 주고 그다음은 편안하게 이동할 수 있도록 해준다. 그러한 혜택을 누리려면 사용을 잘해야 한다.

(2) 과속은 금물이다.

자동차 사고 가운데 사람을 해치는 치명적인 사고는 과속에 의해서 발생한다. 그다음은 서투른 운전 솜씨 때문일 것이다. 네트워크 마케팅도 태생적으로 보다 빠른 소득 창출을 가져다 줄 수가 있다. 그러나 과욕을 부려서는 안 된다. 직급 달성이나 수당을 받기 위해서 보상 플랜이 요구하는 기준을 노력으로 달성해야 한다. 성급한 마음에 인위적으로 달성을 하려 한다면 틀림없이 나쁜 결과를 초래할 것이다.

노력이 아닌 돈으로 직급을 달성하려 한다면 1년 이상 소요될 것을 단 1개월에도 달성은 할 수는 있을 것이다. 그러나 그렇게 하는 것은 곧 불평과 불행을 안겨 줄 것이다. 과속하다 사고를 낸 것처럼……

하루에 벽돌 한 장씩만이라도 쉬지 않고 쌓는다면 성은 만들어진다. 그렇게 매일같이 착실하게 한걸음씩 앞으로 나아가는 것이 좋다. 모소 대나무가 때가 되면 급속도로 자라듯이 그렇게 성장하게 된다. 과속 운전도 무면허 운전도 해서는 안 된다.

(3) 교통 법규를 잘 지켜야만 안전운전을 보장 받을 수가 있다.

원칙이나 회사가 요구하는 규정을 잘 지켜야 한다. 차량을 불법으로 튜닝을 해도 안 된다. 그것이 사고를 유발할 수도 있다. 즉 실적을 인위적으로 조작하지 말아야 한다.

수당을 받거나 직급을 달성하기 위해서 실적을 조작한다면 N가에 영향을 주어 회사나 타인에게 해를 끼칠 수도 있고, 더욱 큰 염려는 파트너들이 본받아서 복제가 된다는 사실이다.

그렇게 되면 산하에 요령주의 자들만 생기게 되어 조직이 성장하기 어렵다. 모두가 노력을 하기보다는 요령으로 수당을 받기 위해 혈안이 되는 병에 걸리고 말 것이다. 법규를 준수하며 안전 운전을 해야 한다.

선풍기(Electric Fan)

선풍기는 절대로 혼자서 스스로 돌아가지 않는다. 플러그를 전원 코드에 꽂아야만 에너지를 공급받아 시원한 바람을 내면서 선풍기는 돌아가게 된다.

네트워크 마케팅 사업에서 전원은 교육 시스템이다. 바로 그 시스템에 플러그인(Plug In)해야 전기와 같은 에너지가 공급되어 비즈니스 세계가 운행된다.

네트워크 마케팅은 교육으로 하는 사업이다. 고정관념을 깨고 복제를 하기 위해서는 교육만 한 도구가 없다.

NETWORK MARKETING

2장

네트워크 마케팅 이렇게 하면 성공한다

성공을 부르는 태도(Attitude)

　네트워크 마케팅 사업을 성공적으로 하기 위해서는 네트워크 마케팅이 무엇인지를 알아야 하고 비전도 확실하게 알아야 한다. 네트워크 마케팅의 원리와 장점도 잘 파악하고 있어야 설득력을 갖출 수가 있다. 사람들의 오해나 편견을 뛰어넘으려면 무엇보다도 본인이 먼저 확신을 갖는 것이 중요하다. 그러한 확신은 직, 간접 경험과 지식에서 주로 얻게 된다.

　네트워크 마케팅을 어떻게 해야 하는지 방법도 알아야 한다. 방법을 모른 채 덤빈다면 틀림없이 시행착오를 겪게 되어 있다. 고생만 하다가 그만두게 되거나, 지름길을 두고 한참을 돌아가야 하는 일을 경험하게 될 것이다.

　네트워크 마케팅 사업의 흐름은 확신 → 추천 → 복제와 같은 순서로 이어진다. 이것은 네트워크 마케팅 사업의 라이프 스타일(Life Style)로 나타난다. 앞서 네트워크 마케팅은 제품을 판매하는 것이 아니라 라이프 스타일을 판매하는 것이라고 언급을 한 적이 있다. 여기서는 좀 더 자세하고 명확한 방법을 소개하고자 한다.

　이제부터 성공으로의 여행을 시작해 보자. 성공으로 가는 여정에서 어떤 일들을 만나게 될지는 모르지만 절대로 겁먹지 말기 바라며, 어려움을 만나게 되면 자신의 능력을 테스트해 보자. 어려운 장애물이나 복잡한 난제를 해결했을 때의 희열과 성취감은 무엇과도 바꿀 수 없을 만큼 값진 것이 될 것이며 충분히 보상받을 것이다. 그리고 끝까지 살아남는 자가 이기는 자임도 명심하자.

올바른 태도

S = GA. 성공(Sucess)은 목표(Goal) × 태도(Attitude)에서 온다. 목표를 세우고 그 목표를 이루려는 좋은 태도는 곧 성공을 가져다 준다. 태도는 떡잎이다. "될성부른 나무는 떡잎부터 알아본다"라는 옛말이 있다. 좋은 떡잎이 거대한 나무로 자라듯 좋은 태도가 큰 성공을 가져다준다.

그렇다면 어떤 태도가 필요할까?

① 목표 지향적인 태도가 필요하다.

'정신일도 하사불성'이라 했다. 정신을 통일하면 못 이룰 일이 없다는 말이다. 하고자 하는 일에 집중해야 한다.

옛날 어떤 백성이 너무나 성공하고 싶어서 왕을 찾아가서 어떻게 하면 성공할 수 있는지 방법을 알려달라고 간청을 했다. 왕은 컵에 물을 가득 채운 후 한 방울도 흘리지 말고 도시외곽을 한 바퀴 돌아오면 가르쳐 준다고 했다. 백성은 시키는 대로 했다. 하루 종일 물컵을 들고서 조심조심 도시를 한 바퀴 돌아 왔다. 왕이 물었다. 중간 중간에 무엇이 있었고 무슨 일이 일어났는지 아느냐고. 당연히 그 백성은 알 턱이 없었다. 물을 흘리지 않기 위해 물컵에만 집중하느라 주변의 일들은 볼 수도 들을 수도 없었던 것이다. 왕은 너털웃음을 웃으며 바로 그것이 성공 비결이라고 말했다. 즉 성공의 비결은 주변 상황에 개의치 말고 몰입(집중)하는 것이다.

② 매사에 적극적이고 긍정적인 자세가 필요하다.

소극적이거나 부정적인 자세로는 성공할 수가 없다. 역사는 긍정적인 사람들이 만들었고 미래 역시 그들의 몫이다. 매사에 능동적이고 긍정적인 사람에게 운명의 여신은 미소 지을 것이다.

③ 소중한 것부터 먼저하고 안 되면 되도록 하겠다는 의지가 필요하다.

별로 중요하지 않은 일에 마음을 빼앗기거나 시간을 낭비해서는 안 된다. 모든 일에는 우선순위가 있다. 중요한 일이 무엇인지 잘 파악해서 실천하는 태도는 매우 중요하다.

④ 슬럼프는 극복하기 위해서 있는 것이다.

슬럼프는 극복하기 위해서 있는 것이다. 극복하면 오히려 실력이 한층 더 성장한다. 고생 끝에 낙이 온다. 고생이 끝나야 성공할 수 있다는 사실을 잊지 말자. 슬럼프 극복에는 멘토와의 상담, 교육 참석, 자기 동기부여가 해법이다.

⑤ 모든 문제는 자신에게서 찾으려는 태도가 필요하다.

타인에게서 찾는다면 문제 투성이가 될 것이며 답은 찾을 수도 없을 것이고, 길을 잃고 말게 될 것이다. 타인에게서 문제를 찾아 해결하려면 수천 수만 가지 이상의 문제가 도사리고 있게 된다. 그 많은 적들을 어떻게 상대할 수가 있겠는가. 자기 자신에게서 찾으면 '자기 자신'이라는 한 가지 문제만 해결하면 된다. 변명이나 자기 합리화는 절대 금물이다.

⑥ 불광불급(不狂不及)의 태도가 필요하다.

미치면 미치고 못 미치면 못 미친다. 즉 일에 미치면 이루고, 못 미치면 못 이룬다. 일을 일처럼 하지 않고 취미 생활처럼 한다면 결코 성공하지 못할 것이다. 직장 생활하는 것만큼만 노력을 해도 성공할 수가 있다.

사람은 자고로 살면서 세 번은 미쳐 볼 기회가 있다. 첫 번째는 공부할 때, 두 번째는 사랑할 때, 세 번째는 일할 때이다. 마지막으로 기회가 단 한 번 남아 있다면 하루라도 늦기 전에 미쳐 보아야 하지 않을까.

⑦ 적을 만들지 말고 모든 사람을 친구로 만드는 자세가 필요하다.

화가 난다고 벌통을 걷어차는 일은 없어야 한다. 벌통을 걷어차고 싶다면 꿀은 먹을 생각하지 말아야 한다.

⑧ 실패에서도 배운다는 마음가짐이 필요하다.

넘어지면 일어서면 된다. 넘어진 사람이 선택해야 할 일은 일어서는 것이다. 그렇게 자기의 뇌에다 입력하면 된다. 현자는 실패에서 더 많은 것을 배운다고 한다.

⑨ 자기에게 포상하는 여유가 필요하다.

성취한 후 자기 스스로에게 포상하라. 포상은 그동안 갖고 싶었던 물건일 수도 있고, 음식일 수도 있고 여행일 수도 있다. 포상은 삶에 활력과 풍요를 더해 줄 것이다.

⑩ 자기 암시가 필요하다.

Self Motivation과도 같은 의미이다. 스스로를 격려하고 자신감을 불어넣어 줘야 한다. S=VI, 성공(Sucess)는 Vivid(생생한) × Imagenation(상상력)이다. 성공한 미래의 모습, 성공한 모습을 생생하게 상상한다. '나는 할 수 있다!' '해내고야 만다!' '안 되면 되도록 한다!' 등과 같은 말로 자신에게 스스로 동기부여를 주는 것이다. 역시 자신의 뇌에 입력한다.

⑪ 즉시 실천(Do it now)하는 태도가 필요하다.

모든 일은 바로 바로 실천하자. 한번 미루게 되면 끝없이 미루게 된다. '히말라야 새'의 이야기가 큰 교훈이 된다. 희말라야 새는 조상대대로 집을 짓지 못하고, 지금까지 살아오고 있다고 한다. 밤이 되면 심장도 얼어 버릴 것만 같은 추위가 엄습을 해서, 내일이면 집을 짓겠다고 다짐을 해보지만, 날이 밝아 따사로운 햇살에 얼었던 몸이 녹기 시작하면 언제 그랬냐는 마음으로 돌아간다고 한다. 이를 수천 년 전부터 조상 대대로 반복하고 있어 지금까지도 집을 짓지 못하고 있다는 것이다.

미루는 습관을 가진 사람에게는 내일은 돌아오지 않는다. 내일은 내일일 뿐이다. 내일은 오늘이 될 수 없으니 오늘 할 일은 반드시 오늘 해야 한다. 이러한 원칙을 갖는 것이 좋은 태도이다.

⑫ 성공하기 위한 세 가지 마음이 필요하다.

그 세 가지 마음이란 초심과 열심과 뒷심이다. 시간이 지나고 상황이 변하더라도 초심을 잃지 않도록 하는 것이 중요하다. 현재는 열심히 살아야 하고, 힘들거나 지쳐 있을 때는 뒷심이 필요하다. 초심은 열정을 가져다 주고 열심은 성장을 이끌 것이며 뒷심은 끈기를 가져다준다. 승부는 뒷심이 발휘되는 결승점에서 판가름 난다.

⑬ 정직한 마음이 필요하다.

정직은 나중에 일을 한다. 처음에는 손해를 보는 것처럼 보이지만 훗날 이익을 가져다 주는 것이 정직이다. 정직은 가장 큰 자산이 되어 줄 것이다.

플러그인(Plug In)

    교육 시스템에 빠짐없이 참석하는 것을 말한다. 모든 교육에 참석하는 것을 원칙으로 정하는 것이 좋다. 누군가를 초대하고 못하고는 상관없이 항상 혼자서라도 교육에 참석하는 행동이나 습관을 갖는 것은 매우 중요하다. 그것만으로도 성공의 자격은 갖춘 셈이다.

    모든 교육에 플러그인 해야만 에너지도 공급받고 복잡한 비즈니스의 실타래도 풀 수 있다. 실타래를 잘 풀려면 실마리를 잘 잡아야 한다. 추천과 복제의 실타래를 풀 수 있는 실마리는 교육에서 발견할 수 있다. 특히 교육에 플러그인 하는 습관을 파트너에게 복제되도록 하는 것이 가장 효율적인 복제이다. 또한 바람직한 미래를 만들어 준다. 교육 시스템이 아직 없는 회사라면 더욱 좋은 기회일 것이다. 본인이 직접 만들어서 하면 된다. 개척자로서의 어려움은 있겠지만 그만큼 보상도 클 것이다.

로드맵(Road Map)

로드맵에 따라 실천을 해야 한다. 로드맵은 실천해 나가는 방향을 가리키는데, 9가지 원칙으로 분류해서 설명하려 한다. 이것이 바로 네트워크 마케팅 사업의 How(방법)이며 이러한 방법을 실천해서 경험이 쌓이면 그것이 곧 Know How(노하우)가 된다.

9가지 주요 항목을 원칙이라고 한 것은 법처럼 지켜야 한다는 필자의 의지를 담은 것이다. 막연하게 대충 취미생활 하듯이 해서는 안 된다. 제품판매에 집중하는 등 주먹구구식으로 해서도 안 된다. 9가지 원칙을 잘 숙지하여 꼭 실천하길 권유한다. 단, 순서에 너무 연연할 필요는 없다.

네트워크 마케팅 사업을 위한 9가지 원칙

1원칙 **점검(Self Check)**

(1) 자기 점검

경제적인 자립을 이루어 원하는 삶을 살겠다는 꿈이 있음에도 불구하고 자본금이라는 벽에 부딪혀서 좌절하고 있는 사람이라면, 그래서 비빌 언덕이 필요한 사람이라면 "유레카"라고 외칠 일이 있다. 바로 네트워크 마케팅이다.

노후나 미래의 경제를 위해 아직 못다 한 일이 있다면 기회가 있을 때 무슨 수를 써서라도 해야 한다. 반드시 해야 할 의지가 있다면 자기 내면에 잠자고 있는 거인을 깨워야 한다. 사람의 의식은 10분의 1만큼이 사용되고 있고 나머지 90%는 잠자고 있다. 그 잠자고 있는 의식을 무의식 혹은 잠재의식이라 일컫는다. 현재의 '내'가 10%이고, 내 안에서 잠자고 있는 잠재의식은 9배나 큰 90%이다. 그러니 현재의 나보다 아홉 배나 큰 거인이 그냥 잠자고 있는 것이다. 그 거인은 게으르기 짝이 없고 고집 또한 둘째가라면 서러워 하는 존재일 수도 있다. 그러니 인정사정 봐주지 말고 깨워야 한다.

잠재의식을 깨우려면 현재의 '나'를 점검해 보아야 한다. 점검하는 과정에서 그 정체가 서서히 드러나게 될 것이다. 그 거인이 잠에서 깨기만 한다면 분명히 나를 변화시켜 줄 것이며, 나의 부족한 부분을 채워줄 것이다.

다음의 질문에서 '나'와 '잠자는 거인'을 찾을 수 있기를 우리는 고대해야 한다.

나는 누구인가?

현재의 '나'는 내가 바라던 사람인가?

현실에 만족하는가?

나의 자랑은?

나는 목표한 일을 성취해 본 적이 있는가?

지금까지 했던 일 중에 내가 가장 잘한 일은?

나의 경쟁력은?

내가 가장 잘할 수 있는 것은?

나에게 열정은 있는가?

나는 돈을 필요한 만큼 가지고 있는가?

나의 가장 행복했던 때는?

나는 결단력은 있는가?

나에게 시간은 많은가?

나에게 아직 희망은 있는가?

나에게서 꼭 하나를 버려야 한다면?

나에게 꼭 있어야 할 것이 하나 있다면?

인생은 미완성이다! 어느 누구도 완성을 했다고 마침표(.)를 찍을 수 있는 사람은 없다. 그래서 마지막 결승선을 통과할 때까지는 포기하지 말고 끝까지 달려야 한다.

세익스피어 이후 최고의 극작가로 평가받는 버나드 쇼의 묘비명을 되새겨보자.

"우물쭈물 하다가 내 이럴 줄 알았다."

우물쭈물하다가 인생을 그냥 흘려보내서는 안 된다. 하고 싶은 일이 있으면 망설이지 말고 당장하라. 안 그러면 후회한다. 버나드 쇼의 충고이다.

강철왕 카네기와 나폴레옹 힐의 만남은 너무나 유명한 이야기다. 억만장자인 칠십대의 카네기와 법률가를 꿈꾸는 가난한 대학생인 나폴레옹 힐과의 만남은 운명적이었다. 카네기는 성공한 사람으로서 부자가 되는 것도 이유가 있을 것이라고 믿고 있었다. 그래서 부의 법칙에 대해서 연구할 것을 제안했고 나폴레옹 힐은 망설임 없이 흔쾌히 그 자리에서 수락을 했다. 이후 나폴레옹 힐은 자신의 젊음과 열정으로 부자들의 성공요인을 알아내어 많은 사회적 공헌을 하기에 이르렀다. 결론을 내려보자면 부자가 되는 것도 이유가 있는 것이고, 반대로 부자가 못되는 것도 이유가 있다는 것이다.

스스로가 마음에 들지 않는다면 재건을 해야 한다. 재건을 하려면 스스로를 먼저 허물어야 한다. 파괴는 건설의 아버지고, 실패는 성공의 어머니라 했다. 나를 파괴해 보는 것이다. 나를 로봇으로 생각하고 기계 부품을 다 분해하듯이 낱낱이 분석을 해볼 필요가 있다.

나의 나다움 혹은 내가 바라는 나다움을 방해하고 있는 요소는 무엇인가? 그것이 게으름이거나, 소극적인 성격이거나, 부정적인 성격이거나, 쓸모없는 일에 쏠리는 관심이라면 소모된 부품을 버리듯 쓰레기통에 버려야 한다. 나를 나답게 재정립해 볼 필요가 느껴진다면 그렇게 분석과 분해부터 해서 버릴 것은 과감히 버려야 한다.

누구도 가르쳐 주지 않은 진실이 있다. 신은 사람을 성격대로 사용한다는 사실이다. 성격은 타고난다고들 한다. 그래서 타고난 성격을 천성이라고 부른다. 천성은 바꾸기가 무척 어렵다. 하지만 천성을 대신할 수 있는 제2의 천성이 있다는 사실에 주목할 필요가 있다. 제2의 천성은 곧 습관이다. 습관은 타고나는 것이 아니라 후천적으로 얼마든지 만들 수 있다. 행동을 반복하다 보면 습관이 된다. 우리가 좋은 습관을 만들어 가진다면 운명도 미래도 바꿀 수가 있다는 사실에 주목해 보자.

자신의 현실이 만족스럽지 못하다면 부족한 부분을 채워야 한다. 신은 공평하게도 어느 누구에게도 원하는 것 모두를 주지는 않았다. 인간에게는 선과 악처럼 두 개의 양심이 주어졌듯이, 두 개의 그릇이 주어져 있다. 하나는 신이 채워준 것(타고난 재능)이고, 나머지 하나는 살아가면서 본인이 채워야 하는 그릇이다. 그 그릇을 아직도 채우지 못했다면 채워야 할 내용이 무엇인지 파악해야 한다. 그리고 채우겠다는 목표를 세워야 한다. 그 그릇을 채워야 하는 가장 빠른 때는 바로 지금이다.

현재의 나는? 마침표(.)일까 진행 중(~ing)일까? 풍랑이 무섭다고 배가 항구에만 정박해 있으면 안 된다. 안전한 항구에만 정박해 있으라고 만들어지지 않았기 때문이다. 배는 거센 파도를 가르며 항해를 해서 목적지까지 가라고 만든 것이다.

인생도 마찬가지이다. 안전한 곳에 안주해 있으라고 인생이 주어진 것이 아니다. 항해에 나서고 도전해야 인생이다. 혼탁한 탁류에 떠내려가는 것은 죽은 물고기이다. 살아 있는 물고기는 절대로 그냥 떠내려가지 않는다.

현재에 만족하지 못하거나 자신이 마음에 들지가 않는다면 바로 오늘부터 변화가 필요하다. 당장 오늘부터 '나'를 바꿔줄 수 있는 변화를 선택해야 한다. 오늘은 어제의 결과이고, 오늘은 내일이라는 미래를 만드는 발판이기 때문이다. 현재와 다른 내일을 꿈꾼다면 당장 오늘부터 달라져야 한다. 꿈이 없다면, 지금 바로 찾아야 한다.

(2) 사업 점검

회사(오너)와 아이템 그리고 보상 플랜에 대해서 점검을 해보아야 한다. 우선 검토해야 할 대상은 회사다. 회사는 설립자나 경영자의 가치관과 경영 능력이 무척 중요하다. 세상의 일반적인 스펙이 뛰어난 사람보다는 겸손하고 진솔하며 경청할 줄 아는 사람이 좋다. 동반자나 동업자 정신을 가진 사람이면 더욱 좋다. 게다가 네트워크 마케팅을 잘 이해하고, 운영할 수 있는 능력이 있는 사람이라면 적격일 것이다.

다음은 아이템을 검토해 보는 일이다. 입소문이 날 만하고 재구매가 될 만한 아이템인지를 점검해 보아야 한다. 다음은 소비 사이클이다. 소비 사이클이 얼마나 되는지를 따져 보아야 한다. 소비 사이클이 길거나 내구재인 경우는 잘못될 위험 요소를 많이 가지고 있다. 소비 사이클은

30일 이내가 좋은데 서로 보완이 될 아이템들이 복합적으로 어우러져 있어도 좋다.

보상 플랜도 검토해 보아야 한다. 합리적이며 실현 가능한 것인가를 염두에 두고 살펴보아야 한다. 보상 플랜은 어떻게 수입이 만들어지는지를 알려 주는 정보라 할 수 있다. 수당 발생이나 승급 조건에 대해서도 알려 준다. 합리적인 보상 플랜이란 열심히 노력한 사람에게 노력한 만큼의 혜택이 주어지도록 만들어진 것이다. 노력하지 않은 사람과는 분명히 차이가 있어야 한다. 등록 순서가 아니라 누구든지 노력과 능력에 따라 성공할 수 있어야 한다. 실현 가능성이란 특별하지 않은 보통 사람에게도 성공의 기회가 주어지는 것을 말 한다.

또한 보상 플랜에 사용하는 경비가 어디에서 오는지는 반드시 점검을 해 보아야 한다. 보상 플랜에 적용되는 마케팅 비용이 명분과 정당성 그리고 안정성이 있는가에 대해 신중하게 검토해야 한다.

꿈이 있어야 성공한다. 꿈은 성공의 씨앗이다. 꿈을 잃어 버렸다면 찾아야 하고 없어져 버렸다면 다시 만들어야 한다. 꿈이 없는 사람은 결코 성공을 얻을 수가 없다. 꿈이나 성공을 돈 주고 살 수는 없을까? 얼마를 줘야 할까? 꿈의 크기에 따라 값은 달라질까? 귀중한 것일수록 값이 많이 나가듯이 큰 꿈은 엄청 비쌀지도 모른다. 하지만 안타깝게도 꿈이나 성공을 돈으로 살 수는 없다.

다행스럽게도 꿈이나 성공을 손에 쥐고 태어난 사람도 없다. 모두가 맨손으로 태어나서 맨손으로 시작한다. 머리로 생각하고 마음으로 품으면서 발로 뛴다. 머리에서 가슴으로 가슴에서 발로 이어지는 여정의 시간을 최대한 줄여야 한다. 이 여정을 한순간에 끝내는 사람이 있는가 하면 한평생을 소요하고도 마치지 못하는 사람도 있다.

꿈이야말로 인간에게 거져 주어진 신의 선물이고 인간만이 누릴 수 있는 특권이다. 꿈은 곧 우리가 얻으려는 미래이며, 성공의 출발이다. 낙락장송도 그 근본은 한 알의 씨앗이었다. 꿈은 우리들 마음속에 한 알의 씨앗이 되어 존재한다. 그래서 꿈을 키우라고 한다. 꿈이 없다면 당장 리빌딩(Rebuilding) 해야 한다.

꿈에 대한 우화와 같은 이야기를 소개하고자 한다.

창조주이신 하나님(God)이 인간과 소와 개 그리고 원숭이를 불러 앉혀 놓고 과제를 내 주었다.

하나님: 너희들에게 각각 30년씩을 줄 테니 어떻게 살 것인지 계획을 세워서 보고하라고 명하셨다.

(인간과 소와 개 그리고 원숭이는 열심히 계획을 세우느라 끙끙댔다. 그러던 중에 소가 손(앞발)을 들었다.)

소: 하나님! 저 질문 있는데요?

하나님: 그래 무슨 일인지 말해 보거라!

소: 30년을 반드시 다 살아야 하나요?

하나님: 아니 무엇 때문에 그러느냐?

소: 저 아무리 생각을 해봐도 30년은 너무 긴 것 같아요.

하나님: 왜 그렇게 생각하느냐?

소: 하나님 생각해 보세요. 저는요. 동트기 무섭게 들에 끌려나가 해가 질 때까지 하루 종일 일만 하잖아요. 일평생을 그렇게 살아야 한다구요. 어디 그뿐인가요? 죽어서도 살은 살대로 가죽은 가죽대로 심지어는 뼈는 뼈대로 먹어치우니 전 죽어서도 뼈를 못 추리잖아요. 고달픈 소생은 아무리 오래 살아도 고통만 따를 뿐이지 희망이 없어요. 그러니 절반인 15년만 살게 해주면 안 되나요?

하나님: 듣고 보니 딱하기도 하구나. 그럼 15년만 살거라!

(소에게서 15년을 반납 받았다.)

개: (이번엔 개가 손을 든다) 저요!

하나님: 너는 무슨 일이냐?

개: 하나님 저도 소처럼 15년만 살면 안 될까요?

하나님: 왜 그러느냐? 너는 소처럼 뼛골 빠지게 맨날 일만 하는 것도 아

니고 낯선 사람 오면 왕왕 짖어 집만 잘 지키면 되지 않더냐……?

개: 하나님. 집 지키는 일은 창살 없는 감옥 생활과 같다구요! 평생 주인 눈치만 살피면서 30년 동안 우물안 개구리처럼 산다고 생각해 보세요. 그렇게 살아본들 무슨 희망이 있겠어요. 그러니 제발 저도 15년을 반납하게 해 주세요. 네……?!

하나님: (듣고 보니 일리가 있는 것 같았다.) 그럼 그렇게 해라!

(개에게서도 15년을 반납 받으셨다.)

원숭이: (눈치만 보더니 재빨리 손을 들며) 하나님 저요!

하나님: 그래 너는 무슨 일이냐?

원숭이: 하나님 저도 재네들처럼 15년만 살래요!

하나님: 너는 소처럼 뼛골 빠지게 일만 하는 것도 아니고, 개처럼 우물 안 개구리가 되어 사는 것도 아니고, 너야 말로 놀고먹으며 자유롭게 돌아다니면서 살고 있지 않느냐?

원숭이: 하나님! 그런 말씀 하지 마세요. 한평생 놀며 먹고 산다는 게 얼마나 힘든 일인 줄 아세요? 하나님이 한번 그렇게 해 보실래요? 먹고 노는 것도 하루 이틀이지 한평생을 그렇게 산다면 아무 희망도 보람도 없다구요. 아무런 의미도 없는 생을 쓸데없이 왜 오래 살아야 하나요?

하나님: 그렇구나. 놀며 먹고 산다는 것도 쉬운 일이 아니겠구나…… 알았다. 그럼 너도 15년만 살 거라……!

(하나님은 원숭이에게서도 15년을 반납 받고는 고민에 잠겼다. 그때 열심히 계획을 세우고 있던 인간이 또 손을 번쩍 들었다.)

인간: 저기요. 하나님!

하나님: 너는 또 왜 그러느냐? (깜짝 놀라서 물으신다.)

(하나님은 얘네들이 작당을 해서 반기라도 들려는 것인가 싶어 심기가 불편해지기 시작했다.)

인간: 하나님! 고민하지 마시고 재네들이 반납한 것 몽땅 저 주시면 안 될까요?

하나님: (안 그래도 반품 처리에 골머리를 앓고 있던 하나님은 시치미를 뚝 떼시며⋯⋯) 그 많은 것을 어디다 쓰려고 그러느냐?

인간: 하나님⋯⋯ 저는요! 아무리 계획을 세워서 잘 살아보려고 해도 기간이 너무 짧아서 희망이 없어요. 걸음마 배우는 데 1년, 공부하는 데 16년, 군복무하고 취업한 후 결혼하고 나면 30세가 되는데, 이제 그만 살라고 하시면 희망이 없잖아요! 그럴 거면 공부도 군복무도 취직도 할 필요가 없다구요. 사람이 사람답게 살려면 다 필요한 일이라 안 할 수도 없는데⋯⋯ 그러니 재네들이 반납한 45년을 저에게 주세요. 네? 제발요! (두손을 모으며 간절하게 사정한다.)

하나님: (속으로 쾌재를 부르며) 알았다. 몽땅 네가 가지렴! 대신에 낭비하지 말고 잘 사용할 것이며 절대로 반납은 불가하니 그리 알거라! 알겠느냐?

하나님은 인간으로 인해 고민이 한방에 해결하게 되었고, 인간도 희망을 갖게 되었다. 단 인간에게는 인생을 낭비하지 않고 살아야 할 의무가 생긴 것이다. 소와 개와 원숭이는 15년이 천수가 되었다.

더 오래 살게 된 인간은 인생을 낭비하거나 반납(자살)하는 행위는,

곧 하나님의 명령을 어기는 행위가 되어 돌이킬 수 없는 죄를 짓게 되는 것이다.

이렇게 해서 인간은 30세까지는 인간다운 삶을 준비하는 도야의 기간으로 삼게 되었고, 31세부터 45세까지의 15년은 소처럼 처자식 먹여 살리기 위해서 뼛골 빠지게 일을 해야 하고, 46세부터 60세까지 15년은 부서장이나 사장이 되어 책상에 앉아서 직원들이 잘하도록 왕왕 짖는 견생을 사는 것이고, 61세부터 75세까지는 이 나무 저 나무를 돌아다니듯 아들 딸이나 친구들을 찾아다니거나 세계 여행을 다니며 자유로운 원숭이처럼 살게 되었다고 한다. 75세 이후의 삶은 특별 보너스로 주는 삶이니 봉사하며 살라고 하셨다고 한다!

필자는 이이야기의 출처를 알지 못한다. 이 이야기는 강의할 때 가끔씩 사용했던 이야기이지만 어디서 들은 이야기인지는 알 수가 없다. 적당히 각색한 것 같기도 한데 불확실하다.

하여튼 이 이야기가 제시하고자 하는 키워드는 "꿈과 희망"이다. 소와 개와 원숭이는 희망이 없으니 30년도 길다고 여기는 것이고, 인간은 희망이 있기에 30년은 턱없이 짧은 것이다.

동물들에게는 꿈도 없고 시간도 의미 없다. 그래서 그들에겐 30년도 길게 느껴지는 것이다. 그들에겐 먹고 자는 본능만 존재할 뿐이다. 사람에게는 꿈이 있기에 시간도 의미 있다. 그러니 절대로 시간 없다고 하지 말자. 꿈도 잃어 버려서는 안 된다. 특권을 절대로 포기하지 말자!

목표는 꿈에서 비롯된다. 꿈에다가 시간을 더해 주면 곧 목표가 된다. 긴 시간을 부여하면 장기 목표가 되고 짧은 시간을 부여하면 단기 목표가 된다. 목표가 없으면 꿈은 잠이 깨면 기억조차 안 나는 '꿈'처럼 슬그머니 사라진다.

목표는 방향성이 먼저이고 다음이 속도이다. 인터넷에 소개된 이야기를 소개한다.

사막에 불시착한 경비행기가 있었다. 그 비행기에는 3명이 타고 있었고 수중에는 비상식량이 3일치 정도 있었다. 3일 안에 끝도 보이지 않는 사막을 탈출해야 한다. 그렇지 못하면 사막에서 죽음을 맞이하게 될 운명이었다.

3명은 서로 의지하며 열심히 사막에서 길을 찾아 헤맸다. 걸어도 걸어도 길은커녕 사람의 흔적조차 찾아볼 수가 없었다. 갈증은 심해지고 다리도 아파오고 차츰 기운이 빠지기 시작했다. 오아시스라도 만나면 좋으련만 물 한 방울 눈에 띄지 않았다. 시간이 흘러 해가 지자 세 사람은 식량을 아껴 먹고서는 서로 체온을 의지하며 사막에서의 첫날밤을 맞이했다. 낮과는 달리 밤에는 추위를 느꼈기 때문에 더욱 서로 의지하며 체온을 유지하게 되었다.

다음날 아침 날이 밝기 무섭게 또 길을 찾아 나섰다. 걷고 또 걸어도 끝도 없이 펼쳐진 사막은 희망을 서서히 꺾어 버리고 있었다. 이날도 열심히 사력을 다해 길을 찾으려고 했으나 실패하고 말았다.

3일째 길을 찾아 나섰던 일행은 드디어 사람의 발자국을 발견했다. 발자국을 따라가면 마을이나 오아시스가 나타날 것만 같았다. 이제는 살 수 있을 것이라는 희망이 솟아났다. 그래서 신나게 콧노래를 부르며 열심히 발자국을 따라 걸었다. 그런데 하루 종일을 걸어도 사막의 끝은 보이지 않는 것이었다.

희망을 갖게 했던 그 발자국은 그동안 길을 잃고 헤매던 자기들의 발자국이었다는 사실을 그제야 깨닫게 되었다. 그 순간 온 몸에서는 기운이 빠져 털썩 자리에 주저앉고 말았다.

지치고 좌절감에 사로잡힌 3사람은 나란히 밤하늘을 향해 누워서 그리운 가족들을 생각하면서 추억을 나누기 시작했다. 가족들 생각에 두 눈에서는 눈물이 고이기 시작했는데 그때 한 사람의 눈물 고인 눈에서 밤하늘의 커다란 별이 반짝였다. 바로 북극성이었다. 그 순간 아! 바로 이거다 싶은 생각이 들었다. 세 사람은 낮에 걷지 않고 밤에 저 북극성을 향해 한 방향으로만 걸어가기로 마음을 모았다. 그러면 분명 사막의 끝이 나올 거라 믿었다. 희망이 생긴 것이다.

그들은 다시 힘을 내어 걷기 시작했다. 북극성을 목표로 삼아 발걸음을 재촉했다. 마침내 그들은 무사히 사막을 탈출할 수가 있었다.

이 이야기는 목표의 가치를 말해준다. 목표가 없으면 길을 잃어 버려 목적 달성이 어렵다는 것을 말해 주고 있다. 목표 달성에는 속도보다는 방향이 중요하다는 사실도 알게 해 준다

꿈을 목표로 만드는 작업을 해야 한다. 목표는 방향을 정해 준다. 되고 싶은 것, 가지고 싶은 것. 하고 싶은 것들을 막연하게 생각 속에만 가둬 두지 말고 구체적으로 기록하자. 잘 보이는 곳에 두고 매일매일 소리 내어 읽자. 나폴레옹 힐이 제안한 방법이다. 그는 잠재의식에 목표가 전

달될 정도가 되어야 한다고도 했다. 생생하게 이미지화하고 시각화하면 이루어진다는 것이다. 즉 이렇게 공식화할 수 있다.

S = VI(Sucess = Vivid Imagenation)

단기 목표는 월 단위로 하는 것이 좋은데 그 기준은 소득이 될 수도 있고 사업의 토대 즉 인적 조직 구조가 될 수도 있다. 소득이라면 활동비를 포함한 생활비가 기준이 될 것이다.

모든 일에는 초심이라는 것이 작용한다. 초심이 가장 뜨겁고 추진력 있다. 그럴 때에 사업의 토대가 되는 비즈니스 발판이 되는 조직 구도를 만드는 것이 매우 중요하다. 이러한 기간은 약 4개월 정도가 적당할 것 같다.

기러기나 비행기가 이륙할 때 가장 많은 에너지를 소비한다. 전력질주를 해야 공중으로 날아오를 수가 있다. 이렇듯 시작 초기에 집중해서 열정을 쏟을 필요가 있다. 일단 공중으로 날아오른 후에는 양력과 관성에 의해 날아가게 된다. 그래서 초기에 네트워크 마케팅 사업의 토대를 마련하는 것이 매우 중요하다. 그 후 새로운 사람을 만나서 추천(등록)하는 시간은 20~30% 정도로 배분하고, 나머지 70~80%는 복제하는 시간으로 배정을 해서 활동하는 것이 좋다.

중기 목표는 소득의 규모나 기간은 연을 단위로 삼는다.

장기 목표는 인생의 꿈을 이루는 것이다. 수 년에서 십수 년이 될 수도 있을 것이다.

율곡 선생은 선수입지(先須立志) "먼저 모름지기 뜻을 세워라. 뜻이 없는 인생은, 목표가 없는 인생은 죽은 생활이요 허망한 인생이다"라고 했다.

개인에게는 개인의 목표가 있고, 회사에는 회사의 목표가 있고, 국가에는 국가의 목표가 있다. 목표는 명확하고 구체적이어야 한다. 높은 뜻을 세우고 살자. 간절한 목표는 반드시 이루어진다고 했다.

숙명은 인간의 힘으로 바꿀 수가 없다. 숙명은 타고나는 것이기 때문에 그러하다. 한국인 혹은 미국인으로 태어난 것은 바꿀 수 있는 대상이 아니다.

그러나 부자로 사느냐 가난하게 사느냐 하는 문제는 숙명이 아니라 운명이다. 바꿀 여지가 있다. 운명은 노력으로 얼마든지 바꿀 수가 있는 것이다. 타고난 천성은 바꿀 수가 없으니 제2의 천성 즉 습관을 새롭게 만들면 된다. 성공할 수밖에 없는 좋은 습관을 만드는 것이다. 그러기 위해서는 야구 선수가 1루에서 발을 떼야 2루로 갈 수 있듯이, 현 상황에서 빨리 발을 떼야 한다. 발을 떼지 못하게 하는 올가미가 있다면 그 올가미를 푸는 데 시간을 낭비해서도 안 된다. 손으로 풀려고만 하지 말고 칼로 단호하게 잘라 버려야 한다.

장 폴 사르트르는 인생을 요람(Birth:출생)에서 무덤(Death:죽음)으로 가는 사이에 있는 것이라 했다. 즉 B와 D 사이에는 C가 있다. C는 곧 Choice(선택)이다. 인생은 선택이다. 학교도 선택이고 직업도 선택이고 배우자도 선택이다. 부자의 삶도 선택에 달려 있다면 과장된 표현일까? 선택할 수 없는 것은 숙명뿐이다. 현재는 과거의 선택의 결과이다. 미래도 선택으로 결정된다.

선택은 무언가 얻으려는 행위라고 볼 수가 있다. 무언가를 얻기 위해서는 그에 상응하는 대가를 지불해야 한다. 좋은 자동차를 가지려면 차를 제공하는 사람에게, 맛있는 음식을 먹으려면 식당 주인에게 돈을 주어야 한다. 돈을 안 주고 그냥 차지하면 그것은 범죄 행위가 된다.

또한 쉽게 얻은 것은 쉽게 잃어 버리게 된다. 땀 흘려 고생해서 얻어야 비로소 나의 재산이 된다. 쉽게 빨리 자란 약용 식물은 약효가 적다. 기름진 밭에서 5년 자란 인삼의 크기만큼 산삼이 산에서 자라려면 50년도 더 걸린다. 그만큼 고생하면서 자란 산삼은 인삼보다 약효가 훨씬 탁월하다.

사람도 그렇다. 산전수전 다 겪으며 성공한 사람의 성공담일수록 큰 감동을 주고 영향을 준다. 성공한 사람들의 과거가 어려웠을수록 더욱 아름답게 느껴진다. 온갖 고난과 역경을 극복해낸 사람에게서 느끼는 인품에서는 격이 다르다. 고난과 역경을 극복한 경험과 그 경험으로 이룬 성공담은 상처 난 인생을 치료하는 특효약이다. 그 약효를 믿어 보자!

세상에는 공짜가 없다. 반드시 대가를 지불해야 한다. 더구나 값진 것을 얻기 위해서라면 그 가치만큼의 큰 대가가 필요하다. 대가라는 것은 다름 아닌 노력이다. 농부들이 곡식을 수확하려면 봄철에 씨앗을 심는 수고부터 해야 한다. 김매기도 해줘야 하고 가뭄에는 물을 공급해 주고 홍수에는 물을 차단해 주어야 한다. 식물은 저절로 잘 자라게 되는 것이 아니라 주인의 발자국 소리를 들으면서 자란다고 한다. 발자국 소리를 들으면서 자란다는 말의 의미는 무엇일까. 농부의 정성스러운 노력과 보살핌을 뜻할 것이다.

사람의 마음은 한결같지가 않다. 초심도 시간이 지나고 환경이 달라지면 변하게 되어 있다. 화장실 들어갈 때 마음과 나올 때 마음이 같을 수가 없다. 들어가기 전에는 우선 급한 불을 꺼야 하니 무슨 대가라도 지불하려고 하지만, 나올 때는 그 마음이 절반도 남아 있지 않게 된다. 이것은 누구의 잘못이거나 특정인만의 문제가 아니다. 인간이라며 모두가 그렇다. '작심삼일'이라는 고사성어가 괜히 나온 것은 아니다. 그만큼 인간의 의지에는 연약함이 숨겨져 있는 것이다. 그래서 여기저기서 초심을 잃지 말라고 충고들을 하고 있는 것이다.

인간의 타고난 천성이 작심삼일이라고 하더라도 실망할 이유는 전혀 없다. 그에 맞는 대책을 세우면 된다. 매 3일마다 작심을 하고, 3일마다 점검하고 평가해서 새롭게 계획을 세우거나 수정하고 그리고 또 작심을 하면 되는 것이다. 물에 물탄 듯 시작도 끝도 없으면 안 된다.

하루를 24시간으로 정하고, 일주일을 7일로, 한 달을 30일 정도로, 그리고 1년을 12개월로 정해 놓으면서 인류의 발전은 끊임없이 이어져 왔다. 길게는 1년을, 짧게는 하루하루를 계획 속에 살아가도록 훈련되어진 인류는 결코 성장을 멈출 수가 없다. 어느 누구도 멈춰 세울 수가 없을 것이다.

원하는 것을 반드시 얻기 위해서는 남다른 결의가 필요하다. 그 결의는 대가를 지불하겠다는 것이며 희생이나 고통을 감수하겠다는 것이다. 수험생이 놀 것 다 놀고 할 것 다해 가면서 최고의 성적을 낼 수는 없다. 쓸모없는 일과는 단호히 끝장을 내고 꿈을 이루는 데 필요한 일들을 선택하여 행동으로 연결하자.

(   )을 바꾸면 나의 인생을 바꿀 수 있을까.

( )안에 채워야 할 것은 무엇일까. 그것을 외부에서 찾으려 한다면 영원히 답을 찾기는 어렵겠지만 나에게서 찾으려 한다면 곧 답이 나올 것이다. 내가 바뀌면 세상도 바뀐다고 했다.

성공은 역경과 고난의 끝자락에 붙어 있다. 역경과 고난의 길을 걸어보지 않은 사람에게는 결코 성공이 쉽게 다가오지 않는다. 더욱 그냥 찾아오지도 않을 것이다. 반드시 역경과 고난의 끝자락에 닿아야 맞이할 수가 있는 것이 성공이다.

자영업으로 성공하여 원하는 삶을 살고 있는 사람들은 보통 성공으로 진입하게 되는 여정이 7년에서 10년 정도라고 한다. 그 여정에서 겪었던 일들 중에는 세상이 모르는 사연도 많이 있었을 것이다. 남몰래 눈물도 흘리고 또는 잠을 이루지 못하고 하얗게 밤을 지새는 일이나, 스트레스나 과로로 쓰러진 적도 있었을지 모른다. 그러한 시험을 잘 통과한 그들에게 보상으로 주어진 것이 바로 성공이다. 그렇다면 성공을 꿈꾸는 사람이라면 누구나 역경과 고난의 시간을 맞이할 각오와 준비를 해야 한다. 그것이 대가이다.

성공을 꿈꾼다면 일명일생(一命 一生)을 되새기자. 우리는 오직 하나뿐인 생명을 가지고 오직 한 번뿐인 인생을 산다. 남이 나의 인생을 살아줄 수 없고, 내가 남의 인생을 살아 줄 수 없다.

4원칙 **멘토(Mento) 만들기**

① **가이더(Guider):** 한 번도 가보지 못한 낯선 이국땅을 여행할 때에 혼자서 돌아다니면 길을 잃고 헤매거나 불행한 일을 당할 수도 있다. 예측할 수 없는 어려움이나 위험한 일을 만날 수도 있다. 그러한 일로부터 본인을 지켜 낼 수 있는 방법은 유능하고 친절한 가이더를 만나는 일이다. 가이더의 안내를 받으면 길을 잃고 헤매는 일이나 불행한 일을 당하지 않도록 예방할 수 있어, 안전하고 효율적으로 더 많을 곳을 다닐 수도 있어 여행은 즐겁기만 할 것이다.

아직 익숙하지 않는 낯선 여정인 네트워크 마케팅에서도 유능한 안내자가 필요하다. 그 안내자는 곧 스폰서이자 멘토이다. 멘토로는 네트워크 마케팅에서 말하는 스폰서가 가장 적임자이다. 정상적인 스폰서라면 멘토가 되어달라는 요청에 기꺼이 수락할 것이다.

② **티처(Teacher):** 고기 잡는 방법을 가르쳐 줄 것이다. 수업료도 과외비도 요구하지 않고 언제든지 가르쳐 주려 할 것이다.

고기 잡는 방법을 배운 후에는 당신도 멘토가 되어 또 누군가를 가르쳐 주면 된다. 가르치면서 당신은 더 배울 수가 있다. 가르치는 것은 두 번 배우는 것이라는 말을 기억하라.

③ **카운슬러(상담: Counselor):** 문제가 생겼을 때 혼자서 고민하거나 판단을 하지 말아야 한다. 멘토에게 상담을 요청해서 자문을 받도록 한다. 일을 하다 보면 일사천리로 잘 풀릴 수도 있지만 슬럼프에 빠질 수도 있다. 슬럼프라는 문제를 해결해야만 성장이 허락된다.

문제를 넘어서지 못하면 성장은 없다. 문제는 좌절을 안겨주기 위한 존재가 아니라 성장과 발전을 위한 발판이다. 입학시험에서 문제를 잘 풀면 학교에 다닐 수 있게 허락되는 것과 같은 이치이다.

그러므로 슬럼프라는 문제는 좌절의 장벽이 아닌 성장을 위한 디딤돌이자 극복해야 할 대상으로 인식할 필요가 있다.

슬럼프를 극복하기 위해서는 멘토와 더욱 밀착해야 하며 모든 교육에 한 번도 빠짐없이 참석하는 것이 좋다. 자신감이 회복될 때까지 강의를 듣고 배운 것을 입으로 말해야 한다. 그러면 극복할 수 있는 에너지가 만들어질 것이다.

간혹 사적인 상담도 있을 수는 있겠지만 가능하면 목표 지향적인 문제나 비즈니스와 연관된 문제로 국한하는 상담이 좋다. 지나치게 사적인 이야기는 서로의 마음을 무겁게 하거나 관계를 어렵게 만들 수도 있기 때문이다.

하루하루 일과를 점검해야 하루에 한걸음씩 전진할 수가 있고 올바른 방향으로 나아갈 수가 있다. 아침에 인사 겸 하루 일정에 대해 의논하고 하루가 끝나는 시간에 하루 일과를 보고하도록 한다.

물론 이것은 어디까지나 본인의 비즈니스를 위해서 자발적으로 해야 될 문제이지 누가 강요해서 할 문제가 아니다. 실천하기 쉽지 않지만 사업 성장에 매우 도움이 되는 일임에 틀림없으니 반드시 실천해보길 바란다. 얼마나 액티브한 기운과 성장이 뒤따르는지 반드시 경험하게 될 것이다. 이를 실천해야 스폰서와 비즈니스적인 융합과 상담이 잘 이루어져 시너지 효과가 생길 것이다.

멘토의 미팅이나 교육에 참석하는 것은 멘토와의 관계 형성에도 중요하지만, 차후 추천과 복제를 하는 과정에 있을 수 있는 일들을 위해서도 반드시 필요한 일이다. 흐름이나 맥을 멘토와 같게 해야 효율적인 도움을 받을 수 있다.

멘토를 모방하거나 따라하려고 노력하는 것도 좋은 태도이다. 멘토가 성공자라면 더욱 그렇다. 성공한 사람들에게는 무엇인가 남들이 갖지 못할 것을 가지고 있다. 그것을 알아내서 벤치마킹할 필요가 있다. 멘토의 목표 지향적인 태도를 모방하다 보면 자신도 모르는 사이에 그와 같은 성공자의 길을 걷고 있는 자신을 발견할 수 있을 것이다.

고지를 점령하기 위해서 무조건 앞으로 전진만을 할 수는 없다. 큰 장애물을 만나면 돌아가야 하고, 강을 만나면 배나 뗏목을 이용하여 건너가야 하고, 적이 공격을 해오면 은폐나 엄폐를 하면서 나아가야 한다. 우리 주변에 찾을 수 있는 자원들을 최대한 활용할 수 있도록 노력해야 한다. 멘토는 좋은 스승과도 같고 훌륭한 가이더와도 같다.

카운슬러인 멘토를 삼는 데 주의할 점이 두 가지가 있다. 하나는 멘토는 외부인이 아닌 스폰서가 가장 좋다. 외부인이나 실패한 사람과 상담은 절대 금물이다. 두 번째는 목표 지향적인 상담을 하는 것이다. 사적으로 지나치게 깊이 개입되는 상담은 가능한 금하는 것이 좋다.

5원칙 **명단 작성(List Up)**

명단 작성은 네트워크 마케팅 사업에 있어서 첫 단추를 끼우는 것이나 다름없다. 그동안 옷을 고르고 몸에 걸치는 작업을 했다면 이제부터는 옷 입는 것을 완성하기 위해서 단추 끼우는 작업을 하는 것이다.

명단을 작성할 때 선제적으로 미리 판단을 해서도 안 된다. 열 길 물속은 알아도 한 길 사람 속은 모른다고 했다. 본인과 함께 일을 잘 할 것만 같은 사람도 그렇지 않은 경우가 있고, 전혀 기대하지 않았던 사람이 훌륭한 동반자가 될 수도 있다. 반드시 일을 해서 돈을 벌어야 할 것 같은 사람이 전혀 관심을 가지지 않을 수도 있고, 이미 직업을 가지고 있어서 더는 다른 일을 할 것 같지 않아 보이는 사람이 새로운 일을 찾는 경우도 있다. 만일의 사태에 대비하여 보험에 가입해 두거나 스페어타이어를 마련해두는 것처럼 받아들일 수도 있을 것이다.

분명한 사실은 현재 직장생활을 하고 있거나 자영업을 하고 있는 사람 가운데서 오히려 더 확실한 사업가가 나올 가능성이 높다는 사실이다. 그들은 늘 바빠 보일지는 몰라도 일을 할 줄 알고 또 일과 경제력의 소중함도 알고 있기 때문이다.

반면에 시간 부자들인 실업자나 한 번도 일을 제대로 해본 경험이 없는 사람들은 아무리 시간이 많아도 그것을 사용할 줄 모르는 경우가 많다. 일을 할 줄도, 해야 할 이유도 모르는 사람들이 의외로 많다. 그래서 시간이 있고 없고가 판단의 주요한 근거가 되어서는 안 된다.

일단 인원수에 연연하지 말고 명단을 작성한 후에는 맨토나 스폰서와 함께 인적 자원에 대한 분석을 한다. 경험이 없는 초보자가 혼자서 분석을 하거나 컨택을 한다면 분명 시행착오를 하게 되어 오히려 훌륭한 인적자원을 허공에 날려 버릴 수 있다. 섣불리 대시를 하다가는 손실을 입을 수도 있다는 사실을 기억해 둬야 한다.

한편, 중요하지 않은 인적 자원을 미리 선택하여 연습 삼아 또는 훈련하듯 컨택을 시도해 보는 것도 좋다. 성공하면 좋고 성공하지 못한다고 해도 상처받을 일은 없다. 왜냐하면 연습이니까! 이러한 설정은 본인의 마음도 가볍게 하고 실력도 쌓을 수 있게 해줄 것이다.

시작 초기에는 돌파구가 잘 열리지 않을 수 있다. 첫술에 배부르기를 바라지 않으면 된다.

명부(List Up)는 두 가지 종류로 나눠서 하는 것이 좋다. 먼저는 웜(Warm) 컨택 대상인 지인들의 명단을 작성하는 것이다. 두 번째는 콜드(Cold) 컨택인데 앞으로 알게 될 사람들의 명단을 작성하는 것이다. 콜드 컨택 명단이란 지인들이 아닌 새롭게 알게 된 사람들의 명단이다.

웜컨택 명단에 소속된 사람들은 일단 대화나 전화를 하기가 쉬워 자연스럽게 만남이 성사될 수 있다. 만남 자체가 반갑고 서로 안부를 궁금해할 수도 있을 것이다. 그래서 만남과 대화가 쉽게 이뤄진다.

콜드 컨택으로 만나게 되는 사람과는 아직 친분이 없어 처음부터 온기를 느끼기는 피차 어렵다. 그동안은 생면부지였지만 앞으로 친밀한 인간관계를 만들어 가야 하는 대상이다. 현재도 존재할 수 있겠지만 미래의 자원이라고도 볼 수 있겠다.

두 가지 종류의 명부를 작성했다면 실제로 컨택(Contect)을 해서 그 결과에 따라 분류작업을 한다. 다시 말하면 필터링(Filtering) 작업을 하는 것인데, 이는 차후 대응하는 방법을 찾기 위해 활용하는 자료로 사용된다. 필터링이란 명단을 선별해서 구분 짓는 작업을 말한다.

분류는 A, B, C유형으로 나눠서 하면 된다. A유형은 긍정적이며 검토해볼 의중이 있는 사람을 선정하고, B유형은 신중하여 시간을 요하는 사람들로 선정을 하고, C는 부정적인 사람들을 선정한다. 그렇다고 C를 영원히 지워 버릴 필요는 없다. 사람의 마음은 언제 어떻게 될지 모르는 일이기 때문이다. 그러므로 오늘과 내일이 아닌 다음을 기약해야 하며 끈을 완전히 끊어 버리는 일은 없도록 한다. 180도로 바뀌는 사람도 얼마든지 나온다. 오히려 그들의 경험담이 훗날 가망고객들에게 더 강한 동기부여를 불러일으킨다. 그래서 모든 가능성은 항상 열어놓고 일을 하는 것이 좋다.

컨택 과정에서 주의해야 할 점 몇 가지를 소개하겠다.

① STP(기회미팅)에 초대하는 데 중점을 두어야 한다.

본인이 알고 있는 내용을 전부 말하지 않도록 주의해야 한다. 자칫 범하기 쉬운 오류인데, 컨택 과정에서 설명을 다해 버리면 STP에 참석해야 할 이유가 없어져 버리고 만다. 임팩트 있고 절제된 스피치로 STP에 초대하도록 해야 한다. STP는 Show The Plan의 약자이며 기회미팅(사업 설명회)을 지칭한다.

② 목적의식을 분명히 전달해야 한다.

지인에게 본인이 어떤 비즈니스를 하게 되었는지를 솔직하게 밝힌다. 컨택 시에 애매한 표현 즉 둘러대는 말이나 피해가는 말로 초대하려 해서는 안 된다. "밥 사 줄게", "지나다 들렀어"와 같은 표현은 올바른 시도가 아니다.

밥 사주겠다는 말은 유혹을 숨기고 있는 느낌을, 지나다 들렀다는 말은 별로 중요한 일이 있을 것 같지 않다는 느낌을 준다.

"너에게 할 얘기가 있어" 또는 "너를 만나러 일부러 왔다"로 시작하는 것이 좋다. 너에게 알려주고 싶은 정보(희소식)가 있는데 한번 검토해볼래? 혹은 "잠시 내 말 좀 들어볼래?" 하면서 진지하게 접근하는 것이다. 이러한 접근법은 상대방의 궁금증이나 기대감을 불러일으켜 하던 일도 멈추고 들을 준비를 하게 만든다.

다음은 "내가 하는 말을 잘 들어보고 느낌을 얘기해 주면 좋겠다"는 말로 분위기를 주도해도 좋다.

③ 비즈니스 얘기를 꺼낸 이후에 다른 얘기들로 본질을 흐리지 말아야 한다.

예를 들어서 비즈니스 얘기를 한 이후에 신변잡기나 가십거리를 논하게 되면 효과가 나타나지 않는다. 뒤풀이로 술자리나 노래방 등에서 시간을 보내는 것 역시 바람직하지 않다. 돈만 쓰고 효과는 사라진다.

④ 깔끔한 뒷모습을 보여 준다.

비즈니스에 관한 얘기가 끝나며 그 자리를 벗어나야 한다. 목적의식이 있는 행동을 보여 주어야지 그 자리에 앉아서 한가롭게 시간을 보낸다면 좋은 효과를 기대할 수가 없다. 앞서 노력한 것은 헛수고가 될 것이다.

⑤ 거절을 당했을 경우에 예민하게 반응하거나 당황할 필요가 없다.

당당하게 받아들이는 자세가 더 바람직하다. "아직은 때가 아닌 것 같다는 생각이 든다. 나중에 다른 누군가 이에 관한 얘기를 하거든 그때는 거절하지 말고 잘 검토해 보길 바란다"라고 일러둔다. 상대방에게 좋은 뒷맛을 느끼게 해줄 것이다. 일은 긍정적인 사람과 하는 것이니 당황할 이유는 없다.

⑥ 거절을 당해서 분위기가 어색해질 수도 있을 것이다.

그래도 당황하지 말고 일단 시간을 내주어서 고맙다는 표현을 하자. 그리고 "오해는 하지 않았으면 좋겠다. 내가 발견한 이 기회를 당신하고 제일 먼저 공유하고 싶었던 것이니 이해해 달라. 당신이 좋은 정보를 갖고 있었더라도 나에게 먼저 얘기해 주지 않았겠느냐?"라는 말로 정리하자. 분위기를 반전시키는 데 도움이 될 수 있을 것이다.

⑦ 우호적인 조력자를 만든다.

"혹시 내가 하는 일에 관심을 가질 만한 사람이 있거든 소개를 해 달라"고 부탁하거나 "1년 정도 지켜봐 달라"고 부탁하는 것도 좋은 방법일 수 있다.

그렇게 다음을 기약하거나 의지를 보여주는 것이 앞으로 긍정적으로 작용할 것이다.

명단은 전쟁터에 나가는 병사들에게는 실탄과도 같다. 실탄이 없으면 전장에서 병사는 할 수 있는 일이 없다. 명단작성에 실패하는 것은 계획을 세울 수 없게 한다. 계획을 세우지 못하면 주먹구구식이 되고 그것은 곧 실패를 계획하는 것과도 같다.

말 두 마리와 소 다섯 마리!

옛날 30여 년 전
한 청년이 이웃 마을의
순이를 짝사랑했다.
하루는 큰 용기를 내어 순이를 찾아갔다.
프로포즈를 하기 위해서였다.

콩당거리는 가슴을 억지로 진정시키며
난생 처음으로 고백을 했다.
순이씨! 사랑합니다. '결혼해 주세요!'
순이가 망설임 없이 대답했다.

'말 두 마리 말고

소 다섯 마리 가지고 오소!'

기쁨에 흥분한 청년은,
그때부터 소 5마리를 준비하기 시작했다.
그러나 어찌된 영문인지 소 5마리를 마련할 수가 없었다.
속절없이 세월만 흘러 30년이 훌쩍 지나가 버렸다.

하루는, 마을 청년들을 모아놓고 살아온 인생 이야기를 했다.
그때 한 청년이 소리쳤다.
아저씨! 그것은 '두 말 말고 오소' 잖아요!

아뿔싸~!
한번 지나간 세월은 영영 돌이킬 수가 없다.

6원칙 초대(Invitation)

명단작성이 끝나면 〔초대하기〕 모드로 돌입한다. 초대하기는 네트워크 마케팅 사업에 있어서 두 번째 단추나 다름없다. 초대하기는 꼭 필요하다. 오너나 전문가 혹은 성공자가 진행하는 설명회나 세미나에 참석해서 잘 경청한 후 판단하도록 돕는 편이 훨씬 효과적이기 때문이다.

사적으로 친밀한 인간관계를 공적인 비즈니스 관계로 맺어 가기 위해서는 장애물이 많다. 그 장애물 가운데 하나는 친밀함에서 오는 것으로써 서로의 장단점을 너무나 잘 알고 있다는 사실이다. 한마디를 하면 두 마디를 짐작하게 되어 원활하게 대화가 진행되기 어렵다. 그 짐작이라는 것은 그동안 쌓아온 친밀함이 주는 선입견이나 편견에서 나온다.

격식도 호기심도 없는 관계이기 때문에 긴장감도 없고, 예의를 갖추기도 어렵다. 또 감정이입이 쉬워서 충돌이 발생하기도 쉽다.

이것은 부부간에 운전 교습을 시키기가 어렵고, 부모 자식 간에 과외학습을 시키기가 어려운 것과도 같은 이치이다. 운전 교습을 시키려다가 이혼을 했다는 얘기를 필자는 풍문으로만 들어본 적 있다.

하지만 부부가 골프 라운드를 함께하다가 아내가 골프채를 집어던지고는 유유히 사라지는 모습은 실제로 본 적 있다. 아마도 남편의 교습(잔소리)에 화를 참지 못한 것 같았다. "자~ 다시 해보자!"라는 표현 대신 "그것도 몰라! 그동안 뭘 배운 거야?"라는 표현을 사용할 가능성이 높다..

그래서 호일러 법칙(Hoiler's Law)을 활용할 필요가 있다. 호일러 법칙은 호일러라는 경제학자가 만든 것으로 전해 오는데, 그가 어떤 사람인지는 정확하게 알려진 바는 없다. 여하튼 호일러 법칙은 친밀한 인간관계를 비즈니스 관계로 만들어 갈 수 있는 매우 유용한 법칙임에는 틀림없다. 호일러 법칙을 A, B, C법칙이라고도 부른다.

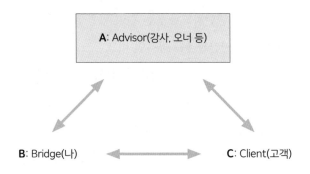

A: 상담자 혹은 설명자인데 오너나 전문가 혹은 스폰서나 성공자 등이 담당한다. 학교에서의 교사와 같은 역할을 한다.

B: 소개자 혹은 연결자인데, 교량 역할을 하는 '나'이다.

C: 고객이다

A와 B는 구면이며 비즈니스 관계가 맺어진 관계이다. A는 설명자이며 오너나 성공자 또는 스폰서(멘토)가 될 수도 있을 것이다. B는 본인 인맥의 사람을 비즈니스 관계로 만들어 가기 위해서 A의 도움을 필요로 한다. A는 조건이나 대가 없이 도움을 주는 입장이다. 하지만 의무감이

있는 것은 아니다. 그러니 존중하는 자세를 갖추어야 한다. 존중이란 다름 아닌 예의바른 자세로 경청하는 것이다.

B는 호일러의 법칙을 효과적으로 잘 활용하기 위해서 다음과 같이 연구하고 노력해야 한다. B의 역할은 결혼을 성사시키려는 중매자로 이해를 해도 좋다. C가 A(회사)와 사랑에 빠지도록 할 수만 있다면 비즈니스 성과는 분명히 좋게 나타날 것이다.

호일러 법칙을 적용하는 방법을 세 가지 측면에서 설명하고자 한다.

1) A에 대한 자세

첫째로는 학부모가 자녀를 가르치는 교사를 대하듯이 A를 존중하며 친밀함을 유지하는 것이 중요하다. 존경하지 못하면 최소한 존중은 해야만 한다. 존경하기 싫어도 비즈니스를 위해서라면 존중하는 시늉이라도 해야 한다. 필요하다면 적과도 동침을 하는 것이 비즈니스의 세계이다.

둘째는 C에 대한 기초적인 정보를 사전에 A에게 잘 전달하는 것이다. C가 어떤 사람인지, C가 바라거나 원하는 것이 무엇인지 알게 해주면 A는 맞춤식으로 설명회나 세미나를 진행할 수도 있다. 그렇게 되면 훨씬 더 나은 결과를 얻을 수 있게 된다.

셋째는 A 면전에서 C를 높여서는 절대로 안 된다. 전직 장관이라거나 전직 대기업의 임원이었다는 식의 소개는 C에게 전혀 도움이 되지 않는다. STP에 참석을 하는 목적은 사업을 검토하고 결정을 하기 위해서 일 것이다. 그런데 A앞에서 C의 과거 높은 지위를 자랑삼아 말하는 순간 C의 어깨에는 힘이 들어가게 되고, 마음은 단단하게 굳어져 버릴 것이다. 그것이 권위에서 오는 것인지 아니면 자존심에서 오는 것인지는 모르겠으나 절대로 도움이 안 된다. 마음이 부드럽고 말랑 말랑 해져야 경청도 하게 되고 이해도 하게 된다.

2) 초대하는 방법

C를 설명회 장소에 참석하도록 만드는 일이 쉬운 일만은 아니다. 순순히 초대에 응하는 경우는 드물다. 그 이유는 C의 마음속에 있다. 초대에 응하면 제품을 구입해 줘야 한다는 부담감을 가질 수도 있다. 친밀한 사이에 거절하기도 어려워 발목이 잡힐 것 같다는 생각을 가질 수도 있다. 아무런 관심도 상관도 없는데 괜히 시간을 낭비할 것 같은 생각을 가질 수도 있다.

그래서 C는 거절할 대답을 준비한다. "시간이 없다. 다음에 갈게……!" 라고 말이다. 그러나 그 '다음'이라고 하는 것은 영원히 오지 않는다. 그러한 C가 초대에 응하게 하려면 어떠한 염려나 부담감을 갖지 않도록 만들어 주는 것이 중요하다.

강제로 소를 강가에 데리고 갈 수는 있어도 강제로 소에게 물을 마시게 할 수는 없다. 그러므로 C를 다른 목적으로 속여서 초대하는 것은 결코 바람직하지가 않다. 예를 들어서 맛있는 음식을 사준다며 설명회 장소 부근까지 오게 해서 식사 후 설명회 장소에 앉힌다거나, 그럴듯한 다른 이유로 초대를 해서 설명회 장소에 앉게 만들어 본들 효과는 없다.

속았다는 생각에 분을 속으로 삭이고 앉아 있을 수도 있고, 다음부터는 절대로 상대하지 않겠다고 다짐하며 빨리 끝나기를 기다릴 수도 있다. 오히려 역효과가 나타나지 않으면 다행일 것이다. C를 초대하려면 정직하게 말하고 먼저 C의 마음을 움직여야 한다.

C를 초대하려면 C에게 유익한 정보를 주어야 한다. 이렇게 하는 것이 좋을 것이다. "나의 이익을 위해서 당신을 초대하는 것이 아니다. 당신에게 제품을 판매할 생각도 없고, 당신을 통해서 돈을 벌겠다는 계획도 없다. 당신이 회원등록을 하거나 제품을 구입한다고 하더라도 나에게는 당장 어떤 이익도 돌아오지는 않는다. 다만, 당신에게 소중하고 유익한 정보라고 생각되어 특별히 알려주는 것이다. 내 말이 진짜인지 가짜인지는 확인해보면 좋겠다. 설명을 듣고 난 후 신중하게 검토해서 결정을 해도 늦지 않다. 그렇게 한다면 당신의 모든 결정을 존중하겠다" 그러면 C는 제품을 사야 하거나 발목이 잡힐지도 모른다는 부담감에서 벗어날 것이다. 그리고 이런 말을 덧붙여 주면 좋다. "설명을 들으러 올 때는 돈은 가져오지 말고 시간만 넉넉하게 가지고 오라고."

이렇게까지 해도 C는 시간이 없다고 거절할 수도 있다. 시간이 없다고 하면 다음에 언제 시간을 낼 수 있느냐는 질문을 해서 C가 계획을 세울 수 있도록 이끄는 것이 좋다. 사실 시간이 전혀 없는 사람은 없다. 거절의 한 방편일 뿐이다. 거절하는 이유가 무엇일까. 생각해 봐야 한다. 원인을 알면 해법도 찾을 수 있다. 상대방과의 밀당이나 수싸움에서 이길 수 있도록 연구할 필요가 있다.

결정적으로 초대에 응하도록 만들려면 상대방의 마음은 가져와야 한다. 보편적으로 사람들의 마음은 보물(재물)이 있는 곳을 따라 움직인다. 보물이 있는 곳에 마음도 있는 것이다. 상대방에게 보물이 눈앞에 보인다면 없던 시간도 저절로 생길 수 있다. 보물섬에 금괴를 가지러 가자고 하면 거부할 사람은 아마도 없을 것이다. 프로슈머 즉 생산소비자에 대한 이야기를 잘 정리해서 해주는 것도 매우 효과적일 것이다. 소비가 소비로만 끝나는 것이 아니라 소비가 소득을 가져다준다면 마다할 이유가 있을까. 사실 여부는 초대에 응해서 확인하는 절차를 가지도록 하면 된다.

3) C에 대한 자세

초대가 되어서 설명회에 참석을 하게 된 이후의 일인데, C가 A에 대해 가져야 할 태도에 관한 것이다. B는 C에게 이런 식으로 말을 하면 좋다. "내가 설명을 해야 하는데 나는 아직 부족해서 잘 못해! 내가 특별히 너를 위해 설명을 좀 해달라고 존경하는 A에게 도움을 청했어." 이러한 말은 C로 하여금 특별한 대우를 받고 있다는 느낌을 가지게 되어 경청하는 분위기를 만드는 데 도움이 된다.

또는 A가 설립자나 성공자라면 그 사실을 C에게 더욱 강조하고, 초대의 말이 진실인지 아닌지 가려낼 수 있는 좋은 기회라는 것을 언급하자. C가 마음을 열고 A의 강의에 귀를 기울이게 하는 것이다. 그렇게 설명회장에 앉게 되었다면 절반의 성공은 이루어진 셈이다. 절반의 성공이란 편안한 마음으로 경청하려는 자세로 앉아 있음을 말하는 것이다.

설명회가 시작되면 주의할 점이 있다. 우선 나란히 같이 앉아서 들는 태도가 필요하다. 그것도 열심히 메모를 해 가면서 경청을 한다. 도중에 핸드폰을 보는 일 등은 절대로 삼가며, 상대방의 핸드폰도 잠시 꺼두도록 한다. 학생이 교실에서 교사의 수업을 듣는 것과 같은 바른 자세와 경청하는 자세가 반드시 필요하다. 또한 리액션을 하며 경청하는 자세도 도움이 된다.

A의 설명 중에 B가 끼어드는 것은 금물이다. 설령 잘못된 내용이 있더라도 나중에 확인하고 바로잡아야 한다. 그 자리에서 반론을 제기하는 것 역시 금하는 것이 좋다. 장점만 받아들이도록 한다.

C가 가지고 있는 의문이 해결되지 않았다면 C가 질문을 해야 하지만, 그렇지 못한 경우에 그냥 넘어가지 말고 대신 질의 응답시간에 질문을 한다. 다만 B가 C에 대해서 잘 알고 있거나 분석을 하여 준비를 잘했을 때 가능한 일이다. 초대하기 위해서 적어도 1~2시간 정도는 연구를 해야 좋은 초대가 이뤄질 수 있다.

STP는 Show The Plan의 약자라고 설명한 바가 있다. 비즈니스 플랜을 보여 주는 것이며 사업 설명회 혹은 기회 미팅(OPP)이라고도 부른다. 기회 미팅이라고 부르는 이유는 잠재고객들이 검토하여 결정을 하도록 돕는 기회로 삼는 미팅이기 때문이다. 그 외 비즈니스를 시작할 기회를 잡는다는 의미도 있겠다. STP는 고정관념을 깨고 동기부여가 확실하게 일어날 수 있도록 하는 것이 좋다.

STP는 다음과 같이 진행한다.

① 강사 소개 → ② 회사 소개 → ③ 제품 소개 → ④ 보상 플랜(사업설명) 소개 → ⑤ 비전 제시다. 좀 더 이해를 돕자면 설명의 대상은 회사와 제품과 사업이다. 진행은 융통성 있게 할 수도 있다. 1인이 기회 미팅을 모두 진행할 수도 있고, 각 파트별로 강사를 다르게 할 수도 있다. 사회자가 담당 강사를 소개해서 진행하되 각 파트마다 자기소개, 체험담이나 성공 사례를 넣어서 진행한다면 더욱 좋은 효과를 얻을 수도 있다.

사회자는 우선 강의실 분위기를 정돈한다. 인사말이나 유머를 곁들여서 부드러운 분위기를 마련하는 것 역시 중요하다. 너무 경직된 분위기는 기회 미팅의 효과를 감소시킨다. 또한 강사소개를 하는 시간은 5분 내외가 좋다.

회사 소개하는 시간은 5~10분 정도가 적당하다. 회사 소개를 할 때는 오너의 이야기도 포함한다. 듣는 사람은 오너의 이야기를 통해 회사의 신뢰도를 스스로 평가할 수 있다.

　제품 설명은 잘 이해할 수 있도록 전달하는 것이 중요하다. 제품의 특징이나 분류를 먼저 설명해 주는 것도 하나의 방법이 될 것이다. 예를 들어서 제품의 주재료, 제조 공법 등에 대해 먼저 알려 주고, 제품의 효능이나 효과 그리고 용법에 대해서도 알려 주도록 한다. 이어서 건강이나 다이어트 혹은 미용에 관한 제품인지. '분류'에 관해 설명을 해주면, 청중은 쉽게 제품에 대해서 이해할 수 있을 것이다. 아이템 종류가 많다면 주 품목을 중심으로 몇가지를 선별하여 설명회 때마다 순환시켜 설명한다. 제품에 대한 정보전달과 함께 설득력을 높이기 위해서는 1～2명의 체험 사례를 발표해 주는 것도 좋다. 체험 사례를 포함한 제품 설명 시간은 30～40분 정도가 적당하다.

　사업 설명은 누구에게나 기회가 동일하게 주어지며, 생산소비자에 대한 내용과 노력한 만큼 공평하게 혜택이 주어진다는 점을 강조하면 청중은 동기부여를 갖게 될 것이다.

　검토를 하기 위해서 처음으로 방문한 사람들에게 보상 플랜을 전부 설명한다는 것은 무리이다. 절약된 유통마진을 나눈다는 사실을 간략하게 설명을 하는 것이 좋다. 보다 자세한 내용은 원하는 사람에게는 1：1로 테이블 미팅에서 별도로 설명을 해주면 된다. 첫 기회미팅에서는 네트워크 마케팅에 대한 원리나 이해를 돕고 생산소비자에 대한 개념을 먼저 알려 주는 것이 현명한 설명이 될 것이다. 그런 후 회사의 보상 정책은 얼마만큼의 보상을 지급해 주는지를 알려 주고, 미래에 대한 비전으로 마무리한다. 사업 성공 사례도 1～2명 정도 발표하도록 하면 좋다.

노련한 강사라면 질의응답 시간을 가질 수도 있다. 이는 궁금증이나 의문을 해소할 수 있는 좋은 기회가 될 것이다. 이 모든 과정 즉 사업 설명의 전체적인 시간으로는 80~90분 정도가 적당하다.

사업 설명의 효과를 높이려면 강사는 자기소개도 신경을 써야 한다. 어디에서 활동을 하고 있는지, 본 사업을 시작하기 전과 후의 모습, 정보를 검토하고 받아들이게 된 과정 등을 짜임새 있게 구성하여 설명하는 것이 좋다. 중언부언하지 않도록 사전에 잘 준비해야 하는 것은 당연하다. 다만 자기소개 시간이 길어지지 않도록 조심해야 한다. 자칫 사업 설명의 본질이 흐려질 수도 있다. 잘 준비된 자기소개는 처음 온 사람들에게 동변상련의 동질감이나 공감대 형성에 매우 도움이 된다. 동기부여에도 크게 기여하게 된다.

기회 미팅이 성공하면 사업도 기하급수적으로 성장한다.

후속 조치(Follow Up)는 B(초대자)가 하는 것이다. 초대받고 검토를 한 C(고객)가 설명을 듣기 전과 후에 어떤 느낌이나 생각을 갖게 되었는지 확인을 한다. 궁금하던 부분이나 의심하던 부분은 해결되었는지를 말하게 해본다. 여전히 해결이 되지 않았다면 해결을 하고 돌아갈 수 있도록 조치를 한다.

설명회가 끝난 후 모임을 갖는 것을 애프터 미팅 혹은 팔로우 업이라고 한다. 그때 C에게 소감을 들어보는 것이 좋다. 설명회가 끝나기 무섭기 바로 돌아가게 하는 것은 잘못된 일이다. 특별히 바쁜 사정이 없는데도 그렇게 되었다면 효과가 없다는 말과도 같다. 어렵게 초대를 했고, 소중한 시간을 내어서 검토하도록 했으면 검토가 잘 이루어질 수 있도록 관심을 가지고 도와주어야 한다. 궁금증이나 의혹을 해소하여 올바른 판단을 할 수 있도록 도움을 주어서 의도하는 결실을 맺을 수 있어야 한다. 단, 어떠한 경우든 불손한 언행이나 강요는 금물이다.

C에게 소감을 물었을 때 "아직 잘 모르겠다"라는 대답이 돌아와도 실망할 필요는 없다. 한 번 듣고 모든 것을 이해하는 사람은 거의 없다. 그러니 내일 혹은 다음 설명회에 또 참석을 하도록 권유하며 안내를 해준다. 세 사람이면 없던 호랑이도 만든다는 '3인 성호'라는 고사도 참고해볼 일이다. 이 말은 여러 사람이 거짓말을 하면 진실처럼 된다는 상황을 빗댄 말이지만, 우리는 좋은 점만 취하면 된다. 즉 사람은 한 번 듣고 바로 변화를 시도하거나 부정에서 긍정으로 돌아서기는 어려우니, 적어도

3번은 들어보고 결정을 하도록 한다.

만약 C가 "글쎄, 괜찮은 것 같기는 해"라고 한다면 엄청난 변화가 생긴 것이다. 의심을 하거나 부정적인 입장에서 긍정적으로 돌아섰다는 사실을 알려주는 말이다. 이러한 반응을 가볍게 흘려서는 절대로 안 된다. 매우 중요한 변화가 일어난 것이므로 더 큰 변화를 일으키도록 유도해야 한다. 네트워크 마케팅 사업을 안 할 이유도 못할 이유도 없음을 주지시키고 다음 과정으로 이끌어 간다.

제품 구매에 대한 의사표현이 있으면, 즉석에서 제품을 바로 구입할 수 있게 돕는다. 즉석에서 제품을 손에 쥐어 줄 수 없다면 가능하면 당일에 체험용 제품이라도 만들어 주면 좋다. 제품 구매 시에는 본인이 직거래로 직접 주문을 하도록 방법도 알려 주도록 한다. 그래야 다음 단계로 수월하게 진행된다. 그렇게 복제된 사람은 또 다른 사람을 복제하게 되어 있다.

회원 등록에 관해서도 안내를 한다. '괜찮은 것같다'라는 반응에 머뭇거릴 이유는 없다. 바로 등록을 도와주도록 한다!

쇠뿔은 단김에 빼라고 했다. 조그만 반응일지라도 흘리거나 놓치는 일이 없도록 해야 한다. 설명회는 오너나 스폰서 등이 해주지만 후속 조치는 반드시 B(초대자)가 해야 한다. 설명 듣기 전과 후의 느낌을 확인하는 것! 등록하는 것! 제품 주문하는 것! 다음 약속 잡는 것! 모두 중요한 후속 조치들이다.

후속 조치를 잘해야 스폰서의 도움도 받기 좋다. A가 정성들여 열심히 설명을 해 주었음에도 불구하고 후속 조치를 하지 못하여 원점으로 돌려보낸다면 기운 빠지는 일이 된다. 후속 조치는 추수하는 일과도 같고 새로운 시작을 알리는 매듭과도 같다. 후속 조치를 잘 배운 사람은 본인이 강의를 할 줄 몰라도 얼마든지 성공할 수가 있다. 반대로 후속 조치를 할 줄 모르거나 하지 않는 사람은 거의 매일 제자리걸음을 걷게 된다. 결국 성공과는 멀어지게 된다.

9원칙 **복제(Duplication)**

복제에 실패하면 사업에서 실패한다. 복제는 네트워크 마케팅에서 매우 핵심적인 가치를 가지고 있다. 복제가 되기 시작하면 수입도 기하급수적으로 늘어나고 시간적인 여유도 누릴 수가 있다.

복제를 하려면 가장 먼저는 복제를 하는 모델이 중요하다. 복제를 하는 모델 자체가 부실하면 복제를 하나마나일 것이다. 본인이 복제 모델이 되려고 한다면 어떻게 하면 좋을까. 멘토나 성공자에게 물어보면 망설임 없이 알려 줄 것이다. 우선 복제 모델은 기본이 잘 되어 있어야 한다. 그리고 따라서 하기가 쉬워야 한다.

복제를 하되 복제 모델이 엉터리라면 곤란하다. 확신이나 신념도 없고 열정도 없는 모델이라면 차라리 복제를 하지 않는 편이 낫다. 확신을 갖기 위해서는 가능한 모든 제품을 사용하고 교육이나 세미나에 원칙적으로 빠짐없이 참석해서 품격을 높여야 한다. 어려움이 닥치더라도 극복하고 반드시 성공하겠다는 신념도 필요하다. 한번 해보고 잘되면 좋고 안 되면 그만 물러서겠다고 한다면 운명의 신이 알아차린다. 그만두라고 계시를 보낼 것이다. 선택적 행동이나 부정적인 행동도 위험하다. 회사나 스폰서에 대해서 언행을 특별히 주의해야 한다. 스폰서를 평가하거나 불평불만의 대상으로 삼는 모습이 그대로 복제된다면 큰일이다.

좋은 습관을 가지려면 노력을 해야 하지만 나쁜 습관은 노력하지 않아도 저절로 생긴다. 좋은 생각도 마찬가지다. 노력하지 않으면 나쁜 생각은 독버섯처럼 저절로 생긴다. 생각은 언행으로 표출된다. 부정적인 언행이 자신도 모르는 사이에 습관이 될 수도 있다. 그것을 경계해야 한다. 낮말은 새가 듣고, 밤말은 쥐가 듣는다!

부정적인 언행은 본인만을 파멸로 몰고 가는 것이 아니다. 주변 사람들에게까지 나쁜 영향을 미친다. 그러기에 반드시 경계해야 한다. 한 가지 분명한 사실은 이 세상은 긍정적인 사람들의 몫이라는 것이다. 긍정적인 사람들에 의해서 만들어졌고 그들에 의해 발전하고 앞으로 나아가는 것이다. 그러니 무조건 앞으로만 달리는 긍정 열차에 올라 타야 한다.

충성심도 필요하다. 부하 직원이 되기 위해서 요구되는 충성심이 아니라, 자영업의 성공한 오너가 되기 위한 충성심이다. 효자 집안에서 효자가 나온다. 아버지는 효도를 하지 않았는데 그 자식이 효자가 되기는 어렵다. 자라면서 보고 배운 것이 불효이기 때문이다. 효자 집안에서 효자가 나온다는 말은 곧 충성스러운 복제 모델은 또 다른 충성심을 만들어 낸다는 말이다. 본인은 '바담 풍' 하면서 상대방은 '바람 풍'하라고 하는 것은 설득력이 없다. 왕대밭에서 왕대가 나온다. 팥 심은 데 팥이 나오고 콩 심은 데 콩 나는 법이다.

좋은 복제 모델이 되려면 먼저 교육 시스템에 플러그인 해야 한다. 긍정적인 자세로 모든 교육에 참석을 한다면 반드시 좋은 결과를 얻을 수 있다. 또한 S = GA라는 공식을 새겨야 한다. Sucess = Goal × Attitude : 성공은 목표에 좋은 태도를 곱하는 것이다. 목표를 설정하고 좋은 태도를 가지고 노력을 하면 성공할 수 있다.

네트워크 마케팅 사업에서는 복제를 한 사람과 복제를 하지 못한 사람으로 나눠진다. 복제를 한 사람은 목표 달성으로 성공의 혜택을 누리지만 복제에 실패한 사람은 네트워크 마케팅 사업 자체를 실패한 것이다. 목표달성도 성공도 결코 없을 것이다. 그들의 입에서는 네트워크 마케팅 사업은 '어렵다' '허구다'라고 할 것이다. 실패한 사람의 자기 합리화일 뿐이다.

온 사방으로 날아가는 민들레 홀씨가 민들레를 복제하듯 복제하자!

본인을 중심으로
모임을 만들면 생기는 일

본인 중심으로 모임을 만들면 유대감이나 연대감을 강화할 수가 있고 프로스펙트(가망고객) 발굴과 정보전달이 용이하다. 그리고 간단한 교육과 훈련을 통하여 리더를 양성하고 사업 성장을 도모할 수가 있다. 여기서 리더라고 하면 교육과 훈련을 할 수 있는 리더를 말한다. 이러한 비즈니스 리더를 배출하는 것이 가장 큰 성과일 것이며 장래가 밝다고도 할 수 있다.

모임의 방법은 특별하지 않다. 티타임을 겸해도 좋고 계절 음식이나 간단한 다과를 나누며 모임을 갖는 것도 좋다. 음식을 나누면 한 식구와 같은 정을 나눌 수 있고, 서로의 마음을 열고 상부상조하는 시너지 분위기를 만들기도 좋다. 1주에 1회 정도가 적당하며 장소는 어디든 상관없지만 가능하면 안정적인 분위기와 조용한 공간이 좋다.

모임에서는 제품에 대한 체험이나 추천에 성공한 사례 등을 발표하도록 하면 좋다. 스피커(화자)의 화술이 성장하는 것 또한 비즈니스 자산이 된다. 서투른 일을 잘할 수 있는 최고의 방법은 연습이다. 모임은 아주 좋은 연습장이 될 수 있다.

자기소개를 준비해서 발표하는 일도 매우 유용하다. 이것은 가망고객에게 동기부여를 불러일으키는데 아주 효과적이다. 다만 사전에 준비하고 연습한 뒤 발표하도록 한다. 준비 없이 스피치를 하게 되면 이야기나 분위기에 심취해서 자칫 엉뚱한 방향으로 흘러가기 쉽다. 그래서 노트에 적어놓고 외워서라도 스피치를 하도록 한다.

스피치를 준비할 때 다음과 같은 사항들을 참고하면 좋다.

① 6하원칙을 지킨다.
그래야 듣는 사람이 내용을 이해하기 쉽다.

② 이야기 전개는 기승전결로 하는 것이 가장 바람직하다.
도입부와 전개 과정을 거쳐 드라마 같은 반전 있는 이야기로 흥미진진하게 만든 다음에 결론을 지으면 효과적이다.

도입부는 자신의 심리 상태를 언급해도 좋고, 아니면 생활환경에 대해서 이야기해도 좋다. 무슨 일을 하며 살았는지. 어떤 삶을 살고 있는지, 어떤 고민을 하고 있었는지 등으로 자유롭게 채우면 된다. 그러던 중 네트워크 마케팅에 발을 들이게 된 계기를 소개하며, 이야기를 전개해 나가는 것이다. 당시 상황을 진술하고 편안하게 말하면 된다.

절정 단계에서는 네트워크 마케팅에 열심을 내게 된 이유나 성취한 것을 말해 준다. 보통 이 과정에서 반전 스토리가 많다. 거짓으로 반전을 꾸며서도 안 되지만, 실제로 반전이 있었다면 아낌없이 활용을 한다. 듣는 사람들은 더욱 흥미와 공감대를 느낄 수 있을 것이다. 가령 "네트워크 마케팅을 소개한 사람이 너무나 간절하게 요청을 해서 '죽은 사람 소원도 들어준다는데'하는 마음으로 검토를 하다가 푹 빠지게 되었다", "잘못된 일이라는 것을 밝히기 위해서 검토하다가 푹 몸을 담그게 되었다"라는 식의 반전은 가망 고객들의 마음을 사기에 충분할 것이다.

결론에서 본인의 꿈(비전)이나 각오를 밝혀 주는 것도 좋다. 매우 유용한 가이드라인이 될 것이다.

모임에서는 자기소개 외에도 다양한 스피치 기회를 가질 수 있다.

회사 소개도 그중 하나다. 회사 소개는 회사나 오너에 대한 이야기로 진행한다. 신뢰감을 갖고 일을 할 수 있다는 말도 잊지 않는다.

제품 소개를 제품에 대한 내용과 더불어 체험한 내용도 소개한다.

강사 소개를 하는 스피치도 연습을 해보는 것이 좋다. 이러한 연습은 장차 강의를 하는 리더로 성장하는 밑거름이 될 것이다. 더 중요한 것은 스피치에서 논리적인 설득력과 자신감을 얻게 되면서 사업적으로도 좋은 효과를 얻을 수 있다는 사실이다.

홈 미팅하는 요령을 익히게 하면 언제든지 가정의 거실이나 테이블에서 동기부여 주는 모임은 가질 수 있다. 잠재 고객 발굴에 도움이 될 것이다. 시연이나 데모를 곁들여서 하면 더욱 좋다.

③10분 접근법

〈10minutes approach〉은 고객을 만나 10분 안에 정보제공과 약속을 잡기 위한 스피치를 말한다. 팀원들 간에 서로 롤플레이를 하면 도움이 될 것이다.

④ 대응법

컨택(Contect) 즉 정보를 제공하려고 할 때 상대방으로부터 받게 되는 거절이나 질문에 대해서 가장 적절한 응대를 할 수 있도록 훈련하는 것이다. 현장에서 경험했던 사례들을 적용해서 연습을 해본다. 이러한 훈련은 당황하거나 좌절하는 것을 사전에 예방하며 오히려 상대방으로 하여금 호감이나 호기심을 가지도록 만드는 좋은 효과를 얻을 수 있다. 예방주사를 맞는 원리와 같다.

모임을 갖는 중에 팀원들 간에 서로 협동을 하면 시너지 효과를 얻을 수 있다. 새로운 프로스팩트(가망고객)를 초청하여 친목을 도모하듯이 자연스럽게 대화하면서 동화가 될 수 있도록 하면 좋은 효과를 얻게 된다. 여러 팀원들이 관심을 가지고 우호적인 분위기를 만들어 준다면 틀림없이 시너지 효과가 발생하게 될 것이다.

어떤 모임이든 문화가 있다. 네트워크 마케팅의 모임도 예외가 아니다. 바람직한 문화를 만들어야 사업이 안정적으로 성장한다. 바람직한 문화를 정착시키려면 해야 할 일과 하지 말아야 할 일들을 분류해야 한다. 교육에 참석하기, 약속 잘 지키기, 전제품 사용하기, 자기계발하기, 목표를 정해서 적어 두고 매일같이 소리 내어 읽기, 멘토와 매일 소통하기 등은 해야 할 일이다. 금전거래, 부정적인 언행, 요령주의(불로소득을 노리거나 실적 조작, 배팅 등) 등은 하지 말아야 할 일에 속한다.

직급 달성자들을 축하해 주는 행사도 있다. 물론 회사 차원에서도 있겠지만 그룹 차원에서도 인증식을 한다면 격려와 동기부여라는 두 마리 토끼를 잡을 수 있다.

그룹(라인) 모임은 이상과 같은 내용을 참고하여 진행하면 좋다.

⑤1박 2일 랠리

유대강화와 리더 육성에 도움이 된다. 자연환경이 좋은 팬션에서 할수도 있고, 연수원 건물을 빌려서 할 수도 있을 것이다. 구성원들로 하여금 다양한 발표나 프로그램을 손수 진행하도록 시켜 보는 것이 좋다. 그리고 작은 성취도 격려하고 노고를 치하하는 행사도 도움이 될 것이다. 당일 일정이 끝나면 바비큐 파티와 캠프파이어를 하며 친목을 도모하는 시간도 가져 보길 추천한다.

1박 2박 랠리는 구성원들의 자질 함양과 인간관계를 더욱 돈독하게 만드는 데 도움을 준다. 훌륭한 교육 리더를 육성하는 데 도움이 된다. 그룹 모임은 네트워크 마케팅 사업을 성장하게 하는 좋은 자양분이 될 것이다.

⑥ 리더십을 함양하는 것도 중요하다.

네트워크 마케팅에 가장 적합한 리더십은 '기러기 정신'이다. V자 대형을 이루어 장거리 여행을 하게 되면, 같은 에너지로도 훨씬 먼 거리를 날아갈 수 있다. 공기의 저항을 줄이면서 날기 때문이다. 지칠 때면 서로 '끼룩 끼룩' 소리를 내며 응원하는 노래를 부른다. 그러다 앞장서서 무리를 이끌던 리더가 힘들면 자리변경을 한다. 역할을 바꾸는 것이다. 이들에게서 팀워크와 시너지 효과 그리고 협동하는 리더십을 배울수가 있다.

NETWORK MARKETING

3장

네트워크 마케팅(시스템)은
이렇게 만들면 된다

네트워크
마케팅 현황

먼저 소매업 연매출액과 유통 사업별 매출 규모를 한번 살펴보고 네트워크 마케팅(다단계)업계의 매출 규모와 주요품목에 대해서도 살펴보도록 하자. 이어서 네트워크 마케팅 회사 시스템을 만들기 위해서는 무엇이 중요하며 어떻게 만들면 되는지 알아보려고 한다.

(1) 시장규모: 2018년 소매업 연매출액과 유통 산업별 매출 규모

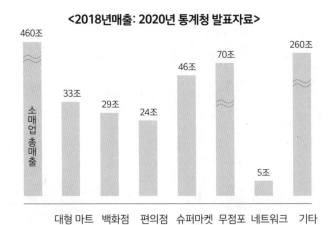

<2018년매출: 2020년 통계청 발표자료>

소매업 총매출: 465조 49억 원

대형 마트: 33조 4,536억 8,500만 원

백화점: 29조 967억 537만 원

편의점: 24조 4,065억 3,006만 원

슈퍼마켓 및 잡화: 46조 4,571억 200만 원

면세점: 18조 9,601억 7,000만 원

자동차 및 연료: 101조 5,524억 5,600만 원 　　　기타

전문점: 139조 8,844억 4,400만 원

무점포: 70조 3,229억 9,200만 원

네트워크 마케팅(다단계) 판매액: 5조 2,208억 원

무점포 판매액(70조) 가운데는 네트워크 마케팅의 매출과 온라인 쇼핑몰, 방문판매에서의 매출액이 함께 포함되어 있을 것이라 보여진다. 소매 판매업 총 매출액(465조)에 비해서는 물론이고 무점포 판매액(70조)에 비해서도 네트워크 마케팅의 실적은 너무 미미한 상태에 머물고 있다. 유통의 최첨단에 자리 잡고 있고 가장 경쟁력이 있는 유통인 네트워크 마케팅임을 감안한다면 현재의 10배 이상은 성장해야 할 것이다. 앞으로의 역할이 기대된다.

(2) 다단계(네트워크 마케팅)업계 매출과 주요 품목

<공정거래위원회 2020년 7월 15일(수) 배포 자료>

① **매출 규모**: 다단계판매액(2018년): 5조 2,208억 원

② **주요 취급 품목**: 건강식품, 화장품, 통신상품, 생활용품, 의료기기

화장품(2018년): 10조 320억 원 <2019년 통계청 발표 자료>

건강기능식품(2018년): 2조 5,220억 원 <2019년 통계청 발표 자료>

참고로 네트워크 마케팅에서 현재 주력 아이템으로 삼고 있는 화장품과 건강기능식품의 시장 규모는 약 13조 원(2018년 기준)이다. 그 외 통신상품이나 생활용품 그리고 의료기기에 대한 매출액은 산출하기에 어려움이 많아서 생략했다.

네트워크 마케팅 업계의 현황

5년간 업체 수 추이 <공정거래위원회 2020년 7월 15일(수) 배포 자료>

연도	2015년	2016년	2017년	2018년	2019년
업체 수	128개	124개	125개	130개	130개

5년간 다단계판매원 수 추이 <공정거래위원회 2020년 7월 15일(수) 배포 자료>

연도	2015년	2016년	2017년	2018년	2019년
등록 판매원 수	796만 명	829만 명	870만 명	903만 명	834만 명
후원수당 수령 판매원 수	162만 명	164만 명	157만 명	156만 명	152만 명

5년간 매출액 추이 <공정거래위원회 2020년 7월 15일(수) 배포 자료>

연도	2015년	2016년	2017년	2018년	2019년
매출액	5조 1,531억 원	5조 1,306억 원	5조 330억 원	5조 2,208억 원	5조 2,284억 원

5년간 수당 지급 추이 <공정거래위원회 2020년 7월 15일(수) 배포 자료>

연도	2015년	2016년	2017년	2018년	2019년
후원수당 총액	1조 6,775억 원	1조 7,031억 원	1조 6,814억 원	1조 7,817억 원	1조 7,804억 원

 ○2019년12월말 기준 다단계판매업자에 등록된 판매원 수는 834만 명
 ○2019년에 후원수당을 지급받은 판매원 수는 152만 명

　필자는 글을 쓰기 위해서 준비하는 중에 공정위 발표 자료를 보고 깜짝 놀랐다. 우선은 다단계판매원 등록수가 약 900여만 명에 이른다는 사실에 놀랐다. 어려운 사회적 분위기 속에서도 굴하지 않고 성장하고 있는 네트워크 마케팅 업계를 보면서 과연 경쟁력이 있고 미래지향적인 마케팅이라는 확신을 더욱 공고히하게 되었다.

　다음은 글로벌 기업들이 업계를 장악한 가운데서도 국내 기업이 당당히 2위에 올라 있는 것이었다. 1위에 오른 기업은 미국 기업인데, 그 기업은 미국에서 60여 년의 역사를 가지고 있고, 한국에 발을 들여놓은 지도 30년이 넘었다. 10여 년 남짓한 역사를 가진 국내기업이 오랜 역사를 가진 글로벌 기업들과 어깨를 나란히하고 있다는 사실이 놀랍기도 하고 또 자랑스럽기도 했다.

　하지만, 아직도 잘못된 인식과 업계의 발전을 저해하는 법률적인 문제 그리고 900여만 명이 이르는 사람들이 과연 네트워크 마케팅이 무엇인지 또 어떻게 해야 하는지 방법을 알고는 있을까 하는 의문은 지울 수가 없다. 그리고 여전히 잘못된 인식과 법률적인 문제는 마음을 무겁게

한다. 그래서 더더욱 사명감을 갖게 만든다.

(3) 노하우

필자가 일본을 출장 다니며 일을 하던 시절인 1989년, 일본에서 보고 느낀 점이 몇 가지 있다. 자칫 일본의 좋은 점만 말하게 될까봐 조심스러운 마음이 앞서지만, 이 글의 주제와도 맥을 같이하는 3가지 정도만 언급하고자 한다.

첫번째는 작은 규모이다.

신간센(고속열차)을 타러 가는 지하도 좌우에는 약 2평 정도 되는 상점들이 줄지어 있는데 그 가운데는 소바(일본식 국수)집도 있었다. 직장에서 은퇴했을 것 같은 중년의 남성이 앞치마를 두르고 혼자서 국수를 팔고 있었다. 매장 규모도 작고 직원도 없으니 불황이 닥쳐도 운영에 별 어려움은 없을 것 같아 보였다.

1980년대 후반 우리나라에서는 경쟁력이라는 말이 자주 회자되고 있었다. 국가 경쟁력은 무엇이며 기업의 경쟁력은 무엇인가. 나아가 국민 개개인의 경쟁력은 무엇인가를 생각하게 만드는 강연도 많이 있었다. 그리고 소호(SOHO, Small Office Home Office)가 유행하기 시작했다. 소호란 작은 사무실 혹은 가정을 사무실로 사용하는 것을 일컫는다.

몸집이 작으면 생존에 유리하다. 수익 창출을 많이 하지 못하더라도 견뎌낼 수 있는 맷집을 가지고 있는 것이다.

역사적으로도 지구에 재앙이 닥쳤을 때 덩치가 큰 동물은 멸종하고 말았지만, 덩치가 작은 동물들은 살아남았다는 사실을 우리는 학창시절에 배워서 잘 알고 있다. 그래서 "강한 자가 살아남는 것이 아니라 살아남는 자가 강한 자"라는 말을 수긍하고 있는 것이다.

그러므로 경제가 어려워진 지금 공룡 같은 기업보다는 소호나 1인 기업이 생존에 유리할 것이라는 사실도 유추해볼 수가 있다.

두 번째는 소통이다.

필자와 관련되었던 일본의 회사에서는 생산 책임자가 아침부터 퇴근시간까지 하루 종일 파트별로 책임자를 참석시켜서 장시간 회의를 주도했다.

계속되는 질문과 답변 그리고 토론을 하며 하루 종일을 보냈다. 점심은 도시락으로 때웠다. 오전 9시에 시작한 회의는 오후 6시가 되어서야 끝이 났다. 그렇게 한 덕분에 단 한 번의 회의로 시행착오 없이 일이 잘 진행되었다.

세 번째는 사람의 마음을 얻는 것이다.

필자가 출장 업무를 끝내고 호텔에서 공항 리무진을 타고 공항으로 출발을 할 때면 상대방 회사 남녀 직원 두 명이 배웅을 해주었다. 버스가 출발을 한 후 모퉁이를 돌아서 안 보일 때까지 자리를 뜨지 않고 손을 흔들어 주었다. 우리는 손님을 배웅할 때 차에 오르는 것을 보고 손을 흔들다가 출발과 동시에 손을 내리고 곧 돌아서는 것이 보통인데, 그 두 사람은 버스가 시야에서 사라질 때까지 손을 흔들어 주었다. 그 배려에 나는 마음이 그곳에 붙들리는 느낌을 받았다. 아직도 그 모습이 생생하게 떠오른다. 장사꾼이 얻을 수 있는 이문 가운데 가장 큰 것은 사람이라고 했다.

사람의 마음을 얻는 행동은 이런 작은 행위에서 비롯된다. 작은 행위에서 상대방의 진정성을 느끼고 감동하게 된다. 이런 작은 행위는 비용도 들지 않고 고통이 수반되지도 않는다. 사람의 마음을 얻는 행위는 어떤 비즈니스 기술보다도 뛰어난 것이다.

네트워크 마케팅 시스템 만드는 법

자체 아이템이 있는 경우

① 아이템

아이템은 매우 중요한 성공 요소가 될 것이다. 아이템이 매출과 수입을 책임져 줄 것이기 때문이다.

아이템의 첫째 조건은 효능이나 효과이다. 현존하는 제품들에 비해서 뚜렷하게 차별이 되는 효과나 효능이 있다면 일단 입소문을 달고 다닐 수 있으니 합격인 셈이다. 입소문이 나지 않으면 대량 판매는 어려울 것이며 지속적인 입소문이 나지 않는다면 바람 없는 날 연을 날리는 것과 같다. 힘들게 뛰어야 한다.

두 번째 조건은 가격이다. 고객들은 같은 품질이면 가격이 낮은 것을 선호한다. 품질이 좋고 가격이 비싼 것은 보통 있을 수 있는 일이다. 그러나 품질이 좋으면서도 가격이 싼 것은 드문 일이다. 그래서 고객들의 관심과 사랑을 받을 수 있다. 고품질이면서 저가의 제품이라면 사업가들은 사업활동을 하기가 매우 좋고, 롱런할 수 있다. 소득과 상관없이 소비만을 원하는 사람도 많이 생겨날 것이기 때문이다. 이런 환경은 사업가 즉 생산소비자들에게 매우 유리하게 작용한다.

세 번째는 소비 사이클을 염두에 두어야 한다. 고가인 내구재가 주력 아이템이 된다면 잘못된 방향으로 흘러갈 소지가 많다. 즉 내구재라면 한 번 구입을 하면 수개월에서 몇 년씩 사용할 수 있는 것을 말한다. 재구매가 어렵게 되어 곤란하다. 그렇게 되면 매월 새로운 사람을 가입시키고 제품을 구입하도록 해야 매출이 생기기고 수입도 발생하게 된다. 매출을 발생시키는 과정에 강요나 강매가 등장할 수 있다.

신규 매출과 매월 재구매 매출이 복합적으로 잘 어우러져야 좋다. 누구나 사용하는 생필품이 좋은 아이템의 영역에 든다. 이들의 가성비를 높이기 위해서 묶음판매도 시도해 볼 만하다.

② 보상 플랜 만들기

보상 플랜의 의미는 매출 증대에 기여한 사람들에게 보상을 해주고, 신규 매출 증대에 기여를 하도록 체계적으로 보상을 할 수 있도록 만드는 것이다. 영업비용을 선 지급하는 것이 아니라 매출이 발생한 후에 주는 비용이기에 보상이라는 용어가 사용되고 있다. 보상은 노력한 것에 대한 대가의 의미를 넘어 동기부여의 의미도 가지고 있다. 동기부여란 소비자도 소득 창출의 기회를 잡아 생산소비자가 되고 싶어 하는 마음을 갖게 하는 것이며, 생산소비자가 더 큰 수입을 목표로 비즈니스를 적극적으로 하도록 하는 데 있다.

보상 플랜을 실행하기 위해서는 패러다임의 변화가 필요하다. 영업비를 선 지출하지 않는 대신에 매출이 발생하여 회사 계좌로 들어온 돈의 일부분을 다시 내어주는 것이다. 수중에 들어온 돈을 다시 내어주기란 쉬운 일이 아닐 것이다. 그러나 걱정할 이유가 없다. 보상으로 지출한 돈은 마중물이 되어 더 큰 수입을 가져다 줄 것이기 때문이다.

보상 플랜을 실행하기 위해서는 가성비와 보상 규모를 동시에 염두에 두면서 만들어야 한다. 가성비 높이는 일에 치중하면 보상의 규모가 줄어들어 동기부여가 약할 수 있고, 보상의 규모를 크게 하면 수익의 규모가 커져서 동기부여는 강해질 수 있겠지만 비싸진 가격으로 인하여 매출 증대에 어려움을 겪을 수 있다.

가성비와 보상의 규모는 서로 반비례한다. 가성비가 높으면 보상의 규모가 작아지고, 보상의 규모가 커지면 가성비는 떨어진다. 이러한 문제에서도 어느 한쪽을 우선시 할 것인가 하는 문제에 부딪힌다면 보상의 규모보다는 가성비를 높이는 쪽을 선택해야 할 것이다. 가성비를 높이는 선택을 한다면 보상의 규모는 작아질 것 같지만 매출 발생이 수월하고 나아가 실적 달성도 용이해진다. 작아 보이는 보상의 규모는 박리다매 즉 더 많은 매출로 보상을 받을 수 있다. 가성비도 높고 보상의 규모도 키울 수 있다면 그야말로 네트워크 마케팅의 꽃을 활짝 피울 수가 있을 것이다.

가성비가 높아 생산소비자들도 재구매를 하고 단순 소비자들도 많이 확보된다면 네트워크 마케팅 회사는 롱런할 수 있다. 글로벌화의 길을 걸을 수도 있고, 강력한 경쟁력을 바탕으로 사업 확장의 길도 보장받을 것이다.

생산소비자와 단순 소비자들이 많은 경제 공동체는 그 자체가 큰 무기가 되고 경쟁력이 된다. 100만 명의 회원이 확보되었다고 하자. 그들이 한 달에 10만 원씩 구매를 한다고 하면 1,000억 원의 매출이 발생한다. 만약에 100만 명이 모두 생산소비자가 된다면 인적 인프라는 엄청난 폭발력을 가져 올 것이다. 같은 유통업계에서도 경쟁력을 보장받겠지만 모든 협상에서도 주도권을 쥐고 일할 수 있을 것이다. 그러니 네트워크 마케팅은 가성비를 높이고 수익의 규모를 키우는 일에 노력을 기울일 필요가 있다.

공장도가에 대한 수치는 회사나 아이템별로 얼마든지 다를 수 있다. 그러나 공산품의 평균치를 가지고 설명해 보도록 하겠다.

일반유통

네트워크 마케팅

A는 유통 경비이며 유통회사와 광고사가 취하는 경비이다. 일반적인 유통에서는 많은 유통경비를 소비자들에게 전가시키고 있으며 혜택은 유통회사들이 독식을 하고 있다.

B는 유통의 혁신 즉 직거래로 줄어든 만큼의 유통 경비를 소비자들에게 간접 수입으로 혜택을 준 후에 남아 있는 비용이다. 이것을 네트워크 마케팅 회사와 생산 소비자들 몫으로 나누는 것이다. 직거래를 하게 되면 대략 10~50% 정도의 유통경비를 절약할 수가 있다. 그래서 가성비를 높이는 것이며, B의 영역을 가지고 회사 몫과 보상 플랜(마케팅 플랜)에 사용하는 몫으로 나눈다. 네트워크 마케팅 회사와 생산소비자들의 몫을 구분짓는 것이다.

보편적으로는 수익금 가운데 회사가 30%, 생산소비자가 70% 정도 나누어 가지도록 만든다. 회사의 몫으로 정해진 30%는 판관비를 포함한 회사의 수익금이며, 70%는 생산소비자들에게 다양한 명목의 보상 비용으로 사용한다. 보상하는 방식은 보상 플랜에 따른다. 주의할 점은 전체 보상액이 매출의 35%를 넘어서는 안 된다.(현재의 관련 법률안에 의한 근거)

보상 플랜에는 네트워크 마케팅의 전문 용어들이 사용된다. PV(실적) 혹은 SV라는 용어가 사용되는데 이는 생산소비자들의 수당에 적용되는 실적이다. 실제 판매된 매출액과는 차이가 난다.

가끔 생산소비자들에게 적용되는 매출 실적이 실제 제품 판매 금액보다 작다고 불평을 하는 사람들이 있는데, 그것은 오해에서 비롯된 것이다. 불평을 할 일이 아니고 오히려 감사를 해야 할 일이다. 지금까지 필요한 제품들을 사용해 오면서 소비만 했지 소득창출을 해본 적이 있는가. 마트에서 포인트를 주기는 하지만 그것을 우리는 수입이라고 생각하지는 않는다.

PV와 같은 실적 개념을 도입하지 않고 매출에서 보상 혹은 수당을 주는 업체도 없지는 않다. 그들은 대체로 일반적인 방문판매 방식이거나 피라미드 상법에서 찾아볼 수가 있다. 그러나 그 수입은 어디서 왔을까. 그것은 제품 가격에 포함된 것이며, 결국은 제품을 구입하여 사용하는 소비자들의 부담으로 돌아간다.

PV와 같은 개념을 도입하지 않은 회사들은 네트워크 마케팅의 장점인 높은 가성비 등을 찾아보기 어렵다. 제품을 판매했을 때는 수입이 생기지만, 그렇지 않을 때는 수입이 중단되고 만다. 그들의 수당 지급은 오랜 시간이 지나기도 전에 한계를 드러낼 수 있지만 네트워크 마케팅은 손에 손을 잡은 인맥이 지구 한 바퀴를 돌아온다고 할지라도 그 모든 사람에게 보상(수당)을 지불할 능력이 있는 것이다.

보상하는 방법에 대해서 알아보자!

첫째, 본인의 직접 매출과 간접 매출을 모두 합산하여 정해진 %만큼 적립되는 형태의 보상이 있다. 이러한 보상은 가입 후 생산소비자 활동 초기에 적용하는 용도로 많이 사용된다. 직, 간접 매출이 더해진 캐시백이 확장된 개념이며, 브레이크 어웨이 방식의 전반부에 나타나는 것이 바로 그것이다. 이것은 퀵 머니가 된다. 즉 수입이 빨리 발생한다는 의미이다. 하지만 빅 머니가 되기는 어렵다.

둘째, PV 실적을 점수로 환산하여 각 생산 소비자들이 획득한 점수에 1점당 금액 즉 N가를 구하여 곱해서 주는 보상(수당)이 있다. 이것은 빅머니가 된다. 그러나 소득 발행에는 시간이 필요하다. 예를 들어서 리더십 보너스가 10% 책정되어 있다면 생산 소비자들이 획득한 총 실적의 10%를 그들이 획득한 총점수로 나누어 1점당 금액을 산출한다. 그 점당 금액을 각 사업자들이 획득한 점수에 곱하면 곧 수당이 되는 것이다.

셋째, 본인을 중심으로 그룹 내의 실적에서 정해진 %만큼 적용하는 보상(수당)이 있다. 이것은 생산소비자들의 센터 운영을 장려하기 위해서 사용되는 수당이다. 센터는 등록업무나 정보제공과 교육 그리고 사후 관리등의 업무를 담당하며 그에 대한 보상으로 지급받는 것이다.

넷째, 1/N 보상(수당)도 있다. 회사 전체 매출 실적에서 명목 보너스에 적용하는 %를 만들어서 그 것을 해당자들에게 1/N로 주는 것이다. 이러한 보너스는 승급 보너스 등에 적용하는 경우가 보편적이다.

보상 플랜에는 기본적으로 4가지 유형이 있음을 이야기한 적이 있다. 매트릭스, 브레이크 어웨이 유니레벨 그리고 바이너리 방식이며 이들을 서로 혼합하고 융합하여 만든 하이브리드 방식이 다양하게 만들어져 있다. 어떤 보상 플랜으로 만들지는 가장 중요한 아이템 선정 및 기본적인 준비가 된 이후에 결정할 일이다.

최근에는 바이너리 방식과 하이브리드 방식의 보상 플랜이 대세를 이루고 있다. 물론 어느 것이든 장단점은 있다. 본질은 보상 플랜은 매출 증대를 이루기 위해서 만들어진 마케팅 플랜이라는 것이다. 아이템과 잘 조화를 이루는 보상 플랜을 만들 필요가 있다. 그리고 가능한 심플한 내용이 좋다. 설명과 이해하기 쉬워야 사업도 쉽게 느껴진다.

보상 플랜 만들기 위한 기초작업에 대해서 예를 들어 설명을 해 보겠다.

ⓐ 남성용 스킨: 가격 15,000원 (PV3,000)

ⓑ 여성용 스킨: 가격 16,000원 (PV3,200)

ⓒ 유산균 : 가격 20,000원 (PV5,000)

ⓓ 치약: 가격 5,000원 (PV800)

ⓔ 칫솔: 가격 1,000원 (PV300)

ⓕ 건강기능식품: 가격 50,000원 (PV3,500)이라고 가정을 하면,

전체 매출액은 107,000원이다. 사업 매출실적은 PV47,300이 된다. 여기서 사업 매출 실적인 총 PV를 가지고 보상 플랜을 만드는 것이다. 이것은 곧 제품의 공장도가를 제외한 수익금에 해당되는 것이며, 축약된(절약된) 유통경비라고도 볼 수가 있다.

총 PV(47,300)의 30%인 14,190원은 네트워크 마케팅 회사의 몫으로 만들고, 70%인 나머지 33,110원을 가지고 보상 플랜에 의해서 지급을 하는 것이다. 70%를 정해진 수당(보너스)항목에 따라 적용하면 된다. 예를 들면.

후원수당: PV의 40%

직급수당(혹은 리더십 보너스): PV의 20%

센터 교육비: PV의 5%

여행 보너스: PV의 2%

자동차, 주택 보너스: PV의 3%

편의상 부가가치세는 제외했다.

이상과 같이 수당의 종류를 분류해 볼 수 있으며 배분하는 방법은 앞에서 언급한 내용인 4가지 방법이 있다.

③ 전산 시스템 만들기

사업 초기에는 경우에 따라서 수작업이나 엑셀로 수당 지급을 할 수도 있다. 그러나 인적인 인프라가 커지면 수작업으로는 불가능해진다. 모든 회원들의 정보 관리와 실적 관리에서부터 수당 지급을 위해서 각자가 획득한 점수관리와 점수를 금액으로 환산하기 위한 N가 산출, 그리고 각자에게 지급하게 되는 보너스 금액 등을 전산화하여 한 달에 1번이나 1주일에 한 번씩 전산을 가동해야 한다. 회사의 수당을 지급하는 정책에 따라 전산을 가동하는 기간이 정해진다.

그리고 소득이 있는 곳에는 세금이 따라다닌다. 모든 생산 소비자들에게 수당을 지급할 때는 소득세와 주민세를 원천 징수해야 한다. 인적 자원관리, 실적 관리, 수당 계산, 세금 원천 징수 등 이 모든 일들을 전산화해서 처리해야 한다. 규모에 따른 서버 용량이나 보안에 대한 대비

책도 필요하다. 최근에는 보상 플랜을 전산작업 해주는 전문 업체들도 많이 생겼으니 도움을 받는 것이 좋다.

④ 물류 시스템 만들기

입출고 및 재고 관리는 당연히 전산으로 처리해야 할 것이다. 제조사가 네트워크 마케팅을 한다면 기존의 전산화된 물류 관리 시스템으로도 보완하면 가능할 것이다. 하지만 판매 회사라면 물류 시스템에 대한 고민과 노력이 있어야 할 것이다. 회사가 물류 센터를 직접 운영하는 방법도 있고, 플랫폼으로서의 역할에 충실하면서 생산자(공급자)가 바로 주문자에게 배송을 하도록 하는 방법도 있다. 판매 회사가 물류 센터를 운영한다면 안정적인 공급은 가능할 것이다. 배송과 재고 관리 그리고 반품에 대해서도 책임 있게 일을 처리할 수가 있다. 그런 반면에 물류 이동과 관리 등에 대한 비용이 발생하게 된다. 그로 인해 제품의 가성비에 어떠한 영향이 생기는지도 고려해 보아야 한다.

플랫폼을 만들어서 생산자와 소비자 사이에서 연결자 역할을 하는 것도 얼마든지 가능하다. 오프라인 매장에서 눈으로 보고 손으로 만져 보고서 구매하던 시절은 분명히 지났다. 오늘날 우리나라에서 생산되는 대부분의 제품들은 거의 선진국 수준이어서 믿고 구매를 할 수 있을 정도가 되었다. 회사가 연결자 역할을 하면 물류비도 절약할 수가 있고 가성비를 높일 수 있어서 좋다. 제품 공급은 OEM(주문자 개발 생산)이나 ODM(제조자 개발 생산) 모두 가능하다.

플랫폼으로만 운영하는 네트워크 마케팅 회사는 양방향으로 비즈니스 영역을 감당해야 한다. 생산자 관리와 생산소비자 관리가 바로 그것이다. 생산자들은 소비자들의 제품에 대한 요구나 불만에 대해서 알기가 쉽지 않다. 그리고 입소문을 주 무기로 하는 네트워크 마케팅에 적절한 제품 생산과 공급도 필요하다. 즉 가성비를 높일 수 있는 품질과 신속한 배송체계를 갖추어야 한다. 플랫폼을 운영하는 네트워크 마케팅 회사는 소비자들의 니즈(needs)가 제품에 반영이 되도록 역할을 해야 하며, 주문에 대한 배송이 차질 없이 잘 진행되도록 만들어야 할 것이다.

일부 온라인 쇼핑몰에서는 생산자 직배송 체계를 시행하면서 제품에 대한 고객 불만을 해결하기 위한 방책으로, 제품을 수령한 고객들의 '구매 확정'을 확인하거나, 약 7일 간의 유예 기간을 두고 제조사에 제품 대금을 결재해 주는 시스템을 도입하기도 했다. 제품은 제조사(생산자)가 출고를 하고, 제품 대금은 플랫폼 업체가 받는다. 소비자들의 '구매확정'이나 유예기간이 지나면 비로소 정산이 이루어진다. 이러한 일은 고객 불만 요인 발생에 대한 대비책이기도 하다. 품질에 대한 관리, 배송에 대한 관리, 그리고 불만해결 및 가격 변동요인에 대한 관리 등을 통해서 고객과의 신뢰를 형성해 가는 것이다.

이런 경우 제조사(생산자)와 플랫폼사와의 신뢰 문제가 대두될 수 있다. 제조사들을 이해시키고 동참시키기 위해서는 앞으로의 비전보다는 신뢰가 우선일 것이다. 그래서 비즈니스 역량이 필요할 수도 있다.

네트워크 마케팅 회사는 가능한 제품에 대해서 물류 센터를 운영하다가 수요가 많아진 이후에는 다양한 아이템을 접목시킬 수 있는데, 그때 플랫폼 전략을 겸해서 운영해도 좋을 것이다. 어느 정도 수요가 있으면 제조사들의 참여를 이끌어내기가 어렵지 않을 것이다. 수요가 많다면 모든 협상에서 주도권을 쥐고 진행할 수도 있다.

이렇게 물류비를 절약하고 고객들에게 가성비 높은 제품을 공급하려는 온라인 업체들은 이미 많이 존재하고 있다. 다만 그들이 가지지 못한 것은 충성스러운 고객인 생산소비자들과 함께하는 네트워크 마케팅이다.

⑤ 교육 시스템 만들기

교육 프로그램은 모든 시스템 중에서 교육 시스템과 교육 능력이 가장 중요하다. 초보자들을 위한 기회미팅(STP, OPP)과 신규 사업자 교육(NDO)이 기본이며 중심 교육이 되어야 한다. 가장 초보적인 기회 미팅이 활성화되어야 한다. 이때 설득력과 동기부여를 불러일으킬 수 있는 스피커가 하는 것이 좋다. 오너나 성공자가 하되 다양하게 역할 분담을 시켜서 진행하는 것도 좋다. 기회 미팅은 처음으로 참석하여 검토하는 사람들에게 포커스를 맞추는 것인데, 바로 그 자리에서 동기부여가 발생하기 시작하면 사업의 수레바퀴는 굴러가기 시작한다. 기회 미팅에 참석한 사람들에게 동기부여가 분명해지면 인적 폭발은 기대해도 좋을 것이다.

또한 기회 미팅은 회사와 제품 그리고 사업설명으로 구성을 하되 체험 사례나 데모(시연)를 곁들여서 진행하는 것이 좋다. 다양한 퍼포먼스 가운데 어떤 것에서 동기유발이 될지는 아무도 모른다. 참석한 사람에 따라서 받아들이게 되는 느낌이나 반응이 다를 것이기 때문이다. 기회

미팅은 정해진 시간에 매일 하는 것이 좋다. 처음부터 많은 청중들을 기대하지 말고, 단 1명일지라도 그 한 명이 2명으로 늘어나고 또 다음날 4명으로 늘어날 수만 있으면 만점이다.

신규 사업자 교육은 성공 9원칙을 가르치고 실행하도록 한다. 나아가 비즈니스맨으로서 소양을 함양하는 기회도 삼는다. 신규 사업자 교육은 주 1회 정도 진행하는 것이 바람직하다.

1일 세미나는 부업자들을 위하여 하루 동안 종합적으로 진행한다. 평소에는 시간을 내기 어려우니 주말이나 공휴일 하루 동안 기회 미팅을 중심으로 다양한 교육 프로그램을 적용해서 동기유발이 되도록 하면 좋다.

랠리 교육은 보통 1~2일에 걸쳐서 하는 교육으로, 조직의 친밀감이나 유대를 강화하고 심화교육을 하는 기회로 삼는다. 장소는 연수원이나 팬션 등 조용한 곳이 좋고, 분기별로 진행하는 것이 좋다

컨벤션 대회는 대규모 행사로서 기회 미팅과 신규 사업자 미팅 나아가 승급자들의 인증식 등 다채롭게 구성한다. 동기부여를 일으키기에 좋은 행사인데, 해외여행과 곁들여서 진행을 하게 되면 더욱 좋은 효과를 얻을 수 있다. 여행의 즐거움과 함께 동기부여가 강하게 일어난다. 컨벤션 같은 퍼포먼스는 연례행사로 하거나 상반기 하반기로 나눠서 년 2회 정도로 진행하는 것이 좋다. 다국적 기업이라면 각국에서 참석하는 세계적인 행사로 진행하면 좋다.

네트워크 마케팅에 있어서 '교육'은 마스터키와도 같은 존재이다. 네트워크 마케팅에서 가장 핵심이 되는 가치는 동기부여와 복제인데, 그

것을 실현하기 위해서는 교육을 포함한 이벤트가 가장 효과적이다. 좋은 아이템이 준비되어 있다면 교육으로 시작해서 교육으로 성장을 하고 교육으로 성공할 수가 있다.

⑥ 건전한 문화 만들기

가성비 좋은 제품으로 무장하고 가장 합리적인 보상 플랜을 만들고 동기부여가 잘되는 교육 시스템을 갖추었다고 해도 이를 잘 운영해야 하는 과제가 남는다. 사람이 많이 모이면 반드시 문제도 따라온다.

첫째는 같은 목소리를 내기가 쉽지 않다. 모두가 개성이 다르고, 살아온 환경이나 보고 들은 것도 다르다. 경험이나 배움의 정도도 다르고 성격조차 다르다. 그러한 사람들이 모여서 하나의 경제 공동체를 이루기 위해서는 같은 방향을 바라보며 같은 목소리를 낼 수 있어야 한다. 예로부터 외부의 도적 10명보다 내부의 도적 1명이 더 위험하다고 했다. 내부적으로 분열이나 분란을 일으킬 수 있는 요인들을 차단할 수 있어야 한다. 동일한 생각과 행동으로 한 팀이 되도록 하는 문화가 필요하다.

둘째, 배팅을 근절하는 것이다. 네트워크 마케팅에서는 대체로 욕심이 과하여 불행한 결과를 만들어 낸다. 배팅을 하게 되면 일시적으로는 매출이 올라가서 좋을 수는 있다. 그러나 그러한 매출은 다음 달이 되었을 때 문제가 된다. 노력으로 실적을 달성하지 못하면 또 배팅을 해야 한다. 배팅은 결코 한두 번으로 끝나지 않는다. 그렇게 배팅을 해서 실적을 올리면 그럴 때마다 수당은 받을 수는 있다. 그러나 사재기한 제품이 집안에 쌓여 간다면 가정불화의 원인이 될 수도 있다. 그리고 매출을 올리지 못했을 때의 좌절감과 상실감은 회복이 어려울 만큼 클 수도 있다.

또한 사재기한 제품은 덤핑가격으로 세상에 나오게 될 것이다. 그렇게 되면 가격이 흐려져 정직하게 활동하는 많은 사람들에게 피해를 안겨주게 되고, 회사에는 나쁜 이미지를 안겨주게 된다. 부정적인 면이 많은 배팅을 회사의 감시망을 통해서도 막아야 하겠지만 사업자 모두가 수긍하고 받아들이는 문화가 자리 잡는 것이 좋다. 후속 조치로 제재를 가하는 것은 마지막 선택할 수 있는 카드로 사용해야 한다. 서로 마음 상하는 일이 생기지 않도록 예방하며 정직하게 활동하는 기업문화가 중요하다.

셋째, 다른 그룹에 가입되어 있는 사람을 스카웃하는 행위이다. 큰 제목이 될 것 같아 탐하게 되어 스카우트를 하는 경우도 있고, 혹은 상대쪽에서 인간관계가 원만하지 않아 불만을 가지고 이동을 원하는 경우도 있을 수 있다. 그러한 일이 발생하게 되면 조직 내에 큰 분란이 생기고 서로에 대한 불신풍조가 생기게 된다.

넷째, 이타적인 통일된 행동이 필요하다. 너는 너, 나는 나가 아니라 "우리"라는 생각을 모두가 갖게 하는 것이다. 우리가 회사를 지키고 발전시켜야 결국 우리 모두가 성공할 수 있다는 공동체 의식을 갖도록 만드는 것도 매우 중요하다.

다섯째, 꿈을 갖고 활동하는 사람이라면 모두가 교육에 참석을 하는 전통을 만들어야 한다. 사실 교육을 통해서 모든 정보 전달과 올바른 문화가 만들어진다. 그래야 개개인도 발전하고 회사도 성장을 보장할 수가 있다. 모든 교육이나 행사가 축제와 같이 즐거운 분위기 가운데 이뤄지면 좋다.

마지막으로 사가나 구호를 만드는 것도 좋다. 이를 통해서 단합된 힘은 기업을 더욱 견고하게 성장하도록 만들어 줄 것이다.

⑦ 성장 동력 만들기

회사의 성장은 생산소비자들의 역할에 달려 있다. 꿈을 갖고 활동하는 생산소비자들이 얼마나 되느냐가 중요하다. 특히 네트워크 마케팅 회사가 사업을 시작한 초기에는 비전이 중요한 역할을 하지만 그 비전에 따라 움직이는 생산소비자들의 활동과 열정에 의해 좌우된다. 생산소비자들의 열정을 이끌어내려면 그들에게 활동하는 만큼 수입이 충족되어야 한다. 그런데 일반적인 생필품으로는 그에 충족할 만한 소득을 만들어 내기가 쉽지 않다.

수당을 많이 챙겨주려고 하면 가격이 올라가서 가성비가 떨어진다. 높은 가성비로 무장한다면 박리다매로 수익을 창출해야 하는데, 상당한 시일이 소요될 수도 있다. 그렇게 되면 수입이 별로 안 된다는 소문이 등장하여 큰 장애물로 작용할 수도 있다. 가성비도 좋으면서 마진폭이 커서 수익 창출이 비교적 용이한 아이템이 필요하다.

성장 동력이 되어 줄 가능성이 있는 아이템으로는 Beauty & Health

즉 미용 관련 제품이거나 건강에 관련된 제품이 가장 유력하다. 의식주가 해결된 이후의 삶은 건강하게 장수하고, 보다 젊고 아름답게 살고 싶어 하는 것이다. 그런 니즈(needs)에 편승하여 발달된 기술은 그와 관련된 제품들을 끊임없이 연구 개발하고 생산해 내고 있다. 이러한 제품들은 일반적인 생필품과는 달리 유통마진이 많이 책정되어 있다. 바로 그러한 특성을 네트워크 마케팅으로 활용하는 것이다.

오늘날 건강을 위협하는 질병은 세균성 질환이 아니고 대사성 질환 즉 식원병이라고도 일컬어진다. 그러한 질병은 고칠 수 있는 약이나 병원은 없다. 다만 더 악화되지 않도록 관리를 하는 수준에 머물고 있다. 하지만 건강 기능식품은 식원병으로 인하여 신체의 기능이 저하되거나 망가진 기능을 보완하거나 어느 정도 개선해 주는 정도에까지 이르렀다.

이러한 건강기능식품은 고가의 재료비와 연구개발비 그리고 일반적이지 않은 유통 과정 등으로 인하여 가격대가 높다. 따라서 유통의 혁신을 이룬 네트워크 마케팅으로 직거래를 한다면 얼마든지 가격 경쟁력을 갖출 수 있음은 물론이고 일반 제품에 비해서 넉넉한 수익성을 확보할 수가 있을 것이다.

미용 관련 제품 역시 마찬가지다. 효과가 좋은 미용 관련 제품일수록 고가의 재료비와 연구개발비가 포함되고 높은 유통비용까지 더해서 소비자에게 전달될 것이다. 그래서 네트워크 마케팅을 만나면 가성비가 높아질 수 있다. 뿐만 아니라 생산소비자들은 보다 큰 규모의 수입 창출도 가능하다. 100원의 10%는 10원이지만, 1만 원의 10%는 1,000원이기 때문이다.

다이어트 제품은 아름다움과 건강(Beauty & Health) 두 가지 모두와 연관되어 있다. 그래서 다이어트 관련 제품은 앞으로도 더욱 사랑을 받을 아이템이 될 것이다.

미용과 건강 그리고 다이어트는 현대 사회를 살아가고 있는 대부분의 사람들의 관심권 안에 들어 있다. 그런 만큼 제품의 종류도 엄청나게 많고 다양하다. 갈수록 기술은 더욱 발전할 것이니 더욱 효능 효과가 좋은 아이템들이 세상에 나올 것이다. 그러한 제품으로 가성비를 갖추고 소비 사이클이 짧아서 재구매가 매월 발생하게 된다면 충분히 성장을 이끌어줄 것이라 확신한다.

성장을 이끌어줄 아이템이라는 근거는 시장성과 소득에 있다. 보리밥이 건강식품이 될 줄을 예전에는 상상이나 할 수 있었을까? 쌀이 부족하여 어쩔 수 없이 먹었던 보리밥이 요즘은 건강식품이 되었다. 보리밥이 영양가가 많아서 건강식품이 된 것이 아니라 영양가가 없어서 건강식품이 된 것이다. 아이러니가 아닐 수 없다. 오늘날 식원병은 영양(칼로리) 과잉 섭취에 의한 것이다. 과잉 섭취된 영양이 에너지로 방출되지 못하면 지방으로 체내에 쌓이게 되는데, 그렇게 쌓인 지방이 당뇨나 고혈압과 같은 성인병을 불러오는 것이다. 그래서 칼로리가 낮은 보리밥이 질병을 고쳐 주는 건강식품은 아니고, 성인병이라는 질병을 유발하지 않는 차원의 건강식품인 것이다.

건강 기능 식품은 건강식품과는 다르다. 예방과 더불어 개선의 효과까지 가져다주기 때문에 앞으로 문명이 발달하면 할수록 식탁도 풍요로

워지고 더 좋은 건강 기능식품이 나올 가능성이 많다.

네트워크 마케팅 사업에서 대규모의 자본이 필요한 것은 아니지만 어느 정도의 자본은 필요하다. 전산작업과 물류관리 등에서 직원이 필요하기 때문이다. 이를 뒷받침하는 자본금은 성장의 발판이 된다. 방문판매로 시작을 하다가 어느 정도 인프라가 형성되면 중소기업 창업자금 지원을 요청해 볼 수도 있고, 펀딩(투자금 모금활동)이나 주식발행을 통하여 자금을 모아 사업자금으로 활용할 수도 있다. 정부의 정책자금이나 기금을 활용하려면 부가세 신고 등의 합법적인 기업 활동으로 실적을 쌓을 필요가 있다.

네트워크 마케팅으로 기업을 만들면 경쟁력을 갖추게 되고, 충성심 높은 동반자들도 많이 생기며, 글로벌화의 길을 걸을 수도 있다. 그렇게 되면 비즈니스 영역을 세계로 넓힐 수가 있다. 꿈과 야망이 있는 사람이라면 꼭 도전해 보길 기대한다.

⑧ 플래그십(Flag ship)마케팅

기함 즉 대표 사업자를 육성하여 표본으로 삼는다. 즉 스타 마케팅이라고도 할 수가 있는데 외부의 유명인을 앞에 내세우는 것이 아니다. 회사 내에서 성공한 리더를 기수로 삼든가 아니면 리더가 될 사람을 정책적으로 육성을 하여 활용하는 것도 고려해 볼 필요가 있다. 이는 꿈을 가진 활동가들에게 미래의 모습을 실제로 보여 주며 꿈을 갖게 하는 것이다. 마치 큰 바위 얼굴과도 같이 많을 사람들에게 꿈과 목표라는 방향을 제시해주는 동기부여가 될 것이다.

⑨ 컨밴션(Convention)효과

1년에 한번이나 2번씩 정기적으로 하는 것이 좋다. 행사 때 새로운 성공자들의 인증식(시상식)과 신제품 발표회 같은 것을 하면 매우 효과적이다. 이러한 행사가 끝나고 나면 후광효과가 나타난다. 동기부여된 사업자들의 열정에 기름을 붓게 되어 매출 증대는 물론이고 사세가 확장되는 기운을 느끼게 될 것이다.

전국이 사업자 나아가 전 세계의 사업자들이 한자리에 모여서 진행하는 행사는 대단한 열기와 함께 축제 분위기가 될 것이다.

오너의 오프닝 멘트에 이어 오프닝 쇼 그리고 신제품 소개와 각국의 전통문화 소개 그리고 인증식과 갈라 이브닝 쇼에 이어 무도회로 마무리 짓는 행사는 흥분의 도가니 속에서 세계인이 서로에게 동기부여가 되는 매우 유익한 행사가 된다.

참여자 대부분이 하루라도 빨리 일터로 복귀하여 더 열심히 일을 하고 싶은 욕망이 불타오를 것이다. 이러한 동기부여는 참석한 대부분의 사람들의 마음속에 공존하게 된다. 여행과 함께 하는 행사는 더욱 시너지 효과를 가져다 줄 것이다.

네트워크 마케팅 사업에 있어서 동기부여와 열정을 지속시켜 주는 매우 유익하고 중요한 행사라고 할 수 있다.

자체 아이템 없는 경우

생산자와 소비자를 연결해 주는 역할만 전문적으로 하는 회사를 만드는 방법도 있다. 판매 전문회사인 나이키와 같이 생산자와 소비자 사이를 연결하는 플랫폼으로서의 역할을 충실히 하는 것이다. 해결해야 할 과제가 있다면 생산자들의 참여를 이끌어 내는 것과 플랫폼을 홍보하는 일이 될 것이다. 회사의 정책이나 역량에 따라 주문자 생산 방식인 OEM이나 개발자 생산 방식인 ODM으로 아이템을 확보하는 방법도 있을 것이다.

제품 판매와 홍보는 비즈슈머(일하는 소비자)들에게 위임하면 된다. 소비자들을 경제의 중심으로 끌어들여서 프로슈머(생산소비자)가 되게 하는 것이 일반적인 온라인 쇼핑몰과는 다른 점이 될 것이다.

프로슈머(생산소비자)가 비즈슈머(일하는 소비자)로 전환이 되기만 한다면 기업은 괄목할 만한 성장을 이룩하게 될 것이다. 제3의 물결에 따라 프로슈머(생산소비자)가 자연스럽게 만들어지는 존재라면 비즈슈머는 좀 더 적극적인 자세로 일을 하게 되는 프로슈머(생산소비자)라고 할 수가 있다. 비즈슈머는 1인 기업이며 디지털 유목민이 되는 색다른 비즈니스 맨이 된다.

네트워크 마케팅은 소비자도 프로슈머나 비즈슈머로 만드는 에너지를 가지고 있다.

네트워크 마케팅 회사가 플랫폼을 만들기

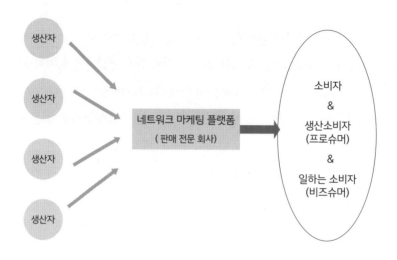

① 생산자들은 생산자 연합회나 생산자 협동조합을 결성하여 네트워크 마케팅을 활용하는 플랫폼을 만드는 방법도 있을 것이다.

② 플랫폼 회사가 생산자들의 동참을 이끌어내는 방법도 가능하다. 이러한 방법은 탁월한 비즈니스 수완이 있거나, 어느 정도 유통채널이 만들어진 다음에는 손쉽게 시도해 볼 수 있을 것 같다.

③ OEM(주문자 생산방식), ODM(개발자 생산방식)으로 네트워크 마케팅 플랫폼 회사를 운영할 수도 있다. 이러한 경우는 자본력과 유통채널을 어느 정도 확보가 된 후에 시도해 볼 수 있을 것이다. 어느 정도 생산할 자본력과 소비시킬 유통채널이 있을 때 시도해 봄직하다.

어느 것이든 네트워크 마케팅의 원리에 맞는 가성비와 수익성이 확보되어야 한다. 높은 판매수당만이 아니다. 적정한 규모의 재정으로 합리적인 보상 플랜에 의해서 운영되어야 할 것이다.

네트워크 마케팅의 진정한 가치는 보상 플랜에 의해서 나타난다. 인적인 네트워크는 보상 플랜에 의해서 살아있는 광고와 함께 쉼 없이 나무가 자라듯이 성장해나갈 수가 있다.

좋은 도구(사업수단)를 잘 활용하여 좋은 세상을 만드는 데 쓰임 받게 되기를 기대해 본다.

쇼핑몰 유저(사용자)
확보하기

쇼핑몰+네트워크 마케팅

온라인에서 판매하는 인터넷 쇼핑몰이 많아졌다. 기존의 유통업체들을 말할 것도 없고 각 지방의 지자체들도 그 지역의 특산물이나 농수산물을 판매할 수 있도록 지원하며 육성하고 있다. 바야흐로 온라인 쇼핑몰도 전성기를 맞이하고 있지만, 그 만큼 경쟁이 치열해지고 있다는 증거이기도 하다.

문제는 쇼핑몰을 널리 알려서 유저(사용자)들을 많이 확보해야 하는 중요한 과제를 안고 있다. 대중매체를 통한 광고는 비싼 광고비용을 감당해야 하며, 지속적으로 광고를 하기란 쉽지 않다. 한편으로는 상생하기 위한 방편의 하나로 대기업들이 광고를 돕기 위해서 발 벗고 나서거나, 각 지역의 지자체나 중소 기업청이 해당 지역 업체들의 홍보를 지원하기도 한다.

모두가 그러한 혜택을 동일하게 누리는 것은 아니겠지만 경쟁에서 한발 더 앞서나가기 위해서는 차별화된 마케팅 전략이 별도로 필요할 것이다. 유저들을 확보해도 지속적으로 애용자가 되도록 만들어야 하는 과제가 남아 있다.

마케팅 전략 3가지

(1) 입소문을 활용할 준비를 갖춘다.

입소문의 첫째 조건은 좋은 제품을 싸게 구입할 수 있는 가성비일 것이다. 그다음은 편의성이다. 원하는 제품 검색과정, 주문과정, 결재과정, 그리고 배송 문제 등이 거기에 속할 것이다.

(2) 소비자들이 일하게 하라.

네트워크 마케팅을 최대한 활용하는 것이다. 일반 쇼핑몰의 유저(사용자)들은 충성도가 희박하다. 더 좋은 조건의 쇼핑이 보장된다면 언제든지 이동이 가능하다.

가성비는 고객의 마음을 불러 모으겠지만 확장성은 그리 강하지 않다. 보다 적극적인 입소문을 이끌어 내려면 보상보다 더 좋은 것은 없을 것이다. 애용자들에게 쇼핑몰 발전에 기여한 만큼 경제적인 혜택을 준다면 유저들의 반응은 어떨까.

자칫 다단계라는 오해의 소지도 있고 다단계 판매법에 저촉될 여지가 있을 수도 있을 것이다. 하지만 현금화 할 수 없는 포인트로 준다면 어떨까. 포인트로 제품을 구입할 때 사용할 수 있도록 혜택을 준다 해도 많은 사람들의 관심을 끌게 될 것이고 환영을 받을 것이다.

필자의 경험에 의하면 10% 정도 혜택을 주는 카드 사용을 즐겨한다. 사용하는 재미도 있고 사용하는 것이 즐겁기도 하다. 또 단골 쇼핑몰과 인터넷 서점에서는 포인트를 적립해주는데 가끔씩 적립된 포인트를 사용 할때면 기분이 좋아지는 나를 발견하곤 한다.

포인트 주는 방법을 두가지 정도 생각해볼 수가 있다. 캐시백과 같이 구매 금액에 대한 적립방법이 있을 것이고 누군가에게 입소문을 내어 그로 인한 매출이 발생하게 되었을 때 주는 보상 성격의 포인트가 있을 것이다.

기존의 마트들은 보통 0.5% 정도의 포인트를 적립해준다. 너무 미약하여 안중에 없다. 그러나 10~30% 정도의 포인트를 적립해준다면 관심을 갖지 않을 유저는 없을 것이다. 잘 만들어진 쇼핑몰이라면 아마도 모두가 대환영을 할 것이다. 아마도 오프라인 쇼핑몰은 기본적으로 지출되는 경비가 많아서 어려울 수 있겠지만 온라인 쇼핑몰을 가능할 것 같다.

그렇다면 이러한 마케팅이 불법일까? 기업이 독식하지 않고 고객들과 나눔을 하는데 오히려 장려해야 하지 않을까. 소비자가 입소문하여 매출 증대를 이끌어 기업의 발전에 기여하고 그에 대한 보상을 받게 되면 바로 프로슈머(생산소비자)가 된다. 소비자와 기업은 동반자 관계이니 서로 유익한 관계가 될 것이다. 일정 포인트 이상일 때 현금화 할 수 있도록 하는 방법도 연구해볼만 할 것이다.

⑶ 유저 스스로가 직접 구매에 대한 적립 포인트와 후원활동을 통한 보상 포인트를 확인할 수 있는 전산 시스템을 만든다.

인터넷 쇼핑몰 '마이페이지'에서 두 종류의 포인트 적립현황에 대해서 확인할 수 있도록 한다면 쇼핑몰 유저 확보와 유저들의 충성도는 상상 이상으로 나타날 것이다.

이를 실천할 만한 여력과 능력이 중요한 관건이 될 것이다. 그렇게 만들어진 인테넷 쇼핑몰은 여느 쇼핑몰보다 경쟁력이 강하게 나타날 것이다. 아마존이나 알리바바를 추월하는 쇼핑몰이 나타나길 고대 해본다.

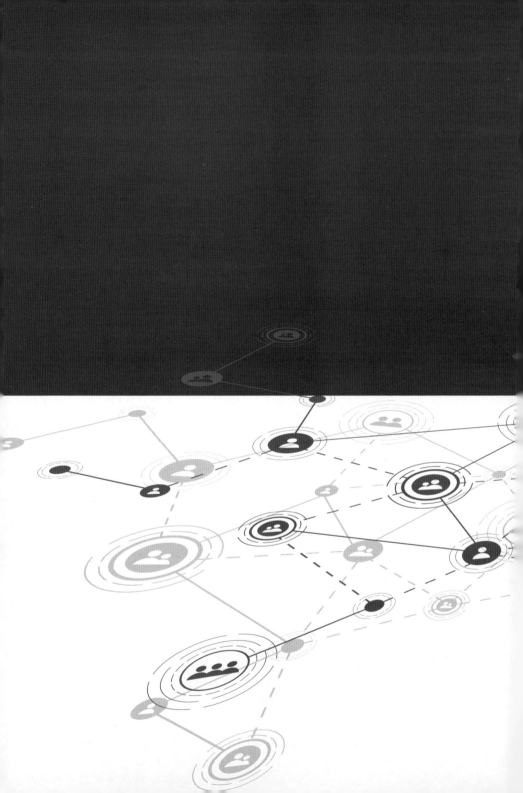

3부

네트워크 마케팅 기업의 성과, 그리고 과제

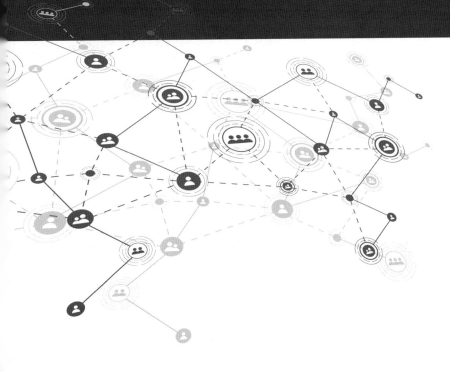

NETWORK MARKETING

1장

**네트워크 마케팅의
성과**

유통의 혁신을 견인

　유통 과정은 가격 결정에 매우 중요한 영향력을 갖고 있다. 가격은 마케팅 차원에서 또한 매우 중요한 문제 가운데 하나이다. 가격이 곧 매출 증감의 요인으로 작용할 수도 있으며 나아가 수익성에까지 영향을 미치기 때문이다. 예를 들어서 적게 팔아도 많이 남길 것인가 아니면 적게 남기더라도 많이 팔아서 더 큰 수익을 볼 것인가 하는 문제는 기업의 매우 중요한 마케팅 전략이 될 것이다.

　적게 판매를 할 때보다는 많이 판매를 하게 될 때 일은 더 많아진다. 그러면 많아진 일의 분량만큼 인력이 투입되어야 하고 곧 인건비 상승으로 이어질 수도 있을 것이다. 하지만 오늘날 잘 발달된 기술과 전산은 인력을 대체할 수가 있다. 대량 판매로 인하여 발생할 가능성이 있는 인건비도 잘 발달된 디지털 자산으로 줄일 수가 있는 것이다.

　그리고 가격에 있어서 가장 많은 부분을 차지하고 있는 비용이 유통 비용이다. 전국이 1일 생활권 안에 들어간 것은 이미 오래전의 일이고 요즘은 바닷가에서 나오는 신선한 회를 아침에 주문해서 저녁 밥상에 앉아서 먹을 수 있는 세상이 되었다. 이러한 일 역시 잘 발달된 도로와 교통수단 그리고 전문 배송 시스템 덕분이다.

모든 기업들은 많이 판매하기 위해 노력하고 있다. 기업들은 많이 남기기를 원하고 소비자들은 싸게 사기를 원한다. 기업들이 많이 남기기 위해서 제품의 가격을 높게 책정할 수도 있다. 10개를 판매하는 것보다는 1개를 팔아서 보다 더 많이 남길 수만 있다면 일의 분량도 줄어들어 좋을 것이다.

그러나 소비자들의 생각은 다르다. 기업들이 돈을 많이 벌지 못하게 할 생각은 조금도 없지만, 비싼 값을 지불하고 싶지는 않다. 오히려 지출을 줄이길 원한다. 그렇다면 기업들은 소비자들의 그러한 구매 욕구에 부응해야 할 것이다.

소비자들의 욕구를 충족하기 위해서 해야 하는 많은 노력들 가운데 유통 경비가 가장 먼저 연구 대상이 되어야만 할 것이다. 유통과정에서 발생하는 비용이 가장 크기 때문이다. 그런데 어떻게 유통 과정을 줄일 수가 있을까.

소비자들이 유통회사를 거치지 않고 공급자에게 주문을 하면 공급자는 바로 소비자에게 직접 공급을 해주면 된다. 유통 업자를 거치지 않고 직거래를 하게 되면 경비를 절약할 수가 있다. 그러나 문제가 있다. 첫째는 제품에 대한 정보를 누가 소비자들에게 알리느냐는 것이다. 두 번째는 배송인데 배송은 전문 택배사를 활용하면 해결이 될 것이다. 세 번째는 고객 관리인데 제품 사용법에 대한 설명이나 사후 관리가 있어야 한다. 네 번째는 매출을 누가 견인해 줄 것인가 하는 문제이다.

공급자가 소비자들에게 제품을 알리기 위해서 항상 대중 매체를 이용해서 광고를 하기는 어렵다. 그렇게 된다면 광고비용이 또한 부담스럽게 된다. 고객 관리 역시 불편함이나 불만요인이 사전에 예방되거나 사후에라도 해소가 되어야 하는데 그러한 일들을 소홀히 할 수는 없다. 그리고 끊임없이 매출이 발생하고 증대되어야 하는데 그러한 일들을 어떻게 해결할 수가 있을까. 생산자(공급자)와 소비자가 직거래를 하는 것은 최상의 유통구조일 것이다. 하지만 앞에서 언급한 문제들을 해결하지 못하면 직거래도 빛을 잃고 말 것이다.

네트워크 마케팅은 바로 그러한 문제들을 모두 해결해 주고 있다. 체험을 바탕으로 하는 입소문은 광고 혹은 정보제공의 수단이 되고 상호 간에 원활하게 이루어지는 소통은 궁금증이나 불만 해소 역할을 하게 되며, 보상 플랜에 의해서 탄생하게 되는 생산소비자는 지속적으로 매출이 발생하도록 이끌어 줄 것이다.

누구도 직거래를 실행하기는 쉽지 않았던 것이 현실이었지만, 네트워크 마케팅은 유통을 가감하게 파괴하고 직거래를 실현하고 있는 것이며 앞으로도 유통의 혁신과 발달을 촉진하게 될 것이다.

기존의 마케팅을 하고 있는 경쟁사들 역시 가격 경쟁력을 갖추기 위해서 노력하게 될 것이다. 즉 네트워크 마케팅은 유통의 첨단에서 혁신을 견인하게 될 것이다.

경쟁력을 높이다

경쟁력은 참으로 중요한 문제이다. 경쟁에서 뒤떨어지는 순간 파국을 맞이하게 된다. 지금까지는 소매시장을 주도해 온 것은 오프라인 상에 존재하는 유통일 것이다. 그동안 유통업체들이 운영하는 매장을 통해서 전성기를 누렸다. 그러나 오프라인 매장 판매의 양상도 온라인 판매와 겸하는 변화의 길을 걷게 되었으며, 앞으로 또 다른 형태로 발전되어 갈 것이다.

백화점이 전성기를 누리던 시절이 있었다. 전국 대도시의 교통 중심지에는 백화점들이 자리를 차지하고 있었다. 그러나 대형 마트들이 백화점의 매출을 앞지른 것은 이미 오래전의 일이다. 그동안 발달된 기술력은 좋은 제품들을 양산하게 되었고, 가성비에서 백화점보다 앞섰기 때문이다. 따라서 백화점의 수는 줄어들기 시작했다. 그 자리에 기업형 대형 마트들이 밀고 들어왔다. 심지어는 백화점의 매출 일부와 재래식 시장의 매출까지도 대형 마트들이 잠식을 하기에 이르렀다.

급기야 정부에서는 재래식 시장과 골목 상권을 보호하고 살리기 위한 고육책을 내놓기에 이르렀다. 대형 마트들의 영업시간 제한과 의무 공휴일을 지정하여 시행하도록 했다. 대형 마트가 이러한 규제의 영향을 받는 사이에 온라인 쇼핑몰들의 약진이 이뤄졌다.

좋아진 경제 여건은 구매력 상승을 가져다 주었고, 젊은 층들의 능숙한 인터넷과 모바일 사용은 온라인 쇼핑몰들의 성장을 이끌고 있다. 결국 경쟁력에서 밀린 오프라인 매장들은 몸집 줄이기에 돌입하기 시작했다. 오프라인에 매장을 운영한다는 것은 막대한 매장 운영비용을 감당해야 한다. 시설비, 매장 운영을 위한 경상비와 부대 경비 등등을 매출에서 발생하는 이익금으로 감당해야 한다. 그러나 매출 자체가 감소하기 시작했으니 당연히 수익금도 줄어들어 매장 운영이 어려워질 수밖에 없게 된 것이다.

반면에 온라인 쇼핑몰은 여러 가지 측면에서 적은 비용으로 운영할 수가 있어서 유리하다. 그렇다고 온라인 쇼핑몰 모두가 성공적인 길을 걷게 되지는 않을 것이다. 우선 소비자들에게서 인지도를 얻어야 하며 지속적으로 쇼핑을 하도록 만들어야 하는 과제가 남아 있다.

근래에 들어서 온라인상의 쇼핑몰들이 폭주하듯이 생겼다. 백화점도 대형 마트도 모두 자체 온라인 쇼핑몰을 오프라인 매장과 연계하여 운영하고 있으며, 홈쇼핑이나 그 외 전문적인 온라인 쇼핑몰들도 많이 생겼다. 소비자 입장에서는 매우 좋은 일이 벌어지고 있는 것이다. 제품의 가성비는 높아지기 시작했다. 소비자들은 선택의 폭이 넓어진 만큼 소비생활이 편리하고 유리해졌다. 하지만 공급자 입장에서는 피말리는 경쟁을 하고 있다고 보여진다.

필자는 미국의 아마존이라는 쇼핑몰에서 해외 직구로 책을 구입했었다. 현재는 아마존에서 책뿐만 아니라 원하는 것이면 거의 모든 제품들을 구입할 수가 있다. 후발주자 알리바바가 몇 년 전 미국 증시에 상장을 하고 영업을 시작했다. 중국 국적의 알리바바도 세계적인 온라인 쇼핑몰이 되었다.

이들은 유통업계에서 거대한 공룡과 같은 업체들을 밀어내고 새로운 유통 강자로 자리매김을 하고 있다. 유통의 변화도 이끌고 있다. 온라인 쇼핑몰이 하나의 거대한 플랫폼이 되어 전 세계의 생산자와 소비자들을 연결해 주고 있는 것이다. 유통의 혁신을 이룬 것임에는 틀림이 없다. 그렇다면 온라인 쇼핑몰에서 아마존이나 알리바바가 유통의 최강자일까. 그들보다 더 강한 놈은 나타날 수는 없을까. 필자는 얼마든지 가능성이 있다고 믿는다. 바로 네트워크 마케팅 업체이다. 네트워크 마케팅 업체들도 모두가 온라인 쇼핑몰을 활용하고 있다. 그 이유는 간단하다. 경비 절약으로 가성비를 높이고 경쟁력을 갖추기 위해서이다.

네트워크 마케팅 업체가 일반적인 온라인 쇼핑몰을 운영하는 업체들보다가 경쟁력이 더 강한 이유는 간단하다. 쇼핑몰을 이용하는 고객들의 충성도가 다른 것이다. 일반적인 쇼핑몰의 고객들은 그 업체에 충성할 이유가 전혀 없다. 그냥 편리하고 좋아서 쇼핑몰을 이용하는 것 외에는 아무것도 없다. 그러나 네트워크 마케팅 업체에서는 충성할 이유가 분명히 존재한다.

네트워크 마케팅 업체는 고객들을 생산소비자(프로슈머)나 동업자로 인정을 해준다. 보증금이나 담보를 요구하지도 않는다. 사용해 본 경험에 확신을 갖게 되면 그러한 경험을 입소문으로 생산소비자 대열에 진입하게 되는 것이다. 생산소비자들이 일을 할 수 있는 시스템은 회사가 제공을 한다. 다만 소비자가 소비자를 만들어 나가면 된다. 그에 대한 보상으로 회사에서는 수익금의 일부분을 보상 플랜에 의해 분배를 하면 되는 것이다.

고객 입장에서 생각을 해보자. 가성비 좋은 제품을 사용만 하는 것과 그 제품을 이용하면서 생산소비자가 되어 경제적인 혜택을 누리게 되는 것 중에 어떤 것을 더 선호할 것이라 생각되는가.

이것은 선택의 여지가 없는 일이다. 게다가 제품이 판매될 때까지 보상의 혜택을 받게 된다면 그 충성심은 회사에서 급여를 받고 일하는 직원들보다도 더 클 수도 있음을 짐작할 수가 있다. 충성심이 강한 생산소비자들이 100만 명이라면 100만 명의 홍보사원들이 활동을 하고 있는 것과 같으며, 1,000만 명이라면 1,000만 명의 충성스러운 홍보맨들이 회사의 성장을 이끌 것이라고 예상해 볼 수가 있다.

이에 맞서기 위한 유통업계의 노력은 경쟁적으로 가성비를 높이려고 애를 쓸 것이고, 소비자들의 선택을 받기 위해서 최선을 다하게 될 것이다. 따라서 네트워크 마케팅은 가성비를 높이는 경쟁도 견인할 것이며, 유통의 최후의 승자로 자리매김하게 될 것이다!

일자리 창출

가장 최근 공정거래 위원회에서 2020년 7월 15일에 보도 자료에서 발표한 내용을 바탕으로 분석을 해보고자 한다.

최근 5년간 업계의 동향을 먼저 살펴보도록 하겠다. 현재 정식으로 활동을 하고 있는 회사는 약 130여 개에 이르고 있다. 매년 10여 개 안팎으로 증감은 있으나 평균적으로 꾸준히 130여 개 회사가 영업을 하고 있는 것으로 드러나고 있다.

최근 5년간 가입자 수

연도	2015년	2016년	2017년	2018년	2019년
등록 판매원 수	796만 명	829만 명	870만 명	903만 명	834만 명
후원수당 수령 판매원 수	162만 명	164만 명	157만 명	156만 명	152만 명

최근 5년간 매출액 합계 추이

연도	2015년	2016년	2017년	2018년	2019년
매출액	5조 1,531억 원	5조 1,306억 원	5조 330억 원	5조 2,208억 원	5조 2,284억 원

최근 5년간 후원수당 지급 총액 추이

연도	2015년	2016년	2017년	2018년	2019년
후원수당 총액	1조 6,775억 원	1조 7,031억 원	1조 6,814억 원	1조 7,817억 원	1조 7,804억 원

위 자료에서 살펴 보면 매출액 대비 후원 수당 지급 비율은 약 33% 안팎이 된다. 이것이 바로 다단계판매법에서 제한하고 있는 매출 대비 수당의 한계(35% 이내)가 드러나 있는 것이다. 한 가지 주목해야 할 내용은 매출액에는 제품의 제조원가 및 공급회사의 이익금도 포함이 되어 있다는 사실이다.

후원 수당으로 지급된 비용은 일반 유통에 대입을 해서 분석해보면 유통업체들이 챙겨 가는 비용이다. 네트워크 마케팅은 보상 플랜에 의해 생산소비자들에게 지급을 해주고 있다. 이는 곧 소득 증대로 소득 양극화를 완화시킴과 동시에 수 많은 일자리를 창출하는 효과로 나타나고 있다.

연간 3,000만 원 이상 수령한 사람은 10,400여 명에 이르며 연 50여 만 원 이상 수령한 사람은 151만 명에 이른다고 한다. 이는 일반 유통

업계에서는 찾아볼 수가 없는 소득 분배이며 일자리 창출인 것이다. 현재는 1만여 명의 일자리가 마련되었지만 시간이 지날수록 그런 혜택을 누리는 사람들이 늘어날 것이다. 이것은 후원방문판매를 제외한 통계이다.

소비자가 애용자가 되고 애용자가 생산소비자(프로슈머)가 되는 일은 극히 자연스러운 일이다. 강요나 강매와 같은 부작용이나 사회적인 문제를 야기하지 않는 기업 활동이 이렇게 많은 사람들에게 혜택을 나눠 줄 수 있다는 사실 하나만으로도 네트워크 마케팅은 이미 사회적인 공헌을 하고 있으며 앞으로 더욱 발전 가능성이 있다고 믿어진다. 현재 시장규모에서 10배가 성장한다면 10만 개 이상 양질의 일자리가 만들어지는 것이다. 그것도 파이프라인 수입 즉 권리 수입을 가져다 주는 최고의 직업을 만들어 내는 것이다.

NETWORK MARKETING

2장

네트워크 마케팅의 과제

다단계라는 이름

1980년 후반 선진 유통으로 국내에 처음 선을 보였을 당시는 MLM(Multi-Level-Marketing)으로 소개되었다. 너무나 생소한 마케팅에 대해 정보도 지식도 부족했고, 대응할 만한 인적 자원도 부족했다. 1992년 방문판매법이 만들어졌지만 방문판매법으로는 MLM을 가장한 피라미드 상법이 난립하고 과열되어 피해자가 속출해도 속수무책이었다. 방지하거나 대책을 세우기가 어려웠다.

대전 EXPO가 있던 1993년에는 대표적인 다국적 기업이었던 미국의 A사와 S사의 지사장이 구속되는 일도 있었다. 하지만 피해자를 양산해서 민원을 많이 발생시킨 회사는 오히려 국내의 S사와 I사였다. 국내의 S사는 자석요라는 아이템을 가지고 있었고, I사는 컴퓨터를 주 아이템으로 가지고 있었다. 이 두 회사는 모두 피라미드식 상법의 대표나 다름없다. 물론 두 회사의 대표와 대표 사업자들도 구속을 피해갈 수가 없었다. 이 두 회사에서 경험을 쌓은 사람들은 훗날에도 수없이 많은 피라미드 상법의 회사를 만들어 세상을 어지럽히게 됐는데, 불법 피라미드 회사 창업자 양성소나 다름없게 되었다.

미국계 회사의 지사장들은 모두 석방되었다. 검찰 수사결과 회사의 불법적인 요인이나 비리가 드러나지 않았고, 미국과의 통상마찰을 야기할 수도 있는 민감한 시기였지만, 조건 없는 석방으로 다행히도 잘 해결되었던 것이다.

이 사건이 계기가 되어 국내에도 합법적인 회사는 양성하고 불법적인 회사는 피해 방지 차원에서 근절시킬 필요성이 대두되었다. 1993년 민자당 주도로 공청회를 거쳐서 다단계판매법을 만들기에 이르렀으며, 이듬해인 1994년부터 법이 적용되었다. 그리고 피해자가 발생했을 경우 구제해 주기 위해서 공제조합도 만들어졌다. 먼저 직접판매 공제조합이 생겼고, 뒤를 이어 특수판매 공제조합이 탄생했다.

그 후 피라미드 회사나 피라미드 상법이라는 용어가 차츰 자취를 감추기 시작했다. 대신 다단계라는 용어가 그 자리를 대신했다. 그때부터 '다단계'라는 용어는 합법성과 불법성 모두를 내포하고 있는 참으로 미묘한 용어가 되었다. 법적인 관점에서는 합법성을 내포하고 있고, 마케팅 차원에서는 피라미드 상법의 그림자가 어른거렸다. 피라미드 상법과 다단계를 동일시 하는 정서와 함께 다단계에 대한 오해와 논란은 오늘날까지도 이어지고 있는 것이다.

다단계가 무엇인가? 용어 자체를 두고 생각을 해보면 단계가 많다는 의미이다. 단계가 많으면 당연히 제품 가격은 비싸질 수밖에 없다. 그러나 네트워크 마케팅은 단계가 많은 것이 아니라 오히려 직거래 시스템으로 운영되며 가격도 싸다. 그러니 '단단계'이다. 그럼에도 불구하고 왜 다단계라고 불리어지고 있는 걸까.

네트워크 마케팅의 역사를 거슬러 올라가보면 원조국인 미국의 샤클리, 에이본과 같은 회사도 있지만 암웨이가 가장 대표적인 회사일 것이다. 뉴트리 라이트라는 건강식품 회사에 근무하던 두 청년이 독립하여 세제를 가지고 MLM 회사를 창립했지만, 미국 내에서도 불법적인 상법이라는 논란에 휩싸인 적이 있었다. 1959년에 시작하여 1979년까지 약 20여 년간 길고 긴 법정 다툼을 벌여야 했다. 다행히 1979년에 이르러서야 미 연방 거래위원회(FTC)로부터 합법성을 인정받았다.

그때부터 미국 국적의 MLM 회사들은 전성기를 맞이하게 되었으며, 앞다투어 세계로 진출하는 쾌거를 이루어 냈다. 하지만 미국을 제외한 대부분의 나라에서는 MLM을 수용할 준비가 되어 있지 않았고, 어떻게 관리를 해야 할지도 알지 못 했다.

그 당시 창업한 대부분의 미국 회사들이 보유하고 있는 보상 플랜은 브레이크 어웨이 방식이다. 이 보상 플랜을 살펴보면 여러 계층 즉 계단처럼 보이는 여러 단계가 보인다. 보상 플랜을 설명하려면 그림을 그려야 하는데 그림에서 보이는 여러 단계와 용어에서 느껴지는 멀티레벨은 곧 우리말로 다단계로 번역이 되어 법률 용어로 사용되기에 이르렀다. 보상 플랜에서 보여주는 '멀티레벨'은 유통에서 유통구조가 많다는 의미의 '다단계'와는 완전히 다른 의미를 갖고 있다.

실제적인 다단계 구조를 쉽게 설명을 해보자면 화물연대를 예로 들 수가 있다. 부산항에서 수입 컨테이너를 서울로 운반하기 위해서 모회사가 입찰을 하여 자격을 취득하게 되면, 자회사에 하청을 준다. 자회사 역시 화물차 차주들에게 하도급을 준다. 이렇게 다단계 식으로 운영이 되다 보니 모회사와 자회사는 편안하게 돈을 벌지만, 도급제로 일감을 얻게 된 화물차 차주들은 한번이라도 더 화물을 운반하기 위해서 목숨을 걸고 운송을 해야 한다. 화물 운반 양에 따라 수입이 결정되기 때문이다. 재주는 곰이 부리고 돈은 윗선에서 챙기는 겪이다.

원청 → 하청 → 하도급으로 이어지는 구조는 총판 → 대리점 → 소매점으로 이어지는 유통 구조와 흡사하다. 이렇게 다단계 구조란 상위에 있는 사람들은 호위호식하지만, 하위에 있는 화물차 차주들은 목숨 걸고 일을 하거나 뼛골 빠지게 일을 해야 한다. 매우 잘못된 일이다.

우리나라는 다단계에 대한 오해나 편견은 세계에서도 으뜸이라고 할 수 있다. 장점보다는 단잠만 많이 부각되어 있어서 그런 것 같기도 하다. 직거래(Direct sale)를 하고 있음에도 불구하고 그 실체나 가치를 인정하지 않고 다단계라고 부른다. 또한 직거래하는 회사를 다단계 회사라고 부르고, 종사자를 다단계 하는 사람으로 마치 주홍글씨를 새겨 넣은 듯이 이름을 붙여 부르기도 한다.

보험 외판원이나 자동차 외판원을 두고 방문판매원이라고 하지는 않는다. 역시 보험회사나 자동차 회사를 두고도 방문판매 회사라고 부르지도 않는다. 그런데 왜 유독 다단계 회사 혹은 다단계 하는 사람이라고 불리어져야 할까.

그런 분위기에서 정상적으로 잘 성장을 할 수 있을까. 다단계라는 단어 속에서 이미 부정적인 생각을 갖게 만든다. 단계가 많아서 누군가에게 피해를 줄 것만 같다. 그리고 정상적인 유통이나 직업으로 인정하려 하지 않는다. 사회적인 분위기가 그렇고 대부분의 사람들이 그렇게 생각하니 위축될 수밖에 없다.

정당성이 있음에도 불구하고 정당성을 인정받지 못하고, 경쟁력이 있음에도 경쟁력을 알아보지 못한다. 심지어는 일반 유통보다도 못한 것으로 오해까지 한다. 왜 하필이면 다단계로 판매하느냐고 의문을 갖거나 반문하기도 한다. 몰라도 한참 모르고 하는 말이다.

소득 양극화 해소에도 기여를 하고 기회의 사다리가 될 수도 있다. 개천에서 붕, 가, 개가 아닌 용이 나오게 할 수도 있다. 붕, 가, 개란 붕어와 가제와 개구리를 말한다. 기회 사다리가 없어져서 개천에서 용이 나오기 어려우니 붕, 가, 개로 살면 어떠냐는 자조적인 말도 생겼지만, 개천에서 용이 나올 수 있게 하는 사다리가 아직도 존재하고 있다. 그것이 바로 네트워크 마케팅이다. 그럼에도 과소평가되고 마치 태어나서는 안되는 '귀태' 취급을 하고 있다.

'다단계판매법'이라는 법률용어가 그러한 환경을 만드는 데 상당히 큰 영향을 미치고 있다고 생각한다. 멀티레벨마케팅(Multi-Level-Marketing)에 대한 기억은 지워 버려야 한다. 최근 등장하고 있는 네트워크 마케팅 회사들이 선택하는 보상 플랜은 멀티레벨(다단계 모양) 모양이 없다. 그런 모양을 갖고 있는 브레이크 어웨이라는 보상 플랜을 채택하지 않고 있다. 그러한 보상 플랜은 이미 60여 년 전에 만들어진 것이며 그동안 검증되고 네트워크 마케팅의 역사를 써오기는 했지만, 앞으로는 다른 종류의 보상 플랜이 대세를 이루게 될 것이다.

새롭게 등장하는 보상 플랜으로는 바이너리 방식과 하이브리드 방식이 대세를 이룰 것이다. 이러한 보상 플랜에서는 멀티레벨 즉 다단계 구조가 나타나지 않는다. 네트워크 마케팅은 복잡하던 유통과정에 혁신을 가져왔으며 직거래를 실천하고 있다. 절대로 단계가 많지 않으며 제품을 비싸게 팔지도 않는다.

불법적인 회사 즉 불법 다단계는 근절을 하는 것이 당연하다. 반면에 합법적인 회사들은 그 장점을 발휘할 수 있도록 환경을 만들어 줘야 한다. 그러니 법률 용어도 다단계판매법을 직판법(직접 판매법)으로 바꾸면 좋겠다.

법률용어가 '다단계 판매법'에서 '직접 판매법'으로 바뀐다면 네트워크 마케팅은 우리 사회에 틀림없이 더 많은 기여를 하게 될 것이다.

수당 지급율의 35% 제한

국내 다단계판매법이 만들어지면서 보상 플랜에 사용되는 수당의 최대치를 매출액의 35%를 넘지 못하도록 한계를 만들어 놓았다. 그렇게 만들게 된 배경이 있다.

초기에 불법적인 피라미드 상법의 회사들은 고수익을 미끼로 영업을 했고 단기간에 큰돈을 벌 수 있다는 말로 많은 사람들을 현혹하여 피해자들을 많이 양산하고 말았다.

고수익의 혜택을 누리던 상위 사업자들은 수당이 들어온 통장을 보여주면서 사람들을 현혹하여 끌어들이기도 했다. 그렇게 고수익을 미끼로 사행심을 조장하는 것을 방지하고자 만든 것이 수당의 한계 즉 35%이다.

빠른 시간에 고수익을 보장하려면 고마진을 책정해야 한다. 고마진을 책정한다는 얘기는 곧 그만큼 제품 가격이 비싸진다는 것이다. 제품 가격이 비싸면 결국은 소비자들의 부담으로 돌아가게 되고 그러면 외면당할 것이다.

여기서 소비자란 단순 소비자만을 의미하는 것은 아니다. 회원에 가입을 하여 제품을 구매해서 사용하는 모든 소비자를 의미한다. 그들은 제품을 구매해서 사용한다는 의미에서는 소비자이지만, 결국은 사업을 염두에 둔 소비자인 것이다. 이들은 언제든지 피해자로 전락할 가능성이 높은 생산소비자로 파악을 하고 있는 것이다. 이들의 피해를 줄이거나 막아 보자고 법으로 만든 것이 수당의 한계 35%이다. 양화가 악화를 만들 수도 있는 조항이다.

다국적 기업이 미국에서는 58%의 수당을 적용하고 있는데, 한국에서는 38.5%만을 적용하고 있는 회사가 있다. 한국 사람들은 왜 불이익을 당해야만 하나? 미국법이 나쁜가 아니면 한국의 법이 나쁜가.

아니, 좋고 나쁨으로 판단하기 전에 합리적인 분석을 통해서 대안을 생각해 보고 싶다.

수당 지급 한도를 높게 하면 당연히 제품 가격이 올라가게 된다. 그렇게 되면 제품의 가성비는 낮아지고 제품 판매 즉 매출 증대에 어려움을 겪게 된다. 제품의 가격이 높아지는 것은 입소문을 주된 광고로 활용하는 네트워크 마케팅 사업에서 경쟁력을 잃게 만들 수도 있다. 어쩌면 영업 부진이라는 늪에 빠지게 하는 위험요소가 될 수도 있는 것이다. 그러니 터무니없이 높은 수당을 책정하는 것은 어리석은 일이다.

동일한 제품을 가지고 네트워크 마케팅을 하는데 나라 법에 따라서 수당의 차이가 크게 난다면 어떻게 받아들여야 할까. 대한민국 국민은 대한민국 법에 근거해서 손해를 감수해야 하는 것이다. 다단계 판매법에 관여하는 사람들이 더 공부를 해야 할 대목이다.

일반적으로 모든 제품의 가격 정책은 기업이 자율적으로 정하도록 허용하고 있다. 시장에서 잘 판매가 될 수 있는 가격을 기업들은 시장조사를 하여 책정을 한다. 그때에 경쟁사의 제품을 염두에 두고 가격 경쟁력에 대한 검토를 한 후 자율적으로 책정하고 있다. 이것이 바로 자유경쟁 시장의 논리이다.

따라서 제품의 마진에 대해서는 수익에 대한 세금을 부과하는 일 외에는 정부에서 간섭하지 않는다. 그런데 네트워크 마케팅에 대해서만 법이 수당을 제한하고 있다. 수당은 곧 제품 판매에서 발생한 마진의 일부분이다.

가성비를 앞세우고 입소문을 주된 영업의 무기로 사용을 하는 네트워크 마케팅 회사들은 제품 가격을 매우 신중하게 다룬다. 가성비가 높아야지 만약 가성비가 나빠 매출이 저조하면 회사가 위기에 처해질지도 모르기 때문이다. 철저하게 경비를 줄여서라도 가격 경쟁력을 확보하려고 노력해야 하는 것이 성공을 꿈꾸는 네트워크 마케팅 사업주의 입장이다. 그런 정체성을 갖고 가격 경쟁력을 확보한 후에 책정된 수당이 몇 %가 되는지는 전혀 규제를 받아야 할 일은 아니라는 생각을 갖고 있다.

과거 네트워크 마케팅이 도입되던 초기에는 독버섯이 많이 있었다. 그 독버섯은 모양이나 색상이 아름다워서 사람들의 마음을 유혹했다. 그 유혹에 넘어가서 피해를 본 사람들이 많이 있었다. 그런 경험 때문에 모든 버섯이 잘 자라지 못하게 하는 조치가 올바른 것일까.

독버섯만 자라지 못하도록 하면 된다. 독버섯이 자라지 못하게 하려면 마케팅 플랜에 사용하는 비용을 소명하도록 하면 된다. 그리고 소비자들에게는 분별력을 가질 수 있는 지식이나 정보가 필요하다. 생태계를 살펴보면 먹잇감이 없으면 상위 포식자는 저절로 없어진다. 소비자들이 똑똑해지면 자연스럽게 독버섯 같은 피라미드 상법은 없어질 것이다. 인터넷이 널리 보급되고 스마트 기기가 모든 국민들에게 일상화된 요즘은 소비자들이 무척 현명해졌다. 정보에 밝아졌기 때문이다. 지나치게 비싼 제품에 대한 구분과 거절은 현명해진 소비자들에게 맡겨도 된다고 생각된다.

네트워크 마케팅은 유통의 혁신이며 첨단 유통산업이다. 앞으로 우리 사회가 더욱 발전적으로 나아가는 데 기여를 하게 될 것이 틀림없다. 국가도 기업도 국민 개인에게도 활용할 가치가 차고 넘치기 때문이다.

그리고 한국의 네트워크 마케팅 회사가 세계로 진출한다고 생각을 해 보자. 이미 한국의 기술과 제품력은 세계적으로 인정을 받고 있고 선호 대상이 되고 있기 때문에 얼마든지 글로벌 기업으로의 진출이 가능하다. 대한민국 서울이 인정하면 세계가 인정하는 시대가 되었다.

그런데 한국의 법률 용어가 다단계판매법이라 부정적인 데다가 수당의 상한선마저 35%로 제한하고 있다. 다른 나라의 기업들이 가성비를 갖추고 수당의 폭을 50%~80%로 무장을 해서 세계시장에 나온다면 어떻게 그들과의 경쟁에서 이길 수가 있을까.

이제는 우물 안 개구리에서 벗어나야 할 때가 되었다. 네트워크 마케팅이 이 땅에서 시작된 지도 어언 30년이 족히 지났다. 이제는 어느 정도 노하우(경험)도 쌓였고 면역력도 생기고 분별력도 생겨나고 있다. 다행히도 다단계판매법의 영향으로 불법 피라미드 상법의 회사들은 거의 근절되다시피 했다. 다단계판매법의 공로임에 틀림없다.

방문판매에서는 수당의 폭을 제한하지 않는데 네트워크 마케팅에서

만 35%로 제한을 하고 있는 것일까? 아마도 고마진 즉 제품 가격을 비싸게 책정을 해서 소비자들에게 피해를 안겨 줄 것이라는 판단을 하고 있기 때문일 것이다.

게다가 진입 장벽조차 높다. 자본금과 공탁금으로 인하여 진입하기 위한 장벽은 높아졌다.

법도 시대에 따라 발전하고 변화해야 한다. 다단계판매법의 효용 가치는 그동안 충분히 발휘되었다. 하지만 새로운 시대를 열어가기 위해서는 보수적인 입장에서 진취적인 입장으로 바뀌어야 한다. 매출의 35% 이내로 제한하고 있는 것을 없애고 기업의 자율에 맡겨야 한다. 그러한 조치는 네트워크 마케팅의 미래를 밝게 해줄 것이라 확신한다. 그래서 경제 영토를 확장할 수 있는 계기가 마련되기를 희망한다.

한쪽씩 잘려나간 다리

네트워크 마케팅은 입소문으로 연결된 인맥을 유통채널 삼아 매출이 발생하도록 하는 것이다. 그렇게 되도록 하는 것이 보상 플랜이다. 보상 플랜은 매출과 이익을 극대화 할 수 있는 방향성을 갖고 만들어진다.

그렇게 하기 위해서는 동기부여를 확실하게 발생시켜야만 한다. 동기부여를 위해서는 보상과 교육이 필요하다. 여기서는 보상에 대해 언급해보려고 한다. 보상으로 지급되는 돈은 마케팅 비용이다. 마케팅 비용은 선지급 형식이 아니라 판매에 획득된 수익금에서 만들어진다. 매출이 발생한 후에 지급되는 돈이라 보상이라는 표현을 사용한다. 매출을 발생시킨 보답 성격의 돈이라고 생각해도 될 듯하다.

보상 플랜은 규모와 적용범위(한계)라는 두 다리가 있다. 규모라고 하면 매출 혹은 수익금에서 얼마만큼을 수당으로 책정하느냐 하는 것이다. 우리나라 관련법은 매출액 대비 35%를 상한선으로 규정하고 있다. 수익금에서 수당의 비율은 상한선이 없으나 매출 대비 상한선은 엄격하게 적용하고 있는 것이다.

반면에 한계에 대해서는 몇 대까지 적용을 하더라도 규정하고 있는 제한이 없다. 무한대인데 실제로 네트워크 마케팅의 보상 플랜은 과학적으로 잘 만들어져 있기 때문에 얼마든지 가능한 것이다. 손에 손을 잡은 인맥의 띠가 지구를 돌고 돌아 열 바퀴를 돌아도 모두 보상 플랜으로 수용이 가능하게 되어있다. 하지만 규모는 잘려나간 다리처럼 작다.(상한선 35%)

새롭게 등장한 유통 강자가 있다. 바로 후원 방문판매인데 신방판이라고도 불리 운다. 후원방문 판매는 방문판매＋네트워크 마케팅을 접목한 것이다. 다시 말하자면 본인의 판매 수당과 후원 수당을 모두 적용받을 수 있다는 말이 된다. 게다가 규모에 대한 상한선은 없다. 대체로 후원방문판매 회사들은 수당으로 매출액의 약70%를 책정 해두고 있다. 소위 다단계 회사라고 불리우는 회사들의 35%에 비하면 2배나 된다. 그래서 사업자들에게 수익 발생이 빠르고 수입의 규모도 큰 편이다. 하지만 보상 플랜 적용을 1대로 제한을 두고 있다. 아쉬운 부분이 아닐 수 없다.(한계 1대)

매리트 시스템이 적용된 방문판매는 전문 세일즈맨을 등장시켰고 방문판매법을 만들게 만들었다. 선진 유통으로 도입된 MLM은 다단계 판매법을 탄생시켰다. 흔히들 알고 있는 방문판매와 다단계판매라고 부르는 두가지 유형이 혼합된 후원방문 판매를 위한 법은 두 법 태두리 안에서 적당하게 만들어진 느낌을 지울 수 없다.

다단계 사업은 후원 수당의 규모가 잘려나가 35% 밖에 되지 않는다.

후원 방문판매는 수당 적용의 한계가 잘려나가 1대밖에 적용할 수가 없다. 과열로 인한 불상사를 막겠다는 의도인데 21세기에도 과연 그대로 존치를 해야 하는지 의문이다. 규제를 위한 규제라는 생각이 든다.

가성비와 경쟁력을 염두에 두고 마케팅을 해야 하는 기업들의 현실을 감안한다면 수당의 적용 규모나 수당 적용 한계를 제한하지 말고 풀어주는 것이 옳다고 본다.

필자의 생각으로는 다단계 회사가 가지고 있는 보상 플랜에서 수당 적용의 규모(매출액 대비 35%)와 후원방문 판매회사의 수당 적용 범위 한계(1대)에 대해서 규제를 풀어주면 좋을 것 같다. 일반적인 보상 플랜의 장점과 후원방문 판매가 가지고 있는 보상의 규모가 잘 조화를 이루게 해준다면 네트워크 마케팅은 더욱 발전할 것이다.

아울러 일자리 창출, 소득증대, 양극화 완화에 일조를 할 것이며 나아가 경제 영토는 더욱 넓어질 것이라 믿는다.

과열되어 피해자가 양산되는 것을 막기 위한 예방 차원이라면 마케팅에 사용된 비용을 소명하도록 하면 된다. 사재기를 방지하기 위한 옴니트리션이라는 제도를 좀더 철저하게 감독하는 것도 하나의 방편이될 것이다.

사재기와 과열을 단속하려는 당국의 의지만 있다면 어느 정도는 효과를 낼 수 있는 방법이 없지는 않다. 소비자 명단 전수 조사와 마감 전후의 매출 동향을 감시하면 비정상적인 영업활동은 얼마든지 감지할 수가 있을 것이다. 잘 운용되도록 감시를 하고 잘나낸 두 다리는 돌려주면 좋겠다.

품위 있는
비즈니스를 위하여!

네트워크 마케팅은 유통의 한 부분이면서 유통을 선도하는 첨단에 자리 잡고 있다. 따라서 네트워크 마케팅 사업을 취미 생활과 같은 등급으로 취급을 해서는 안 된다. 엄연한 비즈니스이며 전망이 좋은 직업군에 들어간다. 물지게 직업이 아니라 파이프라인 직업이기 때문이다. 다시 말해서 노동 수입이 아니라 권리 수입을 가져다 주기 때문에 앞으로 더욱 사랑을 받을 수 있는 직업군에 들어갈 것이다.

네트워크 마케팅에서는 소비자와 사업가의 구별이 명확하지가 않다. 왜냐하면 소비자도 체험을 통해 입소문을 내고 그 입소문으로 새로운 소비자가 탄생하도록 하면 생산소비자가 되기 때문이다.

즉 소비자가 생산소비자가 되고 생산소비자는 새로운 소비자를 만들고 그 소비자는 또 새로운 생산소비자가 된다.

소비자가 체험하는 것은 집안에서 이루어진다. 그리고 입소문으로 새로운 소비자를 만드는 일 역시 집이나 집과 가까운 환경에서 이루어진다. 그러다보니 자연적으로 일상복을 입고 있는 경우가 대부분일 것이다. 비즈니스 하는 사람의 복장이 아니라 그저 편안하게 일상 생활하는 사람의 모습을 하고 있다.

화이트칼라도 아니고 블루칼라도 아니다. 화이트칼라는 사무직이나 비즈니스를 하는 사람을 지칭하고, 블루칼라는 기술직이나 육체노동을 하는 사람들을 가리킨다. 그런데 네트워크 마케팅을 하는 사람들은 어느 쪽에도 속해 있지 않다. 복장이 다양하다. 연령대도 다양하고 경력이나 경험도 다양하다. 그리고 아직까지는 이삼십 대의 젊은 층보다는 오륙십 대가 많다. 계절에 비유를 하자면 가을에 접어든 세대이다. 편안한 복장은 다양해서 마치 단풍을 보는 것과 같아서 단풍 칼라라고 칭하고 싶다. 일을 하고 있는 사람인지 아니면 마실 다니고 있는 사람인지 알기도 어렵다.

품위 있는 비즈니스가 되려면 우선은 의상이다. 사람의 마음 가짐은 입고 있는 옷에 따라 달라진다. 깨끗한 정장을 입었을 때의 태도와 등산복을 입었을 때의 태도는 다르다. 남자들만의 세계에서 그러한 현상이 더욱 두드러지게 발견되는 곳이 있다. 평소에는 화이트칼라로서 신사의 면모를 보여주다가도 예비군 훈련을 받기 위해서 예비군복만 입으면 180도로 달라진다. 더운 여름 그늘만 있으면 맨바닥에 주저앉는 것은 물론이고 심지어는 야외에서 소변이 급하면 장소를 불문하고 바지춤을 내리고 소변을 본다. 예비군복이 예절이나 품위를 삼켜 버리는 것만 같다. 양복을 입으면 못할 일들을 아무렇지도 않게 거뜬히 해치운다. 이렇게 옷은 사람의 마음가짐에도 영향을 준다.

또한 옷이 날개라는 말이 있듯이 복장은 타인의 관점에서도 영향을 미친다. 의상이 단정하지 못하면 일단 가볍게 보는 것이 사람의 마음이다. 반대로 정장을 잘 갖춰 입으면 보다 존중하게 된다. 가벼이 넘길 수도 있지만 비즈니스 세계에서는 중요하다.

소비자가 아닌 비즈니스를 하는 사람이라면 적어도 복장에 신경을 써야 한다. 비록 적은 자본으로 사업을 시작했을지라도 단정한 복장으로 비즈니스 활동을 한다면 좋은 평판을 얻고 비즈니스도 잘 풀려나갈 것이다.

다음에는 고객을 대할 때 언행에도 신경을 써야 한다. 지나치게 과장된 언행을 조심해야 한다. 제품에 대해서는 과장된 효능을 말하는 것이 그렇고, 사업적으로는 과장된 수입을 말할 때가 그럴 것이다. 정직하고 진솔하게 말하고 예의바른 자세가 필요하다.

무례한 행동으로 불쾌감을 주는 일은 삼가야 한다. 초대에 응하지 않았거나 약속을 지키지 않았다고 하더라도 불쾌한 감정을 노출해서는 안 된다. 내 마음 같지 않은 일이 어디 그뿐인가. 가정에서 부모, 자식, 부부, 형제 사이에서는 어떤가. 내 마음 같지 않아도 그냥 감수하고 이해하려고 노력해야 한다. 상대방이 거절하거나 오해하더라도 젠틀하게 이해해 주고 응대해 주어야 한다. 소비자는 불평과 불만을 표출해도 큰 여운이 남지 않지만, 비즈니스맨의 감정 노출은 비즈니스에서 극약으로 작용한다.

실력도 중요하다. 비즈니스하기로 마음을 확정했다면 자기가 하는 일에 대해서 공부해야 한다. 특히 제품에 대한 공부가 우선이겠지만, 네트워크 마케팅이나 보상 플랜에 대해서 반드시 알아 둬야 한다. 조금 복잡해서 이해가 잘 안 된다고 하더라도 포기하면 안 된다. 무지한 상태에서 품위 있는 비즈니스가 나오기는 불가능하다.

품위 있는 비즈니스를 위해서 걸어야 할 길은 '정도'이다. 네트워크 마케팅에서는 직급을 부여할 때 학벌이나 경력을 따지거나 근무 연수도 따지지 않는다. 오로지 회사 컴퓨터에서 확인할 수 있는 실적을 기준으로 삼고 보상 플랜에 정해진 조건으로 적용한다. 그 실적은 노력으로 충분히 달성할 수 있는 범위 내에서 정해져 있다.

그런데 그 실적을 노력으로 달성하려고 하지 않고 돈으로 제품 구입을 해서 실적을 채우는 사람들이 있다. 이러한 경우는 비즈니스 활동을 잘못하고 있는 것이다. 네트워크 마케팅 사업의 품격을 떨어뜨리는 행위이며, 회사나 타인에게 피해를 주는 위해 행위이다. 하루라도 빨리 직급을 달성하고 싶은 마음을 노력으로 해결해야 하는데 손쉽게 하려고 돈으로 대신하는 것은 옳지 않다. 이것은 다른 사람에게는 사기를 저하시키는 나쁜 영향도 있지만, 수당체계에 있어서 매우 중요한 N가를 떨어뜨리는 피해를 야기시키기도 한다. 사재기한 제품이 덤핑으로 세상에 나와서 가격 질서를 파괴하는 엄청난 후유증을 몰고 올 수도 있다.

사재기로 달성한 직급에는 소득이 지속되지도 않는다. 이러한 사실은 보상 플랜에 다 설명되어 있다. 그럼에도 직급을 달성했는데도 소득이 안 된다고 불평하여, 비난을 자초하는 대상이 된다. 정도를 걷지 않은 자의 인과응보이다.

주변에서 지켜보는 사람들에게도 부정적인 인식을 심어주는 것 또한 당연하다. 돈으로 직급을 달성한 사람은 결코 오래 버티지를 못한다. 금방 얼마를 벌었다고 자랑할 수 있을지는 몰라도 소득이 지속적으로 따라주지 않아 그만두었다는 사실이 알려지게 되면, '역시 네트워크 마케팅 사업은 제대로 된 사업이 아니야!'라는 나쁜 이미지를 고착화시키고 만다. 칼을 뽑았으면 무라도 베어야 한다. 한번 시작했으면 결과가 나올 때까지 노력하는 자세도 필요하다. 스스로가 가치를 높여야 본인이 원하는 위치에 오를 수 있다.

회원가입만으로 판매원

네트워크 마케팅 회사에 회원으로 가입하면 제일 먼저 판매원 등록 증이나 판매원 수첩을 교부해 준다. 판매원으로서의 책임과 의무에 대해서 기록된 등록증이다. 아마 다단계판매법에서 발급을 하도록 규정을 하고 있기 때문일 것이다. 이 역시 프로슈머 즉 생산소비자에 대한 지식이나 정보가 없을 때 만들어진 것이다.

네트워크 마케팅 회사에서는 모두가 소비자이며, 소비자로 시작해서 생산소비자가 된다. 단순한 소비자일지라도 언제 어느 순간에 생산소비자로 신분이 바뀔지는 아무도 모른다. 단 하나 분명한 사실은 회원 가입을 할 때 모든 사람이 제품을 판매하려고 가입하지는 않는다는 사실이다. 물론 사업의 비전을 보고 처음부터 사업을 시작한 사람도 당연히 있을 것이다.

1980년대 후반 미국계 다국적 기업들이 국내에 들어올 당시 회원 가입을 하면 판매상(Distributer)이라는 회원 등록증을 주었다. 용어의 발전이 없었던 시절이었으니 적절한 표현을 찾지 못했을 수도 있다. 아직도 딱 맞아 떨어지는 용어를 찾기란 쉽지가 않다. 필자가 생각하기에는 프로슈머(생산소비자)가 가장 근접한 의미를 간직한 최적의 용어가 아닐까 하는 생각은 갖고 있다. 그러나 아직은 생소하게 느껴져서 모든 사람들에게 통용이 되려면 시간이 좀 필요할 것 같기도 하다.

네트워크 마케팅 조직은 소비 공동체이면서 생산소비자를 양성하는 경제 공동체이다. 네트워크 마케팅 회사들은 폐쇄적인 인터넷 쇼핑몰을 운영하고 있다. 폐쇄적이란 일반인들을 상대하는 것이 아니라 회원들만 이용하는 쇼핑몰이라는 의미이다. 회원으로 가입한 사람들이 회원가입과 동시에 발급받은 아이디로 로그인해서 제품을 구매할 수 있도록 되어 있다. 누군가를 소개하면 그도 동일한 방법으로 제품을 구입하게 된다. 제품을 판매하는 것이 아니라 저절로 팔려 나가도록 하는 것이다. 소비자라 하기도 애매하고 사업가라고 보기에도 애매할 수는 있다. 자가소비형 사업가라고 해도 될 듯하다.

지인 중에 노동부에 근무하던 이모씨는 직장을 다니다 퇴직을 하게 되어서 쉬고 있던 중에 친구를 통해 네트워크 마케팅 회사에 회원 가입을 하게 되었다. 회원 가입 후에 필요한 제품을 구매해서 사용을 했다. 그런데 문제가 발생했다. 그는 퇴직 후 실업급여를 받고 있었는데 네트워크 마케팅 회사에 가입이 되어 있어서 수급자 자격을 박탈하겠다는 통보를 받았다는 것이다.

그는 제품을 사용해 보고 좋으면 지인들에게 소개해 주려는 마음은 먹고 있었지만, 당시로서는 제품을 구매해서 사용하고 있는 것 외에는 아무런 일도 없었다. 그런데 가입한 것만으로도 판매원이 되었으니 실업급여를 받을 수 없게 되었다고 한다.

본인이 신고하거나 누군가 고발을 하지 않았음에도 불구하고 고용

노동부에서 판매원 가입 사실을 알고 있더라는 것이다. 실은 신고를 하고 안 하고가 중요한 것은 아니다. 그냥 소비자일 뿐인데 소득이 있는 것과 같은 다단계판매원이라는 명칭이 행정적인 업무에 오해를 불러일으킨 것이다.

판매원이라고 보는 견해는 마치 방문 판매에서 발생하는 일을 그대로 적용하지 않았나 하는 생각이 든다. 방문 판매에서는 판매가 주목적이기 때문에 얼마든지 가능한 발상이다.

그러나 다행히도 최근에는 네트워크 마케팅 회사에서 '단순 소비자'임을 확인해주는 일들이 생겨나고 있다. 정부에서도 수용하고 있는 듯한 분위기다.

네트워크 마케팅에서는 판매가 목적이 아니다. 그리고 회원가로 구입을 해서 얼마를 받고 판매를 할 수 있을까? 구입한 원가에 주면 교통비등의 비용에서 손해를 보고 그렇다고 마진을 붙여서 판매를 하게 되면 후일에 인간관계가 훼손될 여지가 있다. 직접 구입하면 회원가로 구입할 수 있는 것을 비싸게 구입하도록 했다는 오해가 얼마든지 생길 수 있다.

네트워크 마케팅은 누구나 회원에 가입을 해서 회사에서 직접 제품을 주문할 수 있도록 하고 있다. 그렇게 각자가 회원에 가입을 해서 직거래로 주문을 할 수 있도록 알려주면 끝이다. 이러한 행위가 판매행위라고 할 수 있을까? 그리고 대형마트에서 주는 포인트 지금보다가 훨씬 많아진다고 해서 불이익을 당해서도 안 된다.

네트워크 마케팅은 앞으로 더욱 자가 소비만으로도 사업이 진행될 수 있게 발전해 갈 것이다. 자가 소비만으로도 사업 활동을 할 수 있고 수익을 창출할 수 있다면 당연히 세상도 바뀌듯이 법률도 바뀌어야 할 것이다.

판매원에 대한 개념이 당연히 잘 정립되어야 한다. 따라서 판매원이라는 명칭과 판매원 수첩발행은 재고해 보아야할 문제인 것 같다. 일정 소득 이상자들만 사업자로 인정해주는 것도 하나의 방법이 될 것 같다.

신용카드와
대체화폐에 대한 고찰!

    신용카드에 대한 좋은 기억을 가지고 있다. 1989년 청담동에 있는 회사에 근무할 때 일본의 오사카와 나고야를 왕래하며 일을 하던 시절 있었다. 서울 강남의 학동 4거리 모퉁이에 있는 서울은행(현 하나은행)을 주거래 은행으로 삼았었다. 은행에 볼일을 보러 가면 여직원이 지점장실로 바로 안내했고, 지점장이 권유하는 인삼차나 쌍화차를 마시며 환담을 나누다 보면 여직원이 알아서 은행 업무를 처리해 주었다. 당시 지점장은 연회비 15만 원인 플래티늄 카드를 하나 만들어 주었는데, 덕분에 아주 기분 좋게 카드 생활을 할 수가 있었다. 해가 지나면서 수입도 늘어나고 카드 사용실적도 늘어나면서 국내 사용한도 3,000만 원 해외 사용한도 25,000불 현금서비스 1,000만 원에 연 1회 제주도 왕복 비행기 티켓과, 월1회 예술의 전당 음악회를 무료로 관람할 수 있는 혜택을 받았다. 카드사에서 해주는 VIP대우는 기분 좋은 일이었다. 하지만 카드 사용을 촉발시키기도 했다.

    신용카드 사용은 3가지 측면에서 좋았다. 우선은 현금을 가지고 다니지 않아서 좋았고, 두 번째는 거스름돈으로 동전을 받게 되면 주머니가 복잡해지는데 그런 일이 생기지 않아서 좋았다. 더 결정적인 것은 '선사용 후지불' 즉 외상으로 구매할 수 있다는 사실이다. 똑똑한 신용카드 한 장이면 환전에 신경 쓰지 않고, 무거운 짐을 챙기지 않고도 세계 어디든지 다닐 수가 있어서 좋았다.

지폐란 좋은 것이기는 하지만 사실은 엄청나게 오염된 물건일 수 있다. 어떤 사람이 어떤 손으로 만졌을지 알 수가 없다. 누군가 지폐를 준다면 당연히 받기는 하겠지만 속마음은 조심하라고 이른다. 오늘날 '돈세탁' 한다는 말은 다른 의미로 사용되고 있는 것이지만, 과연 돈에 묻어 있을지도 모르는 세균이나 오물을 세탁할 수 있는 방법은 있는 걸까.

신용카드 사용이 일상화되니 가진 현금이 없어도 원하는 것을 얼마든지 구매를 할 수 있어서 좋았는데 나중에 알게 된 사실은 가맹점은 카드사에 카드사용 수수료를 주고 있다는 사실이었다. 가맹점들은 카드 사용자들에게 외상으로 원하는 서비스를 제공하고, 가맹점들은 카드사로부터 카드 결제 대금을 2~3일 후에 지급받는다. 카드 사용자들은 익월 결재일에 카드 사용대금을 카드사에 지불하면 된다. 고객의 신용카드 구매대금을 카드사가 가맹 점주들에게 미리 지불해주는 대가로 수수료를 받고 있는 것이다.

그 수수료가 카드사나 카드 종류에 따라 차이가 있는데 대체로 2%에서 3% 사이에 책정이 되어 있었다. 2%라면 100원에 2원이 수수료이다. 조족지혈처럼 보여 수수료가 전혀 부담스럽지 않을 것 같지만 그렇지 않다. 카드 매출액이 200억이면 얼마나 될까. 4억이 된다. 회사의 매출 규모가 커서 월 1,000억의 매출이 발생하고 있다면 20억이 카드 수수료로 지불이 되는 것이다. 결코 작은 돈이 아니다. 유통을 혁신하고 경비를 절약해서 가성비를 높이고 생산소비자들에게 수익금의 일부분을 돌려주는 회사에서 수억에서 수십억 원에 이르는 수수료를 카드사에 지불해준다는 것은 개선해야 할 여지가 있다고 판단된다.

4차 산업혁명이 시작된 요즘 가상현실이 재미를 더해 주고 있다. 스크린 골프장이 그렇다. 비가 오거나 날씨가 무더울 때는 시원한 에어컨 바람을 쐬면서 운동할 수 있다. 21세기가 시작되려는 무렵에 가상공간에 대한 이야기가 무성했다. 즉 인터넷 세상을 가리킨 것이다. 가상공간에 사무실을 만들고 가상공간에 쇼핑몰을 만드는 세상이 시작된다고 했을 때 그 개념을 이해하기조차 쉽지가 않았다. "가상공간에 집을 짓고 주소를 만들어라!"라고 하는 말에 많은 사람들은 과연 그런 세상이 올 수 있을까 하는 의문만 가득 품었다. 그런 분위기 탓인지 달나라의 땅을 인터넷상에서 분양 판매하는 웃지 못할 일까지도 생겼었다.

네트워크 마케팅을 가상유통이라 칭할 수 있다고 생각된다. 점포가 있는 것도 아니고 유통업자가 정해진 것도 아니다. 언제 어디서 어떻게 소비자가 유통채널을 만드는지 즉 생산소비자가 될지는 알 수 없다. 그런 인맥이 유통채널이 되어 매출을 발생시키는 것이니 가상 유통이라고 해도 틀린 말은 아닐 것이다.

앞으로 가상화폐가 또 새로운 세상을 만들어 줄 것만 같다. 전자화폐 혹은 가상화폐는 손으로 지폐를 주고받지 않아도 되니 위생적이다. 그리고 거스름돈으로 동전을 주머니에 넣고 다닐 이유도 없다. 송신이나 수신도 간편하다. 그냥 큐알 코드로 송신과 수신이 가능하니 편리하기만 하다. 더욱 사랑을 받게 될 이유는 송수신에 수수료가 없다는 사실이다. 신용카드보다 장점이 더 많다.

네트워크 마케팅 회사에서 매출이 많이 발생하는 만큼 카드 수수료 역시 많이 발생이 되고 있다면, 대안으로 가상화폐를 대체화폐로 도입할 필요가 있을 것이다. 요즘 스마트폰에 가상화폐 전자지갑을 탑재한 제품들이 출시되고 있기도 하다. 그러한 가상화폐 지갑을 활용할 수도 있는데, 회사가 자체 코인을 개발하여 거래화폐로 대체할 수도 있을 것이다. 가상공간(인터넷)과 가상유통(인맥 유통) 나아가 가상현실(스크린 골프장 등)과 가상화폐(전자화폐)가 세상을 더욱 편리하고 유익하게 만들어 줄 것으로 예견된다. 경제란. 최소한의 투자로 최대한의 이익을 창출하는 것이다. 그리고 경제적으로 회사 운영을 하면 경쟁력은 더욱 높아질 것이다.

NETWORK MARKETING

3장

네트워크 마케팅에 대한
전문가들의 견해

네트워크 마케팅을
보는 시선들

《시사포커스》지 1995년 5월호에서 정보 전략연구소 윤은기 소장은 다음과 같이 말했다.

"이제는 만드는 시대에서 파는 시대로 변화한다고 볼 수 있습니다……
21세기에는 누가 더 잘 파느냐에 따라 기업과 국가의 운명이 바뀔 것입니다. 이러한 상황에서 두각을 나타내는 것이 바로 사이버 네트워크와 휴먼 네트워크입니다…… 그것은 21세기를 대표하는 마케팅 기법으로 자리를 잡을 것입니다."

네트워크 마케팅은 앨빈 토플러, 존 네이스 비트 등과 같은 미래학자와 폰 제인 필저같은 경제학자도 긍정적으로 인정하였다.
또한 마이크로 소프트사의 빌 게이츠는

"네트워크 마케팅은 21세기에 가장 강력한 변화의 중심에 있는 개념으로서 앞으로의 유통산업을 이끌어갈 것이다"라고 전망하며 "개인이 성공할 수 있는 최고의 기회"라고도 했다.

"내가 만일 컴퓨터 사업을 하지 않았더라면 네트워크 마케팅을 시작했을 것이다." (빌 게이츠-방송사 인터뷰에서)

"네트워크 마케팅은 21세기 최후의 마케팅 방식이다."

(존 네이스 비트, 미래경제학자)

"21세기는 건강과 아름다움에 관련된 사업과 네트워크 마케팅이 경제의 주류를 이루게 될 것이다." (엄길청 교수)

"최첨단 기술이 동원된 양질의 제품일수록 네트워크 마케팅 채널의 판매 효과가 크다는 분석이 현실화되면서 '스스로 써보고 좋으면, 남에게 권하면서 돈을 번다'는 네트워크 마케팅이 '유통혁명'의 주역으로 등장하고 있다. (《디지털 타임즈》2002. 9. 30.)

"시장 규모면에서는 LG, CJ등 대기업이 참여한 TV홈쇼핑에 버금가는 유통채널의 '다크호스'로 급부상한 것이다. 이처럼 네트워크 마케팅 저변이 넓어진 데는 그만한 이유가 있다. 우선 일자리가 절대적으로 부족하다. 경제 성장률 자체도 낮아졌다. 이에 따라 직접 판매는 대졸 실업자나 주부들에게 하나의 돌파구가 되고 있다. 더욱이 직접 판매는 사업을 위한 밑천이 필요치 않다. 건강한 몸과 성실성을 무기로 하는 사업이다. 직장인들의 조기퇴직 바람, 부업과 자영업에 대한 일반인들의 높은 관심, 여성의 경제활동 참여 증가 등이 90년대 말로부터 네트워크 마케팅에 대한 사회적 관심을 높이는 촉진제가 된 셈이다. 국내에는 무려 3백5만 명에 이르는 직접 판매원들이 활동하는 것으로 집계되고 있다

《한국경제》 2003. 2. 27.)

"변명식 장안대 유통경영학과 교수는 '네트워크 마케팅은 무점포 판매의 대표적 형태로…… 소비자가 마케팅의 주체가 된다는 점에서 향후 시장성은 밝다'고 말한다. …… 오세조 연세대 경영학과 교수는 '앞으로는 백화점과 수퍼마켓 시장은 축소되고 TV홈쇼핑과 네트워크 마케팅, 전자상거래가 새로운 업태로 성장할 것'이라고 전망한다. 이성구 공정거래위원회 전자거래 보호 과장은 '네트워크 마케팅 업체들이 전자상거래를 도입해 인터넷 쇼핑몰화하면서……유통방식이 애용자들의 자가소비 형태로 변신하고 있다'고 말했다   《매경이코노미》 제1177호)

네트워크 마케팅의 여덟 가지 가치
① 삶을 변화시키는 교육 시스템이 있다.
② 직업을 바꾸는 것 이상의 의미를 지닌다.
③ 적은 비용으로 사업을 구축할 수가 있다.
④ 부자들이 투자하는 대상에 투자할 수 있다.
⑤ 꿈을 현실로 만들 수 있다.
⑥ 네트워크의 진정한 힘을 발휘한다.

⑦ 마음에 품고 있는 가치가 현실을 결정한다.

⑧ 리더십의 가치를 일깨워 준다.

《부자아빠의 비즈니스 스쿨》中)

"강철규 공정거래 위원장은 '네트워크 마케팅 업계의 이미지가 긍정적으로 개선되고 있으며, 향후 업계의 전망은 밝다. 네트워크 마케팅은 지난 10년동안 도입기를 거쳐 지금은 전환기에 들어섰다. 향후 공정거래 자율준수 프로그램(CP) 도입 등 업계 스스로의 자정 노력과 공제조합의 소비자 보호 활동이 소비자들에게 홍보될 경우 업계가 한층 더 발전할 것으로 보인다"라고 말했다.   《파이낸셜》2004. 7. 14.)

"네트워크 마케팅은 지난 90년대 후반들어 유통의 새로운 경로로 자리잡기 시작했다. 제조업체가 생산한 제품을 중간 유통과정 없이 소비자에게 직접 연결해 주고, 여기서 발생한 이익을 소비자에게 되돌려 주는 독특한 유통기법이 소비자들에게 인정받기 시작한 것이다."

《파이낸셜》뉴스 2003. 1. 5.)

"다단계 마케팅은 유통단계 축소를 통해 경제의 주체인 소비자, 판매자, 회사가 모두 이익을 공유한다는 경제적 측면과 신뢰를 바탕으로 한 가족공동체를 지향한다는 인간적인 측면을 중시한다. 이러한 특징으로 인해 어떠한 판매 방식보다 체계적이고 장기적인 접근이 필요하다."

《비즈넷 타임스》71호 이수동 국민대 교수)

"나는 이제 네트워크 마케팅 시대가 왔음을 알고 있다. 네트워크 마케팅은 부인할 수 없는 시대적 조류다."《성공하는 사람들의 7가지 습관》의 저자 스티븐 코비 박사의 말이 아니더라도 오늘날의 디지털 경제에서 네트워크 마케팅을 빼놓고는 얘기가 될 수 없다."

(《서울경제》 2002. 5. 27.)

"네트워크 마케팅이 TV홈쇼핑처럼 소비자들이 자신에게 필요한 제품을 안방에서 클릭해 쇼핑하는 인터넷 비즈니스로 변신했다. 오세조 연세대 경영학과 교수는 '앞으로 백화점과 수퍼마켓 시장은 축소되고 TV홈쇼핑과 네트워크 마케팅, 전자상거래가 새로운 업태로 크게 성장할 것'이라고 전망한다."

(《매경이노코미》 제1177호)

"국내 네트워크 마케팅 시장의 권위자인 이윤보 건국대 경영대학원장은 '네트워크 마케팅은 하나의 반짝'하는 유행 사업이아니라 미래유통 시장의 큰 흐름(트랜드)으로 자리를 잡아 갈 것'이라고 말했다.

(《매경 이코노미》 제1134호 이윤보 건국대 경영대학원장)

"네트워크 마케팅 산업의 매출 규모는 2002년도를 기준으로 전체 소매 시장 125조 원 중 4%를 넘는다. 이는 백화점이나 할인점에 비해 작은 규모지만 슈퍼마켓에 육박하며, 여타 유통업태인 TV홈쇼핑, 편의점, 인터넷 쇼핑몰, 카달로그 판매보다는 높은 수치를 기록하고 있다. 인터넷에 의한 범세계적 네트워크의 형성은 네트워크 마케팅이 급성장할 수 있는 원동력이 되고 있다. 향후 네트워크 마케팅 산업은 다양한 정보통신 기술로 무장한 디스트리뷰터간의 상호 연계가 강화되고, 사업 절차와 방법이 턴키 시스템(turnkey system)에 의해 단순화해 상위 및 하위 디스트리뷰터에게 균형적인 보상이 제공되는 사업모형으로 변화할 것으로 예측된다." 《비즈넷 타임스》71호 임영균 광운대 교수)

"네트워크 마케팅 회사가 운영하는 인터넷 쇼핑몰은 소비자에게 강력한 캐시백을 제공함으로써 일반 인터넷 쇼핑몰을 훨씬 능가하는 회원 충성도를 얻을 가능성이 매우 크다…… 네트워크 마케팅이 인터넷과 결합하면 더욱 폭발적인 성장이 예상된다."

(《매경이코노미》장영 eEXPO (주)대표이사, 전 삼성경제 연구소 수석 연구원)

"정부도 네트워크 산업의 중요성을 인식하고 전문가 양성을 위한 교육과정 개설 등을 적극 지원해야 한다. 중앙대 사회개발 대학원 이두영 교수는 '네트워크 마케팅의 성장 잠재력이 무궁무진하지만 체계적인 교육을 거친 네트워크 마케팅 전문가는 턱없이 부족한 실정'이라며 네트워크 마케팅 산업에 대한 정부의 지원을 강조했다."

(중앙대 사회개발 대학원 이두영 교수)

Q: 네트워크 마케팅을 학문에 접목을 시킨 이유는?
A: 네트워크 마케팅은 경쟁보다는 상호협력을 토대로 한다는 점에서 학문적 관점에서도 매우 흥미로운 분야다. 그동안 네트워크 마케

팅 방식은 유인식 시스템 방식으로 사업을 전개해 부정적인 시각으로 보는 경우가 많았다. 따라서 네트워크 마케팅의 본래 취지가 잘 반영될 수 있도록 교육 학문적 차원에서 이를 조명해 가고 있다.

Q: 네트워크 마케팅의 도입 당시와 달라진 점이 있다면?

A: 도입 초기에는 일단 돈이나 벌자는 '돈벌이 수단'으로 이용됐지만, 지금은 처음부터 무리수를 두지 못하도록 제도화했다는 것이 가장 큰 차이점이다. 또한 무분별한 회사 설립을 막기 위해 관련 규정을 제도화해 부실 회사와 판매사원을 근본적으로 차단하고 있다.

Q: 우리나라 네트워크 마케팅 산업의 전망은?

A: 전망이 밝다. 현재는 경기 침체로 시장이 위축돼 있지만 연말쯤에 경기가 회복세를 타면 네트워크 마케팅 시장도 다시 활기를 띨 것으로 본다. 중요한 것은 네트워크 마케팅을 바라보는 소비자들의 인식이 크게 바뀌었고, 양질의 제품과 서비스가 제공되고 있다는 점이다. 《세계일보》 2003. 8. 5.)

나가는 말

아직도 세상은 호락호락하지가 않다. 네트워크 마케팅(일명 다단계)에 대한 오해와 편견의 벽이 너무나 두껍고 높다는 사실을 대한민국 최고의 지성인이라고 하는 지인을 통해서 최근에도 확인할 수가 있었다. 분명한 사실은 그 벽이 결코 무너뜨릴 수 없거나 무너지지 않을 것이라고는 생각하지 않는다. 편견의 벽이 너무 높은 산이거나 불신의 고랑이 너무 깊은 수렁이 아니었으면 좋겠다.

이 세상에 무너지지 않은 성이 있을까? 중국의 만리장성도 결국은 만주족에 의해 함락되고 말았다. 북쪽의 오랑케들의 침략을 막기 위해서 만들었던 만리장성이지만 아이러니하게도 오히려 북방의 오랑캐 나라인 청나라에 의해서 만리장성은 함락되어 중국이 하나로 통일되고 말았다.

우리 몸에 맞는 옷은 기분을 좋게 하지만 사이즈가 너무 크면 헐렁해서 불편하고, 작으면 몸이 자유롭지 못해서 불편하다.

네트워크 마케팅은 왠지 모르게 우리들 몸에 맞지 않는 옷 같이 느끼는 사회적 분위기가 있다. 그럼에도 불구하고 네트워크 마케팅은 하루가 다르게 성장을 하고 있다.

정말 몸에 맞지 않는 옷일까? 교사나 법관에게는 몸에 맞는 옷이 따로 있다. 그래서 아무나 입을 수는 없는 옷이다. 그러나 네트워크 마케팅의 옷은 남녀노소 가리지 않고, 신분과도 상관없이 누구나 입을 수 있는 프리사이즈의 옷이다.

터부시되고 저평가되고 있는 네트워크 마케팅이 언제 즈음에 정상적인 평가를 받을 수 있을지 궁금하고 기대가 된다. 분명한 사실은 실개천이 모여 강물이 되고 강물은 바다로 흘러가는 것이 자연 현상이듯이 네트워크 마케팅도 바다와 같은 넓은 세상을 만나게 될 것이다.

매출 증대에 매우 유용한 도구인 네트워크 마케팅을 일반 기업들도 끝까지 외면만 하기는 어려울 것이다. 잘 다듬어 사용하면 대단한 성과를 얻게 될 것은 자명한 일이기 때문이다.

그리고 그 반대 급부로 소비자들 즉 애용자들은 소비하며 소득 창출을 할 수 있는 기회를 얻어 프로슈머가 될 수 있다. 소비만 하여 유통업체 주머니만 채워 주던 소비자도 소득 창출을 할 수 있는 기회가 생기는데 그 길을 누구도 막아서는 안 될 것이다.

연못 속에 갇힌 고래!

고래는 연못이 좁다고 한다. 하루빨리 넓은 바다로 나아가야만 한다. 현재는 사람들이 고래의 존재를 모르고 있고, 인정을 해주려 하지 않고 있지만 고래는 고래다. 고래가 결코 새우가 될 수는 없다. 고래의 꿈은 넓은 바다를 헤엄치는 것이다.

네트워크 마케팅은 작은 물고기가 아니다. 거대한 고래와 같은 존재이다. 비록 지금은 작은 덩치를 갖고 있지만 때가 되면 본래의 모습을 찾을 수가 있을 것이다. 하루빨리 넓은 바다에 나아가 오대양을 누빌 수 있기를 고대한다.

K-컬처와 함께 세계로 진출하여 경제 영토를 넓혀서 나의 조국 대한민국이 네트워크 마케팅의 세계를 지배하게 되는 날이 하루 빨리 오게 되길 고대해 본다.

네트워크 마케팅은 아직 학문적인 기반과 법률적인 여건은 미흡하기만 하다. 네트워크 마케팅 장점을 활용하는 후원방문판매에 대한 연구와 보완도 필요하다. 일련의 이러한 일들은 또 다른 누군가의 몫이 되어 해결되어질 것으로 기대한다. 문명의 이기들이 인류와 함께 성장을 해 왔듯이, 네트워크 마케팅도 앞으로 그렇게 되리라 생각한다.

〈실전 노트〉를 다운로드 받으세요!

 《네트워크 마케팅으로 기업하라》의 내용을 구체적으로 실천할 수 있는 Work Book인 〈실전 노트〉를 첨부 파일로 제공합니다.
필요하신 분들은 QR 코드를 스캔해 이동한 게시물에서 파일을 다운로드 받은 후 출력해서 사용하십시오.